KB186302

잃어버린 한국현대사

잃어버린 한국 현대사

안재성 지음

피와 순수의 시대를 살아간 항일독립운동가 19인 이야기

인문서원

일러두기

· 본문과 인용문의 외래어 표기가 서로 다른 경우 독자의 이해를 돕기 위해 외래어 표기법에 따라
  통일했고, 인명이나 지명 등도 한 가지로 통일했다. 단, 중국의 인명은 외래어 표기법에 따르고
  처음 나올 때 한자를 병기하고, 지명은 한자어로 표기했다.
  예) 상해, 북경, 마오쩌둥, 저우언라이
· 본문과 인용문의 용어가 서로 다른 경우 현대에 쓰이는 용어로 통일했다.
  예) 6.25전쟁 → 한국전쟁
· 인용문에서 내용을 해치지 않는 범위 내에서 예스러운 어투를 현대어로 손질하거나 현대 맞춤법
  에 따라 수정한 대목이 있다.

머리말

비극의 아름다움

영웅은 비극적인 죽음으로부터 탄생한다. 사람들은 자기보다 월등한 인간이 행복까지 누리는 걸 좋아하지 않기 때문이다.

만일 김일성이 일제 말기 국내에 널리 알려진 명성을 안은 채 만주 벌판에서 전사했다면 김구보다 더 존경받는 인물이 되었을지도 모른다. 북한 정권만 수립해놓고 전쟁을 일으키지 않은 채 죽었다면 최소한 호치민 정도의 대접을 받았을지도 모른다.

반대로, 남부군 총사령관 이현상이 지리산에서 무사히 살아남아 전향한 뒤 산중에서 만난 애인과 평온한 말년을 보냈다면, 또는 김구가 암살당하지 않고 정치인이 되어 사기꾼 소굴 같은 국회에서 정쟁이나 벌이다가 늙어 죽었다면, 소설이나 영화의 소재로도 써먹지 못했을 것이다.

이 책은 죽은 영웅들의 이야기다. 비극적으로, 또는 억울하게 죽어간 특별났던 사람들의 이야기다.

사람들은 위인이나 영웅에게서 자신들과 같은 평범하고 이기적인 모습을 찾으려 애쓴다. 자신의 하찮은 인생이나 위인의 인생이나 사람으로 살아가는 모습은 같다는 점을 드러내고 싶은 질투심이다. 그러나 영웅들의 삶은 평범한 이들의 그것과 다른 게 분명하다. 범상한 사람들에게 위안을 줄 수 있는 것은 그들이 제 명에 못 죽었다는 점뿐이다.

때문에 이 책은 별로 슬프지 않은, 그저 재미있는 옛날이야기가 될 것이다.

우리나라에도 한때 공산당이 있었다. 1945년 해방 당시 서울에서 가장 크고 좋은 빌딩으로 알려진 조선호텔 앞 근택빌딩을 차지하고 3만 명 정예당원을 거느린 강력한 정당이었다.

흔히 1년 후 만들어진 남로당을 공산당과 동일시하는데, 둘은 여러모로 다른 정당이다. 이 책에 등장하는 대부분의 인물들은 일제 치하인 1925년에 결성된 이래 20년 간 지속되어온 조선공산당의 주류들이다.

중앙위원 28명과 중앙검열위원 4명까지 32명의 조선공산당 지도부 가운데 김일성이나 최용건처럼 해방 후에 새로 합류한 인물들은 제외했다. 대신 일제 강점기부터 주류였으나 당 서열에 오르지 않았던 이강국, 임화 등 몇 명을 추가했다.

항일 행적이 뚜렷하고 중앙위원 명단에 들어 있음에도 개인적인 기록이 너무 빈약해 약전을 구성할 수 없던 이주상, 김점권, 이인동 등은 아쉽지만 이번 책에서는 빠질 수밖에 없었다. 보다 전문적인 자료 수집이 필요한 인물들이다.

영웅을 부정하고 싶은 우리네 보통사람들의 심정대로, 어떤 위대한 인간도, 완벽한 이념도, 불변의 도덕이나 진리도 존재하지 않는다는 것이 역사의 경험이다. 분명 각 방면마다 뛰어난 천재나 선각자는 있지만, 역사는 수많은 평범한 인간들의 작은 노력들이 합쳐져 변화한다.

이 책에 등장시킨 인물들 역시 당대에 만났다면 어땠을까? 존경받고 존중받을 자격이 충분한 사람들이겠지만, 그렇다고 숭배해야 할 만큼 위대한 인물들이었을 리가 없다. 당대 공산주의 이론과 실천이 가진 맹점들, 치명적인 오류와 잘못들에 대해서는 더 많은 아픈 지적을 나열할 수 있다.

다만 어느 누구보다 열심히 일제에 맞서 조국의 독립을 위해 싸운 그들의 생애를 기록해두고 싶은 마음이다. 민족의 자유를 위해 젊음을 바친 헌신성을 본받자는 뜻만은 아니다. 4천 년 역사상 처음으로 평등의 가치를 체계화하여 자본주의의 야만성과 투쟁했던 이들이기에 더욱 소중하다.

단지 평생 변치 않고 자기 신념을 지켰다는 점만으로 존경하고 찬양하려는 건 아니다. 그런 식이라면 종교적 신념으로 자기도 죽고 남도 죽이는 저 엄청난 광신도들이며 빨갱이 사냥에 평생을 바쳐온 가스통 할아버지들도 존중받아야 하리라. 반면에 이 책에 등장하는 이들은 비록 오류와 잘못도 많지만, 우리 역사에 평등의 가치를 본격적으로 도입한 이들이기 때문에 의미가 있다고 본다.

이 책을 인류보편의 가치인 자유와 평등을 위해 싸운, 그러나 시대의 한계에 갇혀 비극적으로 죽어간 영령들에게 바친다.

2015년 11월
안재성

차례

머리말 비극의 아름다움 … 5

1 조선의 혁명, 무엇을 할 것인가 _박헌영   … 11

2 조국엔 언제나 감옥이 있었다 _이관술   … 41

3 고요하고 거세게, 불꽃은 타오른다 _이주하   … 65

4 '소'라고 불린 사나이 _김형선   … 81

5 혁명에 배신당한 한국전쟁의 영웅 _이승엽   … 97

6 조국 해방에 오롯이 바친 40년 _홍남표   … 117

7 하룻밤에 야체이카 하나씩을 만들고 _김삼룡   … 133

8 인간적인, 너무나 인간적인 '남부군 사령관' _ **이현상** … 149

9 북으로 간 '조선의 로자' _ **이순금** … 169

10 중공이 사랑한 조선 최고의 무장 _ **김무정** … 185

11 조선공산당은 위조지폐를 발행하지 않았다 _ **권오직** … 211

12 소비에트의 대나무 _ **홍덕유** … 231

13 '10년 후 대통령감'으로 손꼽힌 엘리트 _ **이강국** … 245

14 베레모를 쓴 모던보이에서 카프문학의 전사로 _ **임화** … 267

15 10년 감옥생활 빼면 이제 겨우 스물셋 _박진홍   … 295

16 백마 탄 여장군 _김명시   … 313

17 북한의 헌법을 기초하다 _최용달   … 333

18 '사상 기생'과 붉은 연애론 _정칠성   … 351

19 조선의용대의 '주석 김 선생' _김원봉   … 371

참고문헌 … 393

· 1 ·

조선의 혁명,
무엇을 할 것인가

박헌영

금지된 이름

    일제 치하 항일운동가들을 옹호한 변호사 중에는 양심적인 일본인도 여럿 있었다. 그들은 3·1만세운동, 조선공산당 사건, 암태도 소작쟁의, 도쿄지진 대학살 사건 등이 일어날 때마다 조선인 편에 서주었다. 일본 정부는 그들을 수감하기 일쑤였고 극우단체들은 처단 대상으로 삼아 잇달아 테러를 가했다.

    1927년 조선공산당 재판을 위해 경성에 온 변호사 후루야 사다오(古屋貞雄, 1889~1976)도 재판 전날 단도를 든 일본 극우단체 조직원에게 테러를 당해 이마에 붕대를 감은 채 재판정에 나섰다.

    피고로 나온 박헌영(1900~1955)이 사정을 듣고는 재판정 책상에 뛰어올라 괴한을 처벌하라고 재판장에게 요구하며 싸운다. 박헌영은 이때뿐 아니라 재판 때마다 매번 안경을 집어던지거나 자리를 박차고 뛰쳐나가 일제 만행을 규탄해서 끌려 나가던 맹렬투사였다.

종전 후, 후루야 사다오는 일본사회당 현직 국회의원 신분으로 누차 방북을 하는데 1955년에는 현찰을 배에 감고 나와 조총련에 전달하는 위험한 불법 행위까지 감수한다. 그런데 1963년 방북 때 김일성을 만난 자리에서였다. 김일성이 독립운동가들의 변호를 맡아줘서 고맙다며 슬쩍 물었다.

"변호한 독립운동가 중 누가 가장 기억에 남습니까?"

후루야는 주저함 없이 자신 있게 대답했다.

"당연히 박헌영이지요!"

순간 접견장 분위기가 차갑게 얼어붙었다. 모든 이들의 표정이 굳어졌고 김일성은 아무 말도 하지 않았다. 그날 이후 후루야는 북한으로부터 어떤 초청장도 받지 못했고 그의 장례식장에는 평생 지원해왔던 조총련 계열의 인사나 학생들이 얼씬도 하지 않아 주변인들을 분노케 했다.

이와 비슷한 일은 반세기가 지난 지금도 계속되고 있다. 일제 치하인 1925년에 결성된 이래 1945년 재건되기까지 20년 동안 실질적인 조선공산당 지도자였던, 그러나 월북 후 북한에서 미제의 간첩으로 처형당한 박헌영은 남한 내 진보운동의 금기어였다.

박헌영이란 이름은 "우리 마음에 들지 않으면 당신도 박헌영처럼 취급될 수 있다."는 협박에 활용되기까지 했다. 1985년, 이른바 주체사상파를 등장시킨 첫 팸플릿의 제목과 주제어가 '박헌영 사건으로부터 무엇을 배울 것인가?', '박헌영은 왜 미제의 고용간첩이 되었는가?'였음은 의미심장하다. 저자인 김영환은 얼마 못 가 열렬한 반북운동가로 변신해버렸지만 그 글이 남한 사회에 뿌려놓은 영향력은 아직도 지대하다.

북한에 의하면 박헌영은 미국과 남한의 고용간첩인데, 남한의 보수 우파들은 정반대의 이유로 박헌영에 대한 평가에 인색하다. 그의 항일투쟁은 독립운동이 아니라 공산주의운동이었고, 해방 후에는 스탈린의 지시에 따라 한국전쟁을 일으킨 전범에 불과하다는 시각에 변함이 없다.

박헌영과 그의 동료들만큼 헌신적으로 항일투쟁을 하고도 남과 북 양쪽에서 철저히 외면당하고 왜곡당한 이들은 찾기 힘들다.

박헌영은 놀랍다고 표현해도 좋을 만큼 논리적인 혁명이론가였다. 그가 조선의 해방과 사회주의 혁명에 대해서 쓴 원고지 수천 매 분량의 논문은 당대 사회주의자들에게 상당한 영향을 미쳤다. 그보다 더 오래 감옥살이를 하거나 무장 투쟁을 한 사람들이 얼마든지 있지만, 조선 혁명의 성격과 전망에 대해, '무엇을 해야 할 것인가'에 대해 이렇게 많은 글을 쓴 사람은 없었다.

해방 후 조선공산당에 가입한 당원들의 감옥살이 햇수는 무려 6만 년에 이른다고 했다. 박헌영 혼자 이 모든 투쟁을 이끈 것은 결코 아니지만, 적어도 15년 이상 코민테른으로부터 조선공산당 재건 임무를 부여받은 인물이었으니 구심점이었음은 분명하다.

박헌영이 권력을 잡았다면 북한은 어떤 나라가 되었을까? 김일성과 똑같이 공산당 일당 독재와 개인 숭배를 바탕으로 한 극단적 전체주의 병영국가를 만들었을까? 이로 인해 빚어진 내부 문제들을 모조리 '미제'라는 '악마'에게 떠넘겼을까?

알 수 없는 일이다. 당시 사회주의 현실로 보아 스탈린의 통치 방식에서 완전히 자유롭지는 못했을 것이다. 김일성과 조금은 달랐겠지만 역사적 한계를 벗어날 수는 없었으리라. 그가 한국전쟁을 일으킨 전범의 한 명이었음도 부정할 수 없는 사실이다.

박헌영이 이 시대에도 가치를 갖는다면, 전 생애를 바쳐 민족의 자유와 민중의 평등을 위해 싸웠다는 점일 것이다. 그것조차 부인한다면, 우리는 일제 중반부터 해방까지 20여 년 간의 항일투쟁을 주도한 가장 중요한 항일투사 한 사람을, 아니 한 집단을 잃어버리게 된다. 박헌영과 그의 동지들을 쏟아버리지 말고 기록에 남겨야 하는 이유다.

온순, 과묵한 기와장

농촌계몽소설 『상록수』로 유명한 소설가 심훈(1901~1936)은 고등학교 동창이자 상해에서 함께 활동했던 박헌영을 다음과 같이 묘사한다. 일제의 압력으로 중도하차한 신문연재소설 『동방의 애인』이라는 장편에서다.

> 사나이다운 검붉은 육색에 양 미간에는 가까이 못할 위엄이 떠돌았고 침묵에 잠긴 입은 한 번 벌리면 사람을 끌어당기는 매력이 있었더니라.

사진으로 본 박헌영은 160센티미터가 조금 넘는 작은 키에 통통한 뺨과 오밀조밀한 이목구비가 다소 여성스럽게 느껴지는 동안이다. 본래 말수가 적은 데다 수줍음을 타는 듯 묘한 미소가 특징이었다. 그럼에도 많은 사람들에게 그는 심훈의 인상기처럼 강렬한 인물로 기억된다.

중년 시절의 그의 모습에 대해 경성에 주재했던 소련영사관 부영사 샤브신의 부인이자 역사학자인 샤브시나 콜리코바는 이렇게 표현한다.

> 지식인다운 외모와 다소 멋쩍어하는 듯한 미소. 눈에 띄지 않을 만큼 주위를 살피는 태도(지하 활동의 오랜 습관으로 인한 듯)와 침착하고 과묵함. 이와 더불어 왠지 각별히 무게가 있어 보이는 모습. 이러한 특징들이 두드러졌다.

늘 권위 있는 직책에 있었으나 본질이 권위적인 성격의 인물은 아니었던 듯하다. 오랜 도피 생활 때, 주로 아지트를 지키며 지하신문 원고를 쓰던 박헌영은 동지들이 보고를 하러 오면 된장찌개에 보리밥을 지어 대접했다고 한다. 그의 된장찌개는 별나게 맛있었는데 특히 보리밥을 잘했다. 먼저 딱딱한 보리를 푹 삶아 체에 건져놓았다가 쌀과 섞어 밥을 지었는데 후배들이 그 구수하고 찰진 맛에 감탄하면 요령을 자세히 설명해주곤 했다.

해방 직후 북한 전역이 '김일성 장군 만세!'의 구호로 뒤덮였던 것처럼 공산당 사무실 안팎에도 박헌영을 찬양하는 포스터와 대자보가 나붙곤 했다. 박헌영은 그것들을 볼 때마다 눈살을 찌푸리며 개인을 영웅화를 해서는 안 된다고 떼어내라고 한다.

1900년, 충남 예산군 광시면 서초정리에서 탄광 노동자들에게 밥을 해주던 과부와 그곳에 쌀을 대주던 홀아비 사이의 서자로 태어난 박헌영의 어린 시절에 대해서는 별반 알려진 게 없다. 대흥보통학교를 졸업하고 16살이던 1915년 서울 경성제일고보에 입학한다.

경기고등학교의 전신인 경성제일고보는 당시 내로라하는 전국의 수재들이 모이는 곳이었다. 박헌영은 1, 2학년 때는 상위 10% 안에 들지만 3, 4학년 때는 상중 정도를 유지한다. 조선어와 영어, 수신 같은 문과 과목에는 뛰어났으나 수학, 공업 같은 이과 과목과 특히 체육에 약했던 탓이었다. 2, 3학년 때 급우였던 최기룡은 이렇게 회고한다.

> 박헌영은 말이 없고 다른 학생들과 잘 어울리는 편은 못 되었으나 퍽 침착했고 사려가 깊었다. 운동에는 흥미가 없어서 쉬는 시간이면 공부 시간에 배운 책을 들고 양지쪽에 나가 앉아 책장을 뒤적였다. 키도 체격도 평범했고 차림도 늘 수수한 흰 두루마기의 한복을 입고 다녔는데 유난히 남의 눈에 띄는 것은 까무잡잡한 얼굴이었다. 그래서 별명이 '기왓장'이었다.

일본인 담임들로부터 온순하고 순종적이며 과묵하고 침착하다는 일관된 평가를 받던 박헌영이 돌연 두각을 나타낸 것은 4학년 졸업반이던 1919년이었다. 3·1만세운동이 일어나자 누구보다도 용감하게 앞장서서 시위에 나선 것이다. 당시 함께 활동했던 동급생 하나는 샤브시나 콜리코바에게 증언한다.

> 1919년 인민 봉기 때부터 그는 용감하며 탁월한 모습을 보여주었습니다. 우리는 그때 그의 나이가 열아홉 살밖에 되지 않았지만 그를 종종 '선생님'이라고 불렀지요.

3·1만세운동은 수많은 젊은이들에게 민족주의자들에 대한 실망과 사회주의에 대한 열망을 불러일으킨 사건이었다. 33인의 민족주의 지도자들이 선동만 해놓고 쏙 빠져나간 후, 자발적으로 일어난 엄청난 민중의 피가 조선반도를 적셨으나 민족 지도자란 이들은 대부분 얼마 안 가 변절한다.

마침 러시아에서는 2년 전인 1917년 소비에트 정권이 수립되었고, 식민지 해방 투쟁을 적극 지원하기 시작했다. 많은 지식인들이 사회주의에 희망을 걸었고, 이때부터 해방까지 25년 동안 항일 운동은 사실상 공산주의자들이 주도하게 되었다.

다른 많은 혁명가들처럼, 박헌영도 3·1만세운동이 자신을 공산주의자 진영으로 이끌었다고 회고한다. 만세운동 주동자로 체포될 위험에 처한 박헌영은 도쿄로 피신했다가 1920년 겨울에 상해로 건너가 이동휘가 이끌던 고려공산당 산하 고려공청(고려공산청년회)에 가담함으로써 공산주의 진영에 합류한다.

고려공청은 공산당원 중에서도 활동력이 왕성한 청년들의 조직이었는데 박헌영은 1922년 3월, 고려공청 중앙총국의 책임비서가 되자 국내로 활동 기반을 옮기기 위해 입국하다 체포되어 2년 가까이 옥살이를 한다.

1924년 초 석방된 후에는 상해 시절에 결혼한 2살 연상의 아내 주세죽(1901~1953)과 함께 종로 훈정동에 방을 얻어 살면서 「조선일보」와 「동아일보」 기자로 취직해 판매와 취재를 명분으로 전국을 돌아다니며 공산당 조직을 주도한다.

마침내 1925년 4월 17일 경성 시내 중국집 〈아서원〉에서 조선공산당을 결성하는 데 성공, 김재봉이 공산당 책임비서를 맡고 박헌영은 고려공청 책임비서를 맡았다. 당시 공산주의운동은 '세계의 노동자는 하나요, 공산당도 하나'라는 원칙 아래 모스크바에 본부를 둔 코민테른의 승인을 받아야 했다. 해외 망명객들이 결성한 고려공산당이 있기는 했지만 극심한 파벌 싸움과 내부에 민족주의 성향이 강한 이들이 많아 인정받지 못하고 있었다. 조선공산당은 코민테른으로부터 인정받은 최초의 공산당이 되었다.

이때부터 박헌영은 이동휘, 여운형, 조봉암, 김철수 같은 선배들을 제치고 조선 공산주의운동의 핵심 지도자로 떠올랐다.

자기 똥을 먹다

박헌영이 두 번째 옥살이를 하게 된 것은 조선공산당이 결성된 1925년 겨울이었다. 105명의 당 간부들과 함께였다.

공산당에 대한 일제 경찰의 탄압은 혹독했다. 초대 책임비서 김재봉, 2대 책임비서 강달영, 4대 책임비서 차금봉이 모두 고문으로 사망했고 권오설, 박순병, 백광흠, 박길양, 권오상, 이재유, 박영출 등 간부급 운동가들이 고문치사하거나 고문 후유증으로 해방을 보지 못하고 사망한다.

고려공청 책임비서로 체포된 박헌영도 극심한 구타와 고문을 당하는데, 이 정황을 나중에 모스크바에서 발행한 잡지 「모쁘르의 길」에 '죽음의 집, 조선의 감옥에서'라는 제목으로 기고한다.

우리들 중 누군가가 체포되기만 하면 그는 곧바로 예비심문이 이루어지는 경찰서의 비밀 장소로 끌려가게 된다. 일제 경찰은 연행된 사람으로부터 증거를 수집하기 의해 냉수나 고춧가루를 탄 뜨거운 물을 입과 코에 들이붓거나, 손가락을 묶어 천장에 매달고 가죽 채찍으로 때리거나, 긴 의자에 무릎을 꿇려 앉힌 다음 막대기로 관절을 때리거나 한다. 7~8명의 경찰이 큰 방에서 벌이는 축구공 놀이라는 고문도 있다. 이들 중 한 명이 먼저 '희생양'을 주먹으로 후려치면, 다른 경찰이 이를 받아 다시 또 그를 주먹으로 갈겨댄다. 이 고문은 가련한 '희생양'이 피범벅이 되어 의식을 잃고 쓰러질 때까지 계속된다.

이런 끔찍한 고문으로 김재봉이 이끈 조선공산당 초대 집행부는 연행자 가운데 4명이나 고문치사로 사망했으므로 실제 재판을 받은 이는 101명이었다. 박헌영은 1927년 9월에 시작된 재판에서 이에 대해 맹렬히 항의한다. 조선공산당의 세 번째 책임서기를 맡았던 김철수의 훗날 증언이다.

> 공판정에서 박헌영이 안경을 벗어서 판사를 때리고 그냥 몸부림을 쳤다. "네 사람을 어디에 두었느냐? 네 사람을 여기다 함께 내놓고 105명을 공판해라!" 그러니까, 왜 죽였느냐 그 말이야……. 박헌영이 그냥 원판 거기서 뛰고 오다가, 자기 머리 터지고, 시멘트 바닥에 …… 미쳤어, 참말로 미쳤어. 거짓이 아니야. 원판 미쳐버렸어.

박헌영은 공판 첫날부터 "공산주의자의 목적은 조선의 민족 해방과 정의의 실현"이라고 선포하는 등 매번 재판정을 뒤집어놓았는데, 이날의 항거로 가혹한 보복을 당한다. 공판이 끝난 후 무지막지한 폭행과 보복성 고문을 당한 끝에 정신이상이 되어버린 것이다.

박헌영은 식음을 전폐하고 잠도 안 자면서 넋이 나가 있다가 때때로

발광해 두 번이나 목을 매어 자살을 시도하는 등 미친 짓을 하다못해 자기 똥을 벽에 칠하고 먹기까지 한다. 재판정에 나가서도 고문으로 사망한 박순병을 찾으며 외쳐댔다.

"재판장! 피고인들 가운데 박순병이 보이지 않는다!"

진술대에 뛰어 올라 죽은 사람들을 찾아내라고 난동을 부리다 끌려 나가는 일이 매번 되풀이되었고, 허헌과 후루야 사다오 등 변호인단은 '심신상실'을 이유로 박헌영의 병보석을 요청하기에 이르렀다.

박헌영의 심신 상태는 연일 신문에 보도되었고, 재판부는 두 달 만에 변호사들의 병보석 신청을 받아들여 11월 22일 석방시킨다. 만 3년 만의 석방이었다.

「중외일보」는 아내 주세죽과 변호사 이인, 여러 동료들이 마중 나간 환영 장면을 이렇게 보도한다.

> 박헌영은 출감할 때까지도 수갑을 차고 앉았더라 하며, 산산이 찢어진 조선 옷과 초췌한 형용은 차마 바라볼 수 없었을 뿐 아니라 그 부인은 물론 누구를 만나든지 의식이 분명치 못하여 딴 소리를 하며 알아보지 못하고, 자동차를 탄 후에도 여러 가지 실진자(失眞者)의 가엾은 행동을 하며, 마중 나간 인사들은 모두 비통한 눈물을 머금을 만큼, 그 병세는 침중하였는데……

훗날 북한 법정은 이 일을 두고 박헌영이 일제의 간첩이 되기로 합의하고 거짓으로 정신병을 흉내 내어 일찍 석방된 거라고 주장한다. 일제가 공산당 지도자를 그리 쉽게 내줄 리 없다는 근거에서였다.

그러나 같은 사건으로 병보석 신청이 받아들여진 공산당 간부는 백광흠, 조이환 등 여러 명이었으며 2대 책임비서 강달영은 실제로 정신이상자가 되어 사망한다.

정신병으로 출옥해 블라디보스토크로 탈출한 박헌영,
주세죽 부부. 박헌영의 얼굴이 초췌하다.

　　박헌영 자신도 이듬해 모스크바에서 코민테른에 제출한 이력서에 실
제로 정신이상이 되었었다고 썼다.

　　나는 법정에서 일본 재판관에 반대하여 투쟁한 것이 문제가 되어 감옥
　　에 돌아와서 심한 고문을 당했다. 그 결과 나는 1927년 9월 말까지 의식
　　을 잃었다.

　　완전히 정신병에 걸린 것은 아님이 분명하다. 극심한 고문으로 심신
미약 상태에 빠졌던 것은 사실이지만 이후의 행동들은 병보석을 받아내
기 위한 위장이었을 것이다.

　　석방되어 고향집과 정신병원을 오가던 그는 이듬해 8월, 만삭의 아내
주세죽과 함께 두만강을 건너 소련으로 망명한다. 블라디보스토크에서
시베리아 횡단열차를 타고 모스크바에 도착한 그는 코민테른으로부터
인정받아 각국 공산당의 최고 간부를 양성하는 학교인 국제레닌학교에
입학한다.

　　빼어난 서구형 미인으로 더 유명했던 주세죽은 허정숙, 고명자 등과

나란히 여성 사회주의운동의 지도자였는데 망명 도중 블라디보스토크에서 딸을 낳았다. 소련을 인류의 미래로 보았기 때문일까, 박헌영은 딸의 이름을 러시아식으로 비비안나라 짓고 주세죽에게도 코레예바라는 이름을 지어준다. '고려인'이라는 뜻이었다.

박헌영 자신은 여러 해 모스크바에 체류하는 내내 '이춘'이라는 한자 이름을 썼다. 나중에 북한은 아호를 금지하지만 아직까지는 사회주의자들도 호를 쓰는 이가 많았다. 박헌영의 호는 땅을 고르는 농사 도구인 '고무래'를 의미하는 '이정(而丁)'이었다. 그가 여러 매체에 쓴 글들은 이춘 아니면 이정이라는 이름으로 게재된다.

프롤레타리아 용사들

세계 공산주의 혁명의 본거지이던 모스크바에는 소련과 유럽을 포함해 일본, 몽골, 중국, 베트남 등에서 유학을 온 공산주의자들을 가르치는 세 종류 학교가 있었다. 고위 지도자를 양성하는 국제레닌학교, 중간 간부를 양성하는 동방노력자공산대학, 그리고 각종 공업기술을 가르치는 기술학교였다.

고려공청 중앙총국 책임비서 자격으로 모스크바에 도착한 박헌영은 국제레닌학교에서 수학하는 한편, 코민테른 동양비서부 조선위원회의 5인 위원 중 한 명으로 동방노력자공산대학에 유학 온 조선인들을 지도하는 역할을 맡았다.

코민테른 산하 조선위원회는 조선공산당이 3년 간 4차례의 대량 검거로 거듭 와해되자 1928년에 조선공산당을 해체하고 대신 만든 지도부였다. 코민테른은 과거 조선공산당이 주로 지식분자들로 구성되어 조직력이 취약했다고 판단하여 노동자·농민 대중으로부터 당을 재건하라는 명령을 내리고 이를 지도할 조직으로 조선위원회를 결성한 것이었다.

러시아어로 '코르뷰로'라 불리던 조선위원회의 5인 위원 중 2명은 서구인, 2명은 러시아 태생의 고려인들로, 국내 조선인 출신은 박헌영이 유일했다. 이때부터 사실상 조선공산당 재건의 전권이 박헌영에게 주어진 셈이었다.

유학 생활을 마친 박헌영은 33살이 되던 1932년 1월, 김단야, 주세죽과 함께 상해로 파견되어 국내의 공산당 재건운동을 이끌게 된다. 공식적으로는 기관지 「꼼무니스트」의 편집 책임자로서, 국내 조직을 위해 김단야, 김형선, 김명시를 잇달아 파견하는 등 활발히 활동한다.

박헌영이 두 번째로 체포된 것은 상해에 파견된 지 1년 반 만인 1933년 7월이었다. 조선에 파견되었다가 정체가 드러나 상해로 돌아온 김단야를 추적하던 일제 경찰이 그를 김단야로 오인하고 체포한 것이다.

박헌영은 김단야의 거처를 대라며 폭행하는 경찰을 일부러 엉뚱한 집으로 데려가 구타를 자초하면서 미친 듯이 고함을 친다. 김단야와 주세죽에게 자신의 체포 사실을 알리기 위함이었다. 소식을 들은 두 사람은 즉시 상해를 빠져나가 모스크바로 귀환했다.

그런데 이 과정에서 김단야와 주세죽은 정분을 맺고 모스크바에서 정식으로 결혼까지 한다. 훗날 주세죽은 소련공산당의 심문에서 박헌영이 병보석 상태로 조선을 탈출한 데다 조선공산당 재건의 책임을 맡았으므로 살아서 석방되지 못하리라 생각하고 김단야와 재혼했다고 밝힌다.

막상 수배 5년 만에 체포된 박헌영은 모스크바 유학 등 대부분의 사실을 숨기고, 연해주의 조선인 학교에 수년 간 은둔하면서 학생들을 가르치다 상해로 왔는데 동지들에게 정신병자 취급을 받아 아무것도 하지 못하고 있었다는 거짓 진술로 일관했다. 그러나 경성에서 체포된 김형선의 아지트에서 그가 보낸 문건들이 발각되어 6년형을 선고받는다. 주세죽의 예상과 달리 약소한 형량이었다.

훗날 북한의 법정은 공산당 재건의 책임자이던 박헌영이 하부 조직원인 김형선의 8년, 김명시와 조봉암의 7년보다도 적게 형을 받은 것도 일제에 협력해 동지들을 팔아먹은 결과라고 판결한다. 특히 김형선은 8년형을 받고도 해방되기까지 13년을 감옥살이하는데 지도자인 그가 만기 석방된 것은 있을 수 없다는 것이다.

그러나 이는 당시 상황을 모르거나 악의적으로 곡해한 것이다. 일제는 만주에서 무장 투쟁을 하거나 테러를 가한 운동가들에게는 사형과 무기형을 언도했지만 공산당을 조직하고 전단을 뿌린 이들에게는 지도부급이라도 6, 7년형을 언도하는 것이 보통이었다. 김재봉 등 박헌영의 상급자인 조선공산당 책임비서들도 비슷한 형량을 받았다.

김형선이 8년형을 받은 것은 경성의 아지트에서 권총이 발견되었기 때문이었고 조봉암은 나이나 경력으로 보아 박헌영보다 선배로 취급해 7년형을 선고한 것이었다. 게다가 김형선은 8년형이 끝날 무렵 발효된 사상범 예방구금령에 따라 청주보호감호소에 수감되었다가 해방이 되고서야 나오다보니 12년이나 옥살이를 하게 된 것이다.

이 무렵 조선의 감옥에는 해마다 수천 명의 공산주의자들이 사회안전법 위반으로 수감되고 있었다. 옥살이는 끔찍했다. 박헌영은 「모쁘르의 길」에 기고한 수기에서 말한다.

내가 있었던 모든 감옥의 각 방에는 침대는 물론 의자도 없었고 맨바닥에 가마니만 깔려 있었다. 방 안의 온도는 보통 영하 5~6도였다. 하루 평균 10시간 이상 주로 어망을 짜는 노역에 시달렸다. 수인들은 방한 효과가 전혀 없는 아주 얇은 겉옷 한 장을 입고 지냈다. 산책 시간은 전혀 없었고 목욕도 일주일에 한 번밖에 할 수 없었다. 독서가 허용되는 책은 불교나 기독교 등의 종교서적과 일본인들이 발행하는 팸플릿 정도였다. 편지와 면회는 두 달에 한 번 허락해주었다. 음식으로는 대두로 만든 맛없는 수프에 종종 소금에 절인 배추가 나왔다.

박헌영의 절친한 벗이자 동지였던 김단야. 주세죽과 함께 피신한 모스크바에서 즉결처형당함으로써 생을 마감한다.

감옥의 규율을 위반하는 사람에게는 책을 압수하고 독방에 집어넣고 급식을 줄였다. 이외에도 손발을 묶고 짐승처럼 매질을 했다. 경찰서를 거쳐 오는 정치범들 가운데 건강한 상태로 감옥에 들어오는 사람은 아무도 없었다. 그들은 감옥에서 형편없는 음식과 힘겨운 노역으로 건강을 결정적으로 해하게 된다. 이로 인해 박순병, 백광흠, 박길양과 권오상 같은 프롤레타리아 용사들이 감옥에서 사망했다.

이런 악조건 속에서도 공산주의자들은 끊임없이 투쟁하고 소통했다. 한글을 모스 부호로 만들어 벽을 두드려 통방하거나 수화로 의사를 소통하고 조직적 관계를 맺어나갔다. 감옥은 사상의 학교요 혁명가의 훈련소였다.

조봉암, 홍남표, 김명시 등 공범들은 신의주형무소에 있었는데 박헌영은 거듭되는 소내 투쟁으로 사상범 전문 감옥이던 서대문형무소로 이송된다. 서대문형무소에서 그는 언제나 젊은 지지자들에 둘러싸여 있었고 사상범들끼리의 통방과 집단단식 같은 소내 투쟁을 주도했다고 한다. 박헌영은 샤브시나 콜리코바와의 취재에서 이렇게 말한다.

간수들이 아무리 우리를 외부세계와 단절시키려고 노력했지만 그들은 그러지를 못했습니다. 우리 또한 '힘껏 노력하였고', 정보를 입수할 방법을 모색하고 찾았습니다. 불행한 일이기는 하지만, 감옥이 새로운 정치범들로 가득 차게 되었다는 점도 활용하였습니다. 그들은 사정이 되기만 하면 많은 이야기를 해주었고, '벽을 두드리는' 일도 잦았습니다. 때로는 믿을 만한 사람들을 통해 자료나 서적을 얻을 수도 있었죠.

조선공산당 제3차 집행부의 책임비서로서 박헌영보다 7살 많은 김철수는 형무소에서 만난 박헌영에게 "아직 젊으니 장래를 위해 적당히 처신해 석방되라."고 충고했다가 호되게 욕을 먹기도 한다. 박헌영은 김철수가 보내준 간식까지 집어던지며 "당신 같은 배신자는 선배로 모실 수 없다."고 욕을 퍼부었다고 한다.

한편, 모스크바로 돌아간 절친한 벗이자 동지 김단야는 동방노력자공산대학 조선민족부 책임자로 일하던 중 1937년 11월 일제의 밀정이라는 죄목으로 체포되었다. 수십만의 혁명가들과 지식인들이 제국주의의 간첩이자 반혁명분자로 몰려 무참히 고문당하고 처형되던 시절이었다.

세상만사의 배후에 제국주의가 있다는 음모론, 혁명 동지에 대한 끝없는 의심으로 귀결되는 스탈린주의에 맹동해 김단야를 일제 간첩이라고 고소한 이는 김춘성이라는 가명의 조선인이었다. 실명이 무엇인지 확실치 않은 김춘성은 김단야뿐 아니라 조봉암, 김찬, 김한, 박헌영 등 당시 조선공산당 지도부 전체를 일제의 간첩이라고 고발하는데 불행히도 모스크바에 와 있던 김단야가 걸려든 것이다.

김단야는 결국 '반혁명 폭동'과 '반혁명 테러 활동'을 했다는 명목으로 즉결처형당하고 말았다. 그의 법적인 아내로 등재되어 있던 주세죽도 피해를 입었다. 반혁명분자로 지목받아 두 달 간 엄중한 조사를 받은 끝에 '사회적 위험분자'라는 비교적 가벼운 형을 받아 카자흐스탄의 크질오르

카자흐스탄 유형지에서 말년을 보내던 주세죽.

다라는 곳의 한 피혁공장 노동자로 유형을 당한다.

주세죽이 유형을 가면서 박헌영과의 사이에 낳았던 딸 박비비안나는 모스크바의 고아원에서 자라는데 김단야 사이에 낳았던 아들 김비탈리아는 혹독한 유형지 생활을 견디지 못하고 어려서 죽고 만다.

김단야와 주세죽은 스탈린이 죽고도 오랜 세월이 지난 1989년이 되어서야 누명을 썼음을 인정받아 복권되지만 너무 늦은 후였다.

주세죽이 죽을 때까지 살았던 크질오르다에는 일제의 첩자가 될 수 있다는 이유로 강제로 이주된 고려인들이 많았는데 그들은 지금까지도 "잘생기고 오뚝한 콧날에 밝고 맑은 눈을 가진, 어디에 있어도 눈에 띄는 미녀"였던, "조용한 성품에 우아한 미소를 가진 중년 여인"으로 주세죽을 기억하고 있다고 한다.

경성콤그룹

1939년 9월 만기 석방된 박헌영 앞에는 이관술, 이현상, 김삼룡이라는 걸출한 혁명가들이 기다리고 있었다. 세 사람은 이미 조선공산당 재건을 위한 경성콤그룹을 조직해 운영하던 중이었다.

이옥숙이라 불리던 김삼룡의 아내 이승렬, 이관술의 여동생 이순금, 이 재유의 애인이던 박진홍 등 다수의 여성운동가도 포진한 이 무명의 조직은 태창직물 등 5, 6개 공장에 공장세포를 조직하고 가두세포라 불리던 청년학생 조직을 10개나 운영하고 있었다.

조직의 책임자이던 이관술은 박헌영이 석방되자 곧바로 선을 넣어 그를 지도자로 초치한다. 1939년 12월 12일 영등포에서였다. 이관술의 회고다.

> 그해 12월에 영등포 초입 '까-드' 위에서 암호 표식에 의하여 박헌영 동무를 만났다. 첫눈에 그는 진실에 넘치고 접하는 사람에게 신뢰감을 주고, 또 관후한 포용력을 가진 것을 바로 느끼게 하였다.

이관술은 기관지 편집을 위해 아지트를 준비하는 동안 잠시 그를 청주의 한 안전가옥에 머물게 한다. 무심천변의 작은 기와집이었다. 경성콤그룹의 또 다른 핵심이던 경성제대 강사 출신 정태식이 자신의 친척 조카인 정순년을 아지트키퍼로 미리 데려다 놓고 있었다.

일제 경찰은 남자가 혼자 살면서 손님 출입이 잦으면 집중조사를 하기 때문에 남녀가 부부로 위장해 사는 경우가 많았다. 이를 아지트키퍼라 불렀는데 사회주의자들뿐 아니라 민족주의운동가들도 아지트키퍼를 두기도 했다.

여자 나이 16살이 넘으면 혼인을 하는 게 보통이던 시절이었다. 서울에서 공부를 시켜준다는 당숙의 말을 믿고 따라온 정순년은 박헌영보다 키와 체격이 한결 큰, 성숙한 18살 처녀였다. 두 사람은 청주와 서울의 아지트를 오가는 사이 부부가 된다. 1941년 3월에는 아들을 낳아 박병삼이라 이름까지 지었다. 그러나 정순년은 사생아를 낳은 딸에 분노한 가족에게 끌려가버리고, 할머니 손에 크던 박병삼은 어린 나이에 절에 들어가 승려가 된다.

엄혹한 전시 체제에서 파업이나 소작쟁의를 일으키는 것도 거의 불가능한 상태였으나 항일 지하조직이 살아 있다는 사실만으로도 일제를 긴장시키던 시기였다. 기관지 「꼼무니스트」를 통해 전국에 수백 명 이상의 조직원을 확보해나가던 경성콤그룹은 일제의 집중 추적 대상이 되었다.

1939년 12월 김삼룡과 이현상이, 다음 달에는 이관술과 김태준이 체포되었다. 악명 높은 조선인 경찰 노덕술 등은 이들에게 혹독한 고문을 가한다. 목적은 박헌영을 찾아내는 것이었다.

그러나 박헌영의 거처를 아는 핵심지도부는 하나같이 이름난 '고문강자'들이었고, 박헌영은 무사히 피신할 수 있었다. 나중에 북한 법정은 박헌영이 이때 동지들을 몽땅 팔아먹는 대가로 살아난 거라고 주장한다. 너무 지나쳐 추악한 억지다.

일단 대구로 피신한 박헌영은 여러 작업으로 변장을 하고 돌아다니며 조직 활동을 계속했다. 당시 도피생활에 대해 그는 역사학자 샤브시나 콜리코바에게 말한다.

> 변신을 안 해본 인물이 없었죠. 행상인도 되어보고, 노동자가 되어보기도 했었습니다. 약사나 심지어 점쟁이 노릇을 한 경우도 있었지요.

과학수사 기법이 발달하지 않았던 시절이라 변장이 유효한 도피 수단이었다. 2, 3년 만에 병보석으로 석방된 이관술과 이현상도 곧 잠적해 넝마주이, 머슴 등으로 위장해 숨어 살면서 활동을 계속했다. 김삼룡과 이주하도 변장의 달인이었다.

경성콤그룹에 대한 2차 체포는 1941년 가을에 이뤄졌다. 종로경찰서가 주도했다고 해서 '종로사건'으로 불린다. 이후에도 두 차례나 더 검거

선풍이 불었고 박헌영은 더 이상 견디지 못하고 이듬해인 1942년 전라도 광주까지 피신한다.

감옥은 사상범들로 넘쳐나고 있었다. 그중 새로 들어오는 이들은 대부분 경성콤그룹 관련자들이었다. 김형선의 경우처럼 형기가 만료되었음에도 사상범 예방구금령에 걸려 해방될 때까지 감옥살이를 해야 했던 조선공산당 3차 집행부 책임비서 김철수는 회고한다.

> 감옥에서 가만히 살면서 보니까 박헌영파, 경성콤그룹만 잡혀와. 공산당 재건 운동을 하다가 잡혀온 것이야. 자꾸 잡혀와. 우리 파(서울상해·합동파)는 말을 들으니까, 이권운동이야. 양조업도 하고 정미업도 하고. 뭐 그런 거 저런 거 모두 직업을 얻어 가지고, 왜놈한테 얻어서 아쉬운 소리하고. 운동 일선에서 딱 떨어져버려. 박헌영파가 재건운동하다가 자꾸 잡혀와. 그걸 보고 감옥에서, 내가 양심적으로 아무래도 박헌영을 지도자로 내세워야지 생각했어.

광주에 내려간 박헌영은 변두리 벽돌공장 주변에 방 한 칸을 얻어 종연방직 광주공장에 위생인부로 취업했다. 이름은 그럴싸한 직책이지만 재래식 변소를 청소하고 인분을 져 나르는 일이었다.

얼마간 똥지게를 지던 그는 김성삼이라는 가명으로 벽돌공장에 들어가는데, 공장주에게는 징용을 피하기 위해서라고 말했다. 공장주 이득윤은 그 말을 믿고 일을 시켜보았는데 체구는 작으면서도 야무지게 일을 잘했다. 해방 후의 증언이다.

> 체격을 보아하니 힘든 일은 과할 것 같아서 처음엔 벽돌 헤이는 것을 시켰습니다. 그때 그가 받은 하루 품값이 2원 70전이었습니다. 얼마동안 지나니 차츰 일이 몸에 붙는 모양이라, 흙도 파게 하고 벽돌도 운반하게

했습니다. 중노동에 익숙한 사람이라도 벽돌 나르는 것은 힘에 벅찬 일인데, 그가 벽돌 짐을 지고 달음질치는 것은 놀라운 일이었습니다. 한결같이 성실한 그는 우리 공장의 모범적 인부였으며 특이한 존재였습니다.

박헌영은 공장 안에서 자기 의사를 표명하는 적도 없었고 말하는 것도 무식한 일꾼 그대로였다. 그럼에도 공장주는 그에게서 어쩐지 고상한 품격을 느낀다. 박헌영의 인품을 신뢰하게 된 그는 장부 보는 일을 맡아달라고 했다. 그러나 박헌영은 일본어를 모른다며 사양한다. 인부감독이라도 맡아 달라고 부탁했으나 그것도 끝까지 거절했다. 주인으로서는 꽤 아쉬운 일이었으나, 보통학교 4학년쯤 공부한 평범한 일꾼이라고 믿을 수밖에 없었다.

박헌영이 똥지게를 지고 벽돌을 나르는 일만 했던 것은 아니었다. 그가 광주에 내려간 이유는 남선전기주식회사 광주지점에 근무하며 조직책으로 활동하던 윤도형, 조흥은행 광주지점 사원인 고항 등 구속되지 않은 경성콤그룹 조직원들이 있었기 때문이었다. 그는 이들과의 모임을 토대로 전국에 산재한 미체포 조직원들과 연락을 주고받는 한편, 경성의 소련영사관에 주기적으로 연락원을 보내 국내외 정세를 알아오게 했다. 샤브시나 콜리코바는 이에 대해 증언한다.

우리는 서울에 가기 전에 박헌영에 대한 많은 정보를 갖고 있었고, 만나기 직전까지 일본 당국의 눈을 피해 제3자를 통해 광주에 있던 그에게 비밀 메시지를 보냈습니다.

부영사라는 직함을 가졌으나 실제로는 소련 정보국 요원이던 샤브신과의 연락을 맡은 이는 이순금으로 추정된다. 그녀는 주기적으로 광주와 서울을 오가며 정보를 전달한다.

이 무렵 조선 내에는 6개 좌익 조직이 활동하고 있었다. 조선공산당 재건위원회 계열의 3개 조직과 태평양노동조합 계열의 3개 조직이었다. 조공재건위가 코민테른 동양비서부로부터 직접 명령을 받는 조직이었다면 태평양노동조합은 코민테른 산하 국제적색노조인 프로핀테른에서 보낸 명령을 따르고 있었다. 조공재건위의 대표적 인물은 이승엽이었고 태평양노조 계열로는 이주하가 있었다.

사회안전법 전과자들은 이미 전국에 지명수배 중이거나 매일처럼 미행, 추적을 당하는 전시 체제였다. 이들 조직들이 유기적으로 연결되기는 쉽지 않았다. 그러나 서로의 존재에 대해서는 알고 있었고 이 모든 일을 지도할 책임이 박헌영에게 있음은 다들 인지하고 있었다.

박헌영은 소련영사관에서 제공받은 정보를 토대로 팸플릿 「일본필패론」을 작성해 이들에게 보낸다. 유럽과 태평양에서의 전쟁 상황과 그 전망, 일본의 패망에 대비한 조선에서의 공산당 재건사업 등도 중요한 의제가 되었다. 또한 해방된 조선의 정치적 과제를 정리하는데 이는 해방 직후 발표된 「8월 테제」로 요약된다.

마침내 1945년 8월 15일 일본이 패전하고 이틀 후, 박헌영은 공장 감독에게 "장래를 위하여 서울로 가겠다."는 짧은 인사만을 남기고 곧장 광주를 떠났다. 이날 오전 광주에서 결성된 '건국준비위원회 전남지부' 대표단과 함께였는데 자신의 신분은 말하지 않았다.

열차 운행이 중단되어 목탄트럭을 탄 일행은 다음날 전주에서 아침을 먹는데 박헌영은 전주형무소에서 막 석방된 김삼룡을 데리고 와서 인사시켰다. 시커먼 연기를 뿜으며 온종일 달린 목탄트럭은 18일 석양 무렵에야 남대문에 이르렀고 박헌영이 김삼룡과 함께 사라진 후에야 건준 대표단 일행은 그가 누구인지 알고 깜짝 놀란다.

서울 종로 거리에는 이미 이틀 전부터 그를 찾는 포스터가 사방에 붙어 있었다.

박헌영 선생은 빨리 나타나서 우리들의 지도에 당(當)하라!

지하에 숨어 있는 박헌영 동무여!
어서 나타나서 있는 곳을 알려라!
그리하여 우리의 나갈 길을 지도하라!

젊은 공산주의자들이 급히 등사하거나 붓으로 쓴 조악한 포스터들이었지만 박헌영의 위상을 보여주는 장면이었다. 곧바로 재건된 조선공산당의 책임비서로 박헌영을 선출하는 데 반대할 수 있는 정당성과 명분을 가진 세력은 없었다.

정직한 공산주의자들의 피

새로운 세상을 만난 박헌영은 당당했다. 무엇보다도 일제 치하 항일운동의 주력을 공산주의자들이 담당해왔다는 자부심이었다. 국내뿐 아니라 1920년대 후반 이후 중국에서의 무장투쟁도 온전히 공산주의자들에 의해 계승되어온 것이 사실이었다.

박헌영은 이듬해 4월에 발표한 '조선 인민에게 고함'이라는 선언에서 이를 자랑스럽게 쓴다.

> 우리 당은 4분의 1세기에 궁(亘)하여 꾸준히 싸워왔다. 공산주의자라는
> 명목으로 국내에서만 수천의 생명을 희생하였고 연인(延人) 연수 6만 년
> 에 불하(不下)하는 세월을 감옥에서 살았다. 국내에서 비합법적으로 존
> 재한 유일한 혁명당이었고 유일한 투쟁적 정당이었다. 우리가 단독으로
> 일본 제국주의자의 집중적 공격을 받은 것은 당 발전에 막대한 지장이
> 었으나, 동시에 조선 민족부르주아의 커다란 수치다.

그들도 당연히 우리와 공동전선으로 일본 제국주의의 지배를 반항하여 투쟁해야 할 것이었다. 그러나 조선 해방사에는 그런 영웅적인 호화로운 기록이 없다. 우리 민족해방과 그 발전의 세기적 새 역사의 첫 페이지에 조선공산당이 모든 곤란과 그 힘의 미약함에도 불구하고 그 역사적 사명 실행에 충실하였다는 것을 금자(金字)로 기록할 만한 권리가 있다는 것을 특히 지적한다.

소수 투쟁적 인사들을 제외한 대다수 민족주의자들은 수치를 느껴야 마땅했고 친일 매국노들은 즉각 처단되어야 옳았다. 그러나 역사의 강물은 직선으로 흐르지 않았다. 해방은 박헌영에게는 오히려 자신의 생명을 단축시키는 사건에 지나지 않았다.

해방은 분단으로부터 시작되었다. 북위 38도로 나뉘어 북쪽은 소련군이, 남쪽은 미군이 진주해 각각 자신들의 체제를 이식시키려 들었다. 미군에게 점령된 남쪽의 공산당은 어떠한 노력으로도 자신이 맞이할 비참한 최후를 피할 수 없었다.

미 군정의 정치고문 메렐 베닝호프(Merrell H. Benninghoff)는 1945년 9월 29일 국무장관에게 보낸 보고서에서 이렇게 말한다.

서울 및 남한 전역은 현재 정치적으로 두 개의 선명한 그룹으로 나누어져 있습니다. …… 하나는 이른바 민주주의적 또는 보수적 세력으로 구성원의 상당수는 미국 또는 한국 내 미국계 선교기관에서 교육받은 전문적 교육계 지도자들로 구성되어 있습니다. 그들의 정강과 정책 가운데서 그들은 서구 민주주의를 따르고자 하는 희망을 나타내고 있으며, 거의 대다수가 만장일치로 이승만 박사의 중정 '임시정부'의 조기 환국을 희망하고 있습니다.

다른 하나는 급진적 공산주의 그룹입니다. 이 그룹은 중도좌파로부터 급진파에 이르는 다양한 사상적 경향을 갖고 있는 몇 개의 소규모 분파들로 이루어져 있습니다. 공산주의를 자인하는 그룹은 가장 목소리가 큰 편이며 지도력을 발휘하고 있는 듯합니다.

20세기를 광란으로 몰아넣은 파시즘과의 전쟁이 끝나고 자본주의와 사회주의의 새로운 전쟁이 시작될 때였다. '가장 목소리가 크고 지도력을 발휘하고 있는' 조선공산당에 대한 미국의 정책은 명확했다. 공산주의의 확산을 막기 위해서는 어떠한 수단도 용인한다는 원칙이었다.

38선 이북의 공산화가 순조롭게 진행될수록 미국은 더 조급해졌고 남쪽 공산당에 대한 탄압의 강도는 높아졌다. 이를 위해서는 우익의 힘을 키워야 했다. 미국은 이승만을 앞세워 친일로 더럽혀진 경찰과 군대를 재기용해 공산주의자들은 물론, 김구 같은 투쟁적 민족주의 세력도 제거해나갔다.

정치공작도 불사했다. 본래 자신들의 주장이던 신탁통치를 공산당의 주장으로 바꿔치기하고 공산당이 위조지폐를 찍었다고 몰아세워 민심을 등 돌리게 했다. 공산당이 무장 폭동을 계획하고 있다는 누명을 씌워 박헌영을 비롯한 당 간부들에게 수배령을 내리기도 했다.

친일 경찰과 극우 청년단의 무자비한 탄압은 공산주의자들로 하여금 극단적인 저항에 나서게 만들었다. 남북에 각각 단독정부가 수립되던 1948년 제주도와 전남 여수에서 터진 무장봉기가 절정이었다. 무장봉기는 우익들에게 좌익 청산의 더 좋은 명분을 제공했고, 남한은 사실상 내란 상태가 되었다.

그러는 동안에 박헌영은 무엇을 했을까? 미 군정의 탄압에서 살아남기 어렵게 된 그는 해방 1년밖에 안 된 1946년 가을에 월북한다. 이미 북한에는 김일성이 지도자로 자리 잡고 있었고, 박헌영은 이후 거의 정치적 역할을 하지 못한 채 형식적인 부수상과 외무상 지위에 머문다.

어떤 실권도 갖지 못한 채 외교적 상징으로만 남아 있던 박헌영은 한국전쟁이 끝날 무렵인 1953년 3월, 이승엽 등 항일운동 동지들과 함께 미제의 간첩으로 몰려 수감된다. 그리고 다시 3년 후인 1956년 7월 19일 평양 근교 숲속에서 방학세의 권총에 생을 마친다. 향년 57살이었다.

박헌영을 죽음으로 몰고 간 '미제 고용간첩 박헌영 재판'은 남한에서 미 군정과 경찰이 조작해낸 '정판사 위조지폐 사건'을 비롯한 수많은 '빨갱이 사건'들과 마찬가지로 논쟁할 필요조차 없는 누명이었다.

박헌영에게 사형을 선고한 1955년 12월의 마지막 재판을 방청했던 한 인물의 수기가 이를 대신 증언해준다. 조선로동당 중앙위원 겸 평양시당 위원장이었던 고봉기가 남긴 『조선노동당원의 육필수기』 한 대목이다.

> 철두철미하게 꾸며낸 기만극- 공판놀음이 끝났을 때 나의 마음은 납덩이같이 무거웠다. 마르크스주의자의 고상한 정조가 그 공판정에서는 땅바닥에 굴러다니는 것을 나는 보았다. 조선공산주의운동사에 있어서 가장 추악한 대목을 불행하게도 나는 목격한 것이다.
> 김일성의 두 손에는 정직한 조선공산주의자들의 피가 처발려 있다. 일제, 미제가 못 다 죽인 조선공산주의자들을 김일성이 이어받아 하나씩 다 죽여버렸다. 김일성은 스스로 자기를 치욕의 기둥에 영원히 못 박았다!

'일제와 미제가 못 다 죽인 조선공산주의자들을 김일성이 이어받아 하나씩 다 죽여버렸다'는 문장이 섬뜩하다.

북한에 올라간 동안, 박헌영은 비서였던 윤옥과 정식으로 결혼식을 올리고 두 아이를 낳는다. 공산주의로 세상이 통일되어 러시아어가 세계공용어가 되리라 믿었던 것일까, 박헌영은 아내 윤옥의 이름도 윤레나로 고치고 딸은 나타샤, 아들은 세르게이라는 이름을 지어준다.

비록 전쟁 중이었지만, 평생 안락한 가정을 가져보지 못한 그에게

세 번째 부인 윤레나와 함께한 박헌영. 왼쪽의 소녀
는 주세죽과의 사이에 난 딸 비비안나.

1949년부터 1953년 체포되기까지 4년여의 결혼 생활은 한 인간으로서
행복한 시간이었을 것이다. 그가 마지막으로 남긴 말도 가족에 관한 것
이었다. 그는 자신의 머리에 권총을 댄 방학세에게 김일성이 집사람과
어린 두 자식은 외국으로 보내주겠다고 약속했다며 꼭 지켜달라고 부탁
한다. 방학세의 운전기사였던 이의 증언으로 남아 있다.

  아마도 순순히 미제 간첩임을 인정하면 가족을 외국으로 살려 보내겠
다는 김일성의 약속을 받았던 듯하다. 역시 간첩 혐의로 처형된 이강국
과 이승엽도 처음에는 완강히 버텼으나 소련에 유학 가 있던 자녀들이
체포되어 호송되어오자 시키는 대로 조서를 썼다는 이야기가 전한다.

  김일성은 그러나 약속을 지키지 않았다. 가장을 잃은 세 식구는 노동
교화소라는 이름의 강제수용소인 탄광에 수용된다. 석탄 채취 작업에 투
입된 윤레나는 너무 힘들어 도저히 못하겠다며 한 달여를 항의하며 버티
던 끝에 어딘가 다른 곳으로 끌려갔다는, 또 다른 조선로동당 간부 출신
의 증언이 남아 있다.

  소련의 사회주의가 '지향하는 것'과 '겉으로 보이는 것'과 '실제 상황'

의 세 가지 측면을 갖고 있었다면 그는 앞의 두 가지만 본 사람이었다.

1940년 초, 경성콤그룹을 조직하기 위해 그는 여러 사람을 직접 만나러 다니는데, 경성제대 국문과 교수이던 김태준이 당시 소련에 대해 전해지는 '좋지 않은 이야기'들의 진실을 묻자 대단히 '교과서적인' 답변만 한다.

"소련이 폴란드 베사라비아(Bessarabia)를 합병했다고 들었는데 공산주의는 민족을 인정하지 않는 것인지요?"

김태준의 질문에 박헌영은 대답한다.

"소련에는 현재 150여 개의 인종이 있지만 한 민족이 다른 민족을 압박하는 경우는 없소. 각 민족이 교육, 정치 등에서 평등한 시설을 갖고 있고 각 민족이 협력하여 소련을 형성하고 있는 겁니다. 폴란드 합병 문제는 제국주의적 합병은 아니고 공산주의적인 것이며 일 보 일 보 세계 혁명을 진행하는 일환입니다."

"많은 조선인들이 중앙아시아로 강제로 이주되었다는데 소련에서 조선 민족을 탄압한 것 아닙니까?"

20만 명에 이르는 조선 유민들이 스탈린에 의해 강제로 중앙아시아로 이주되는 과정에서 엄청난 고통을 당한 데 대한 질문에도 박헌영은 소련의 공식적인 발표만을 전한다.

"그것은 국제적 견지에서 불량분자를 이주시킨 것이지 조선 민족을 탄압하려는 것이 아니오."

무엇보다도 김태준을 의심케 한 문제는 1930년대 중후반부터 김단야를 포함한 수십만 명이 제국주의 간첩으로 몰려 처형당한 대숙청이었다. 이 사건은 유럽의 대다수 진보주의자들로 하여금 소련에 등을 돌리게 했다. 조선과 일본의 다수 사회주의자들이 전향을 한 것도 단순히 일제 경찰의 탄압 때문만은 아니었다. 그런데 박헌영은 여전히 공식 발표만 옮긴다.

"그것은 스탈린 수상에 반대하는 제정시대의 백계파가 소련의 각 정치, 경제 기관에 남아서 태업과 폭동 등의 파괴공작을 해왔기 때문에 스탈린 수상이 탄압을 하지 않을 수 없던 것입니다."

결국 김태준도 박헌영의 확신에 감화되어 교수직을 버리고 운동에 뛰어든다. 그리고 박헌영보다도 먼저 남한 우익에 의해 죽음을 당한다.

적어도 이 문제에 관한 한, 박헌영과 그의 동지들은 시대적 한계와 개인적 한계를 동시에 가지고 있었다고 말해도 좋으리라. 그렇다고 해서 그들이 평생을 바쳐 추구했던 민족해방과 사회주의 이상까지 훼손해서는 안 된다. 박헌영을 기억해야 하는 진정한 이유이다.

·2·

조국엔 언제나
감옥이 있었다

이관술

잊혀진 이름

공산당 당수가 박헌영이, 부당수가 이관술이라. 겪어보니 그래요. 이틀
만에 한 번씩이던가 매일같이 회의를 해요. 가회동 이관술 집이 공산당
본부라요. 지하공작 본부. 지금이니까 이런 얘기해도 괜찮지, 옛날 같으
면 이런 말 절대 몬했어요.

이관술(1902~1905)의 수행비서였던 이석도의 2005년 증언이다. 해방 직후
합법 시절의 조선공산당 이야기다.

조선공산당에서의 이관술의 공식적인 직책은 중앙검열위원 4명 중 서
열 1위이자 총무부장 및 재정부장이었다. 공산당에는 당수니 부당수 같
은 직책명이 없으나 가장 중요한 재정과 감찰을 책임진 인물로, 이석도
의 표현대로 실질적인 2인자였음이 틀림없다.

오늘에 와서는 그의 고향 울산에나 아는 사람이 몇 있을까, 1970년대 반공 드라마를 지겹도록 보고 자란 세대에게도 낯선 이름인 이관술. 도 대체 어떤 인물이기에 박헌영이 가장 신뢰하여 공산당의 살림과 인사를 맡겼을까? 사람들은 왜 그를 조선공산당의 부당수라 불렀을까?

우선 이관술이란 이름이 당대 사람들에게는 별로 낯설지 않았다는 점을 알 필요가 있다.

해방 직후, '선구회'라는 이승만 계열 우익단체에서 실시한 여론조사에서 이관술은 조선을 이끌 지도자 5위에 꼽힌다. 여운형이 1위로 33%, 이승만 21%, 김구 18%, 박헌영 16%, 이관술이 12%였다. 김일성, 김규식, 서재필보다도 지지도가 높았다. 조사는 다각도로 이뤄지는데 경제부 장관감으로는 2위로 꼽혔다. 설문 대상이 일반 대중이 아니라 신문기자, 학자 등 수백 명의 고급지식인이었음을 감안하더라도 의미가 있는 통계였다. 여론조사 실시기관도 좌익 쪽이 아니라 아닌 우익 단체였다는 점에서 더욱 그렇다. 이석도의 증언이다.

지방에서는 관술 씨를 잘 몰랐는데 서울 가보니까 유명하더만요. 굉장한 사람들이 다 찾아와. 김창숙 씨 알죠? 성균관대학교 총장 아닙니까? 그 집에 날 데리고 갔는데 대우를 굉장히 잘 받더만요. 여운형 씨 쪽에서도 만나자고 요청이 오고, 관술 씨하고 일을 해보겠다고 여기 저기 지방에서 올라오고…….

이관술이란 이름은 일제 강점기 동안 수차례나 대서특필되어 신문을 읽는 계층이라면 그 이름을 모를 수가 없었다. 그러나 단지 항일운동의 유명도만으로 보면 조만식, 이시영, 김원봉 등 더 널리 알려진 인물들이 많았다. 저명한 원로 민족주의자들을 제치고 지방 사람들은 잘 알지도 못하는 그를 지도자감으로 지목한 이유는 무엇일까?

나이로 보면 박헌영보다는 2살이 적은 1902년생으로 해방 당시 44살이었다. 조선공산당의 또 다른 핵심인 이주하, 김삼룡 등보다는 두어 살 많고 김일성보다는 10살이나 많았다. 하지만 홍남표, 이영, 김철수 등 공산주의운동의 이름난 선배들을 제치고 장래 지도자감으로 주목받은 데는 그만한 이유가 있었다.

이관술은 어떤 인물이었을까? 어떤 사람이기에 그만한 지지를 받았고, 또 어떤 연유로 이토록 말끔히 남북의 역사책에서 지워져 버렸을까?

소탈, 소박한 수재

언론인 김오성은 해방 이듬해인 1946년 9월에 출간한 인물평론집 『지도자 군상』에서 이관술의 외모를 이렇게 묘사한다.

> 그 다붙은 이마, 옹졸하게 생긴 얼굴에 검은 안색은 처음 보는 사람에게는 그 전직인 솥땜장이로밖에 보지 않을 것이며, 좀 더 높이 평가한다면 궁촌의 한문 훈장으로밖에 더 볼 수 없을 것이다.

이관술의 '전직'을 솥땜장이라 쓴 것은 그가 일제 후반기 내내 솥땜장이, 넝마주이로 위장해 전국을 누비며 지하신문 제작과 파업 지도를 했기 때문이다. 하지만 그의 진짜 전직(前職)인 동덕여고 교사 시절의 별명도 '물장수'였다. 날렵한 몸매에 유난히 검은 피부, 움푹 들어가 반짝이는 작은 눈에 작은 콧날을 가진 소박한 외모 때문이었다. 조직체계상 그의 유일한 상급자이던 박헌영 역시 시커먼 얼굴 때문에 '솥뚜껑'이라 불렸던 것을 생각하면 재미있다.

울산의 부잣집 맏아들로 태어나 일본에서 도쿄고등사범학교를 나온 수재였지만 교만하거나 자기를 드러내지 않고 늘 뒤에서 헌신하는 성격이었다. 해방 후에도 마찬가지다. 김오성은 같은 책에서 말한다.

이관술 씨야말로 일점의 사욕이나 명예욕을 갖지 않은 청렴한 지사형의 인간이다. 나는 그가 중앙인민위원회가 조직되어 선전부장으로 임명되었을 때에 한 번도 그 자리에 나와 앉는 것을 본 일이 없다. 모든 사람들이 그것을 무슨 권세의 자리처럼 자기의 실력도 없으면서 그 자리를 차지하지 못해 애쓰건만 이관술 씨는 자기의 기능이 거기에 해당치 않음을 깨닫고 시종일관 사양하여 나오지 않고, 오직 자기가 지켜야 할 공산당의 부서에 충실하였던 것이다.

일제부터 해방 후까지도 줄곧 공산당 기관지 편집책임자로 일했지만 박헌영이나 이강국처럼 투쟁 노선에 관련한 논문들을 발표하거나 탁월한 웅변으로 대중을 사로잡은 일도 없던 이관술이었다.

그럼에도 공산주의자건 민족주의자건, 박헌영 지지자들은 물론 박헌영을 맹렬히 비판했던 이들까지도 이관술을 존중했다. 해방 후 박헌영의 반대파였던 비주류들은 주류와의 협상 상대로 꼭 이관술을 지목한다. 이유는 그의 사심 없고 탈권위적인 헌신성 때문이었다.

일제 때는 걸인이나 다름없는 옷차림으로 북쪽 함흥에서 남쪽 마산까지 한 달이나 걸리는 먼 길을 자전거를 타고 다니며 조직을 이끌고, 해방 후 공산당뿐 아니라 인민위원회, 민전(민족주의민족전선) 등의 최고위직에 있으면서도 일본군이 버리고 간 낡은 군복에 손에는 늘 등사 잉크를 묻힌 채 소리 소문 없이 일하던 사람이었다.

혁명을 위해서는 아낌없이 고향의 논밭을 팔면서도 본인은 검박하게 살았던 사람이기도 했다. 항일운동 10여 년의 대부분의 시간을 감옥 아니면 수배 생활로 전국을 떠돌며 살았는데 일제 말기 병보석 되어 잠시 울산 집에 머물 때 이야기다. 이관술의 막내딸 이경환은 증언한다.

만주에서 들여온 콩깻묵에다가 논에서 나는 풀을 넣어 끓인 걸 맛있다,

맛있다 하면서 우리에게 먹으라는 깁니다. 그걸 우예 먹습니까? 우리는 싫어 죽겠는데도 아부지는 맛있다, 맛있다면서 잘 드시는 기라.

김오성은 정치가란 대중을 제압하는 외모도 필요하고 대중을 설득하는 언변도 필요한데, 이런 것이 조금도 없는 사람으로 어떻게 인민들의 열화와 같은 지지를 받는 지도자가 되었는지 놀라워한다. 그리고 스스로 이유를 생각해본다.

그는 결코 화려한 외관을 타고난 인간은 아니다. 그리고 기발한 착상이나 탁월한 수완을 가진 사람도 아니다. 말하자면 외관은 졸렬하고 특이한 기능은 없는 범부 중의 한 사람이다. 그러나 졸렬한 범부가 가진 혁명가적 정열과 성의와 계급적 양심은 세간의 모든 범부가 따를 수 없는, 씨만이 가지고 있는 독자적인 세계인 것이다. 그리고 인민의 의사를 들을 줄 아는 겸손과, 인민의 이익을 옹호할 줄 아는 정의감과, 민족의 장래를 생각하는 애국적인 정열은, 모든 범부가 따를 수 없는 씨의 인간적 영역인 것이다.

조선반제동맹

이관술이 반일투쟁에 나선 것은 1929년 11월에 일어난 전라도 광주의 학생 시위를 목도하면서부터였다. 동덕여고에 갓 부임해 역사교사로 일하고 있던 20대 후반이었다.

도쿄에서 사범학교에 다닐 당시 학과목의 하나로 마르크스를 읽은 적도 있으나 교육을 통해 조선 민족을 깨우치는 게 우선이라는 생각으로 교단에 섰던 그는 어린 학생들이 목숨을 내놓고 싸우는 것을 보며 크게 놀란다.

동덕여고 역사 교사 시절의 이관술.

광주학생운동의 여파는 서울로 올라와 여학교마다 동맹휴학과 시위로 소란해졌는데 동덕여고는 동학혁명의 후예인 천도교에서 세운 학교였음에도 교장과 교단에서 학생들의 시위를 막고 주동자를 퇴학시켜 그를 분개시켰다.

당시 동덕여고는 박진홍, 이종희, 이경선, 이순금, 박선숙, 이효정, 김재선, 임순득 등 조선의 공산주의운동에 굵은 이름을 남기는 맹렬 여성들을 배출하고 있었다. 그중 이순금은 이관술의 배다른 누이동생이었고, 박선숙은 나중에 이관술의 두 번째 부인이 된다.

이관술은 해마다 벌어지는 동덕여고의 학생 시위를 적극 지지하고 격려, 지원한다. 제자들이 동맹휴학을 선동하면 다른 선생들은 학생들이 밖에 못 나가도록 교실문을 막아도 이관술은 먼저 수업을 중단하고 다들 밖으로 나가라고 안내했다. 자기 집을 모임 장소로 제공하고 학교 측의 징계와 경찰의 연행에 반대해 앞장서 학생들을 보호한다.

이 과정에서 조직된 학생들을 중심으로 두 개의 학습 소모임을 이끌던 그는 1932년 가을 들어 항일 조직인 '조선반제동맹'에 가입했다. 반제동맹은 1931년에 일어난 일제의 만주 침공에 반대해 만든 조직으로, 경성에서 철도 노동자로 일하던 와다 노리히토를 비롯한 여러 일본인들과 이순근 등 조선인 사회주의자들로 이뤄져 있었다. 그중 이순근은 이관술과 중동고보 동창으로, 경성콤그룹과 조선공산당까지 함께 하는 사람이다.

이관술이 가입한 '조선반제동맹 경성지방 준비위원회'의 당면 과제는 주로 교육 문제에 초점을 맞추고 있었다.

- 식민지 노예교육 반대
- 수업료 감면
- 학교 내 경찰 침입 반대
- 입학에 대한 일본인과 조선인의 차별 반대
- 졸업생 취직에 대한 학교의 책임 부담
- 여자 교육에 대한 남존여비적 교육에 반대

반제동맹은 경성만의 자생적인 소모임이 아니었다. 자본제국들의 침략 전쟁을 막기 위한 세계적인 조직이었다. 경성 준비위도 이해 12월 도쿄에서 열린 국제 반제동맹 대회에 조선의 독립 투쟁을 지원해달라는 요청을 보낸다. 그러나 석 달 만인 1933년 1월에 대량 검거되고 만다. 반전 벽보 붙이기와 낙서 작업, 유인물 배포 등의 활동이 추적을 당했기 때문이었다. 경찰은 이 사건으로 43명을 기소했는데 주동자인 이순근은 4년, 이관술은 2년형을 선고받았다. 일본인 3명도 비슷한 형량을 언도받았다.

이관술은 구속 16개월 만인 1934년 4월, 반성문을 써주고 가석방된다. 이 글은 남아 있지 않으나 그는 이 일을 평생 부끄럽게 여긴 듯하다.

비슷한 시기에 구속된 여동생 이순금도 한 장짜리 반성문을 써주고 나오는데 아직까지는 일왕에 충성을 바치겠다거나 공산주의를 부인하는 전향서를 요구하지는 않던 시기였다. 순수한 마음으로 가난한 노동자를 위해 일한 것뿐으로, 연로한 아버지에게 효도를 하고 싶으니 석방해달라

이관술의 동덕여고 제자로 항일운동에 앞장섰던 김재성.

는, 모호한 내용이었다.

　이관술도 자신을 구명하기 위해 돈을 싸들고 내 집처럼 울산과 서울을 오가던 아버지의 호소를 못 이겨 반성문 비슷한 것을 써주었던 듯하다. 일단 석방된 그는 넉 달 정도 고향에 내려가 은둔하다가 다시 서울에 올라와 운동을 재개한다.

　서울에서 그를 기다리고 있던 인물은 이재유였다. 상해에서 조선공산당 재건운동을 지도하고 있던 박헌영이 김단야, 김형선에 이어 국내 조직의 책임을 맡긴, 탁월한 조직가이자 투사였다.

경성트로이카

　1934년 9월이었다. 이순금의 중간 연락으로 장충단공원 약수터에서 만난 이관술과 이재유는 남산 숲 속을 걸어가며 동지의 약속을 맺는다. 이날 만남에서 이관술이 제일 먼저 한 일은 반성문을 쓰고 나온 데 대한 자기반성이었다. 그는 자기보다 3살 어린 이재유에게 고백한다.

감옥에서 반성문을 쓰고 병보석을 얻어 석방된 것은 운동을 포기함이
아니라 하루빨리 밖에 나와 운동선상에 뛰어들고 싶어서였으나 대중의
신망을 얻기 위해서 다시는 반성문 같은 것은 쓰지 않겠다.

또한 "지식인으로서의 약점을 극복하기 위해 맨 밑바닥 일개 병졸로
투쟁 전선에 종군하겠다."는 뜻을 밝혔다. 공장에 들어가 노동자로 시작
하겠다는 말이었다.

이재유의 생각은 달랐다. 여러 조사를 통해 이관술의 인물됨과 경력을
확인하고 나온 그는 말한다.

그러한 자격지심이야말로 인텔리적인 감상이다. 자기 능력을 최대한 발
휘할 수 있는 적당한 부서에서 당장 활동을 개기해야 한다.

이재유는 처음 나올 때부터 이관술에게 여러 고보의 독서회 지도를 맡
길 계획을 갖고 있었다. 이관술은 흔쾌히 이에 응해 학생 부분을 책임지
게 된다.

나아가 이재유는 거꾸로 자신의 지난 과오에 대한 자기비판서를 작성
해 다음 번에 만났을 때 이관술에게 제출한다. 지난 1년 동안 '조선공산
당 재건을 위한 경성트로이카'를 조직해 여러 공장과 학교에서 파업과
동맹휴학을 일으켰는데 그 과정에서 보안수칙에 철저하지 못해 타격을
입은 것, 전위조직을 만들지 않은 것, 동지 획득에 급급해 올바른 인물을
선택하지 않았다는 것 등의 내용이었다.

'삼두마차'를 의미하는 트로이카란 공산당의 조직 형태 중 하나로, 어
느 특정인이 권력을 갖는 게 아니라 구성원들이 서로 동등한 발언권을
갖고 민주적으로 상의하여 사업을 진행하는 방식이었다.

의기투합한 두 사람은 이재유가 체포되는 1936년 12월 24일까지 3년

여 동안 생사를 함께한다. 경찰의 추적에 혼란을 주기 위해 기관지와 유인물에 경성재건그룹, 경성준비그룹으로 표기하기는 했으나 처음 결성되었던 경성트로이카의 연장이었다.

경성트로이카는 몇 차례 검거 때마다 수백 명에서 1천 명까지 연행되어 조사를 받고 그중 150여 명의 구속자를 낳은, 적색노조운동의 대표적인 조직이었다. 경찰은 집요하게 이재유와 이관술의 뒤를 쫓았고, 두 사람 역시 기발한 방법으로 그들을 따돌렸다.

1935년 1월, 경찰의 정보망에 대다수 조직원이 노출되는 사태가 발생하자 두 사람은 즉시 신당동과 상왕십리 등지에 있던 아지트들을 정리하고 서울을 빠져나간다. 이때 이관술은 보통 회사원의 1년치 봉급에 해당하는 300원을 갖고 있었다. 하지만 경찰의 무차별 검문검색으로 여관에도 들어갈 수가 없었다.

마침 엄청난 폭설이 내렸을 때였다. 길도 사라져버린 산속에서 밤을 지내게 된 두 사람은 쌓인 눈을 파고 들어가 누웠으나 얼어 죽을 판이었다. 아마도 함경도 삼수 출신인 이재유가 제안을 했을 것이다. 두 사람은 옷을 홀랑 벗어 바닥에 깔고 서로의 알몸을 부둥켜안고 손발을 문질러주며 밤을 지새워 살아난다.

강원도 일대 산촌을 헤매고 다니던 두 사람이 다시 서울로 향한 것은 두 달 뒤였다. 동해안을 통해 소련으로 망명하거나 평양이나 함흥 같이 얼굴이 덜 알려진 곳으로 갈 수도 있었으나 두 사람은 식민지 조선의 중심인 서울에서의 조직운동을 포기하지 않았다.

마침 경남 김해 일대에 대홍수가 난 해였다. 오늘날 쌍문동 부근인 양주군 노해면 공덕리까지 접근한 두 사람은 농토를 잃고 올라온 수해민으로 가장해 임야 6천 평을 임대해 농사를 짓기 시작했다.

3년치 임대료로 25원을 미리 지불한 두 사람은 스스로 토막집을 짓고 살면서 맨손으로 임야를 개간해 호박과 고추를 심고 여름에는 김장용 무

이관술이 이재유와 함께 농사를 지으면서 기관지 「적기」를 발행하던 움막.

와 배추를 심었다. 이듬해에는 농토를 수천 평이나 더 늘려 돼지 2마리
와 닭 60마리에 토끼까지 키워서 2년 동안 수입이 750원이나 되었다.

두 젊은이가 얼마나 열심히 일했는지 매일 일본 경찰이 그 앞을 지나
면서 격려하고 주재소에 달걀을 납품하기까지 했다. 새로 개발된 다양한
농사 기법을 도입하는 바람에 중국에서 온 사람들로 소문이 나서 '대국
사람'으로 불리기도 했다. 주민들과의 유대를 위해 야경을 자원하기도
하고 싼 이자로 빌려준 돈만 150원이었다. 마을에 야학회관을 지을 때는
목수로 봉사도 했으나 야학은 경찰의 집중 감시를 받기 때문에 교사를
맡지는 않았다.

평범한 농부들보다 훨씬 더 열심히 농사를 지으면서도 두 사람의 신경
은 온통 조직 재건에 가 있었다. 농민으로 변장하고 서울에 드나들며 조
직원을 포섭하는 한편, 기관지 「적기」를 발행한다. 등사기를 사기 어려운
시절이었다. 빈 석유 깡통과 유리판 등을 구해 등사기를 직접 만들고 소
나무 가지를 다듬어 자전거 튜브를 만 다음 양동이의 손잡이를 양쪽에

끼워 롤러로 삼았다. 철필은 축음기의 침을 아카시아나무 가지에 끼운 다음 판금으로 싸서 만들었다.

핵심 조직원들만을 상대로 한 기관지인 「적기」는 3회에 걸쳐 10여 부씩만 만들어졌는데, 내세운 구호들은 80년이 지난 오늘까지도 다 이루지 못한 선진적인 내용을 담고 있었다.

- 모든 사형제도 철폐
- 노동자, 농민의 투쟁에 대한 조정제도 적용과 관헌, 재판소, 경찰의 간섭 반대.
- 모든 기업 내에 경영위원회를 설립할 자유
- 동일노동에 대한 동일임금
- 부르주아적 산업합리화 반대
- 일일 7시간, 주 40시간 노동과 1년에 2주간 휴가
- 아내가 있는 노동자의 최저생활비 기준에 의한 최저임금 확립
- 실업보험, 의료보험, 재해보험, 노약자보험, 사망보험 등 국가보험의 즉각 실시

민족주의 항일운동 어느 세력도 내세운 적이 없는 놀라운 구호들이었다. 그밖에도 호주제 폐지 등 조선공산당의 목표는 100년을 앞서가고 있었다. 사실상 대한민국의 헌법과 노동법의 근원이 된다고도 할 수 있는 내용들이었다.

일제도 이런 요구가 가져올 파장을 잘 알고 있었다. 때문에 지주나 온건파 지식인들이 주도하고 있던 민족개량주의니 자치론 등 민족주의운동에 대해서는 관대한 반면에 공산주의운동에는 철저한 탄압을 가했다. 이재유와 이관술의 운동도 끝이 보이게 된다.

성탄 전야인 1936년 12월 24일, 마침내 이재유가 체포되고 약속한 시

간에 그가 돌아오지 않자 이관술은 미련 없이 공덕리 은거지를 버리고 잡화 상인으로 변장해 강원도로 떠난다.

일급 수배자

이관술이 서울에 돌아온 것은 이재유가 체포된 지 반년이 지난 1937년 6월 말이었다. 강원도로 빠져나간 그는 산중의 외딴집에서 새끼를 꼬아 망태와 멍석 만드는 일을 하며 겨울을 나는데, 그를 좋게 본 주인이 데릴사위로 삼으려 하는 바람에 어쩔 수 없이 그 집을 나왔노라고, 나중에 가족들에게 웃으며 말했다고 한다.

일급 수배자인 이관술이 다시 서울에 돌아오는 데는 대범함 이상의 결단이 필요했을 것이다. 공개적인 일상생활을 영위하면서 선비적 지조를 지키는 것에 자족하던 민족주의 인사들과 달리, 지하에 숨어 다니며 끊임없이 파업과 동맹휴학, 소작쟁의를 일으키는 공산주의자들에 대한 경찰의 추적은 집요했다. 그중에서도 조봉암, 박헌영, 김단야, 김형선, 이재유로 이어지는 조선공산당 재건운동 지도부는 수배자 명단 맨 윗자리를 차지하고 있었다. 그들이 모두 체포된 지금, 경찰의 추적은 이관술에게 집중되어 있었다. 이런 상황에서 이관술이 영등포 공업지역에 돌아온 것은 달리 설명이 필요 없는, 그야말로 대단한 용기였다.

영등포역에서 여의도 샛강으로 나가는 빈민가에 방 한 칸을 얻어 조직 재건을 시작한 이관술 주위에는 금세 동지들이 모여들었다. 초창기 경성 트로이카 활동으로 수감되었다가 석방된 박진홍, 안병춘, 이인행, 심계월 등과 서울의 또 다른 조직이던 '경성콤그룹'에 속했던 공원회 형제, 김순진 등 10여 명이 2, 3주 만에 연결된다.

그러나 새로운 조직은 한 달을 넘기지 못하고 실패하고 만다. 이유는 엉뚱하게도 천재지변이었다.

장마철이던 7월 17일 저녁이었다. 이관술은 감옥에서 갓 석방된 여동생 이순금을 만나기 위해 샛강을 건너 여의도로 들어갔다. 당시 여의도는 일본군 비행장과 공원뿐인 평평한 모래섬이었다. 영등포와의 사이에 다리가 있었으나 검문이 심해 늪지 상태인 샛강을 건너간 것이었다.

마침 폭우가 쏟아지기 시작했다. 몇 해만에 만난 오누이가 사적인 정담을 나눌 겨를도 없이 일본군의 중국 본토 침략을 앞둔 정세와 당 조직의 건설 방안 등을 논의하는 사이, 늪지이던 샛강은 흙탕물이 불어나 건너갈 수가 없게 되었다. 다리가 없는 마포 쪽 본류에는 나룻배가 있었으나 불어난 강물에 운행이 중단되어버렸다.

지명수배자의 상당수가 불심검문으로 체포되던 시절이었다. 어쩔 수 없이 영등포쪽 다리를 건너던 두 사람은 검문소를 통과하지 못하고 섬 안의 지서로 연행되고 말았다. 일본어를 모르는 중국인 행세를 하며 시간을 끌어 보았으나 본서로 이송되면 끝이었다.

돌연 이관술이 지서 문을 박차고 달려 나간 것은 밤이 깊어 경찰의 경계가 소홀해졌을 때였다. 따라 나가려는 순사의 발목을 이순금이 붙잡고 매달려 있는 사이, 이관술은 폭우가 쏟아지는 어둠 속으로 사라졌다. 순사들이 이순금을 짓밟고 달려 나갔을 때는 아무 것도 보이지 않았다. 깜깜한 허공에 대고 총만 쏘아댔다.

이미 이관술은 격류에 휘말린 샛강에 뛰어들어 있었다. 익사로 위장하기 위해 옷은 홀랑 벗어 나뭇가지에 걸쳐 놓았다. 고향집 앞을 흐르는 태화강에서 수영으로 단련된 몸이었다. 흙탕물에 잠겨가는 버드나무들과 풀언덕을 따라 물길을 헤치고 수영을 하여 건너편 기슭에 무사히 닿을 수 있었다.

홀랑 벗은 몸으로 뒷골목을 따라 하숙집에 도착한 이관술은 옷을 챙겨 입고 돈과 중요한 물건들을 들고 다시 비 오는 거리로 나왔다. 일단 서울을 벗어나야 했으나 검문이 강화되었을 기차를 탈 수는 없었다. 거지

행색으로 꾸미고 다리 밑 거지 소굴에서 노숙하면서 남쪽으로 향했다.

대전에서 두 달 정도 머물며 새로이 조직을 시도하던 이관술은 다시 대구로 내려가 1년여 동안 '반전반제적인 소그룹 다수'를 지도한다. 대구는 경성트로이카 활동으로 구속되었다 나온 남만희, 최소복 등이 살고 있는 데다 공장도 많았다.

이관술의 대구 생활에 대한 증언도 있다. 이관술의 고향동네 이웃집에 살았던 손응교다. 교사 시절의 이관술이 서울 자기 집에 데리고 올라가 동덕여고 청강생으로 넣어주었던 똑똑한 처녀였는데 독립운동가 김창숙의 며느리가 되어 있었다.

어느 날 우연히 지저분한 고물장수가 찾아왔는데 이관술이었다. 서로가 깜짝 놀라서 아는 체를 않고 돌아섰는데 다시 얼마 후에는 대구의 번화가에 있는 백화점 앞에서 다시 그와 마주쳤다. 이번에도 이관술은 지저분한 행색으로 다른 고물장수들과 어울려 길바닥에 앉아 바둑을 두고 있었다. 손응교는 이관술의 처지를 잘 알기에 역시 모른 척하고 지나쳤다. 그런데 얼마 후 어떤 이층집에서 불이 났는데 다다미 밑에서 불온서적들이 쏟아졌다는 소문이 돈다. 그녀는 그곳이 이관술이 소모임을 하던 곳으로, 경찰이 덮치자 불을 지르고 달아난 것으로 추측한다.

불을 지른 사람이 이관술인지는 알 수 없지만 대구의 활동도 경찰의 추적으로 어렵게 되었을 때, 마침 여의도에서 체포되어 구속되었던 이순금의 석방 소식이 전해진다. 이관술은 곧바로 사람을 보내 그녀와 만난다. 1938년 겨울이었다.

수원의 화홍문에서 만난 이순금은 여러 가지 서울 소식을 전했다. 경성트로이카의 핵심이자 이재유의 절대적 신임을 받고 있던 김삼룡이 석방되었다는 소식도 하나였다. 충주 엄정면 출신인 김삼룡은 다부진 체격에 강인한 의지가 넘치는 인물로, '조직의 귀재'라고 불릴 만큼 대인 친화력이 좋았다.

김삼룡은 고향 엄정에 내려가 있었다. 1939년 1월, 화홍문에서 다시 만난 오누이는 수려선(水驪線, 수원-여주를 잇던 협궤 철도 노선)과 버스를 갈아타며 충주로 향한다. 일제 치하 마지막 조선공산당 재건 조직인 경성콤그룹의 시작이었다.

빛나는 시간, 저주받은 사람들

몇 해 후 해방이 되었을 때, 경성콤그룹 출신들에게는 최고의 찬사가 쏟아진다. "탁류 속에 한 줄기 맑은 샘"이라거나 "어두운 밤의 등불"이라는 찬사였다.

일제 때부터 박헌영 계열과 반목하던 이영, 이정윤 같은 비주류는 불평을 터뜨렸으나 경성콤그룹 출신들이 조선공산당의 중심이 되는 것을 막을 명분은 없었다. 경성콤그룹은 조선에 공산주의가 도입된 이래 20년 간 축적되어온 국내 저항운동의 결정체였기 때문이다.

그런데 막상 최초 조직자인 이관술은 1년 만에 박헌영을 영입해 기관지 제작을 맡긴 후에는 함경도로 올라가 탄광과 비료공장 노동운동을 지도했다. 1940년 5월이었다. 함경도에서는 경찰의 추적을 피해 산중 토굴에서 「붉은 길」이라는 지역신문을 제작하는 한편, 빨치산 투쟁을 계획하기도 한다.

그런데 그해 연말에 조직의 핵심인 이현상과 김삼룡이 잇달아 체포되어 경인 지역 조직에 공백이 생기고 말았다. 이관술은 경성제대 강사로서 시인 임화와 함께 좌익 문예운동의 선봉이던 김태준에게 그 자리를 맡기기 위해 일시 상경했다가 김태준의 집을 감시하고 있던 경찰에 의해 둘 다 체포되고 말았다.

두 번째 구속과 감옥살이에 대해 이관술은 해방 후 쾌활한 진술을 남긴다.

나의 과거 생활 중 가장 유쾌하다고 생각하는 것은 체포되었을 때 박헌영 동지와 동생 순금의 주소를 말하라고 무서운 고문을 당할 때 내가 죽느냐 사느냐 하는 중대 기로에 처했는데 나는 죽기로 맹세하고 13일 간 단식하다가 전에 함남 지방에서 일하던 것을 이용하야 허구를 꾸며서 그들을 감쪽같이 속인 일이다. 그리고 3일 간을 단식한 후 쓰러진 체하여 의사를 부른 사이에 미리 병에 받아 놓았던 커피를 머금고 있다가 의무실에 가서 각혈을 하는 것 같이 토하여 보석을 하게 만든 것 등이다.

단식 13일과 커피로 각혈을 꾸민 것이 '유쾌한 추억'이라는 말이 구슬프다. 이 짧은 자필 수기의 제목은 '조국엔 언제나 감옥이 있었다'였다.

만 3년 만에 병보석으로 가석방된 그는 고향집에 내려가 두어 달 은신하다가 경찰의 감시를 뚫고 달아나 해방되기까지 대전을 중심으로 솥땜장이로 위장해 활동한다.

이 시기에 박헌영은 광주에서 벽돌공으로 일하고 있었고 이순금이 연락책으로 있었다. 이현상도 병보석으로 석방되어 잠시 집에 은거하다 달아나 덕유산 아래 한 농가에서 머슴살이를 하고 있었다.

이관술은 대전의 고물상에서 걸인이나 다름없는 행색으로 기거하면서 고물을 사고 판다는 명목으로 충청도와 전라도 쪽을 드나드는데 박헌영, 이현상과 연락을 주고받은 듯하다. 해방 후 본인의 기록이다.

1943년 12월 보석 출옥하야 1944년 4월에 대전을 중심으로 솥땜질을 하면서 전남 지방을 왕래하면서 주로 반전운동을 지도하다 8·15 해방의 날을 맞이하게 되었다.

이 시기에 대한 또 다른 간접 증언자로는 소설가 김성동이 있다. 그의 아버지 김봉한은 농민운동을 하다 해방 후의 격동 와중에 실종되는데,

할아버지는 "금산 이 진사집 아들과 솥땜장이가 네 아버지를 망쳐놓았다."고 말하곤 했다. '이 진사집 아들'은 금산군 군북면장의 아들 이현상이요, '솥땜장이'는 이관술이었으리라.

마침내 해방을 맞은 이들의 앞날은 창창해 보였다. 지도자감 설문 상위 10명 중 7명이 사회주의 계열이었고, 해방 직후 창당된 40여 개 정당 중 가장 충성도 높은 당원을 가진 것이 공산당이었다. 일반 대중들은 항일운동에 있어서 공산주의와 민족주의를 구별하지 않았기에, 일본인들로부터 가장 미움받고 신문에 더 많이 났던 공산주의자들을 더 열렬히 지지했다.

남북이 갈린 것만도 억울한데 남한은 좌익과 우익이라는 신조어로 다시 분단이 되어버리고, 미 군정과 이승만에 반대하는 세력은 모두 좌익으로 몰려 철저히 파괴될 줄은 당시에는 아무도 몰랐다.

좌익 또는 빨갱이라 불리게 된 이들 속에는 당당히 붉은 깃발을 든 조선공산당뿐 아니라 여운형, 허헌, 조봉암 등 이른바 중도좌파 내지 사회민주주의자들까지 포함되어 불과 몇 해 안에 대부분 죽음을 당하게 될 것이었다.

이관술은 동서냉전의 첫 희생자가 되었다. 해방된 지 불과 9개월 만인 1946년 5월이었다. 경찰은 돌연 조선공산당이 위조지폐를 만들었다고 발표한다. 공산당사가 입주해 있던 근택빌딩 내 인쇄소인 정판사에서 위조지폐를 만들었다는 것이었다.

정판사 사건은 명백히 미 군정과 남한 경찰이 조작한 사건이었다. 정판사에서 위조지폐를 만들기 시작했다는 1945년 10월은 아직 공산당이 근택빌딩에 입주도 하기 전이었으므로 공산당 사무실에서 이관술과 권오직이 위조지폐를 만들라고 지시했다는 공소는 처음부터 맞지 않았다.

인쇄 명령을 내렸다는 기간에 이관술과 권오직은 지방에 있었다. 변호사들이 이의를 제기하자, 판사가 검사와 함께 현지 조사를 벌이는 이례

정판사 사건이 실린 기사.

적인 일이 벌어졌다. 그리고 돌아와서는 이관술도, 권오직도 그곳에 온 적이 없다고 판사가 직접 발표하는 더욱 유래 없는 일이 벌어졌다.

경찰이 증거로 제시한 위조지폐와 정판사에서 시험인쇄한 지폐는 모양도 색도 달랐다. 때문에 미 군정 법무관 하나가 사건의 모순들을 상부에 보고했다가 본국으로 송환되기도 했다.

당시 신문에 실렸던 이관술의 공판 진술이다. 떨리는 분노 속에서도 사건 조작의 책임검사인 조재천을 동정하는 여유까지 보인다.

검거된 이래 3개월이 되였으나 자신도 무슨 이유로 여기 와 있는지 알 수 없다. 피고들 중에는 나에게 미안하다고 말하고 있으나 오히려 남조선에 공산당을 치기 위한 정치 음모에 억울하게 희생되어 있는 다른 피고들과 그 가족들에게 조선공산당을 대표하여 사과하지 않으면 안 된다고 생각하는 바이다.

공산당을 치려던 차에 김창선 사건(정판사 위조지폐 사건)이 발생하자 이것을 호기로 이런 사건을 허위 구성하였다. 입으로는 좌익을 탄압하지 않는다고 하면서 실제에는 극도의 탄압을 하고 있고 선전포고도 하지 않고 측면 공격을 하는 것은 정치 음모다.

공산당의 집을 뺏고 기관지를 없애는 것 등은 이 사건을 처음부터 어떠한 목적이 있어 규정하고 나온 것이다. 지금의 좌우합작이라는 것은 우를 좌라 하는 우와 우의 합작이며 이 사건의 공정한 판결은 진정한 좌우합작에 도움이 될 것이다.

위폐를 하였다면 무기 15년 징역 등 검사의 논고는 지당할 뿐더러 오히려 사형이 당연하다. 그러나 검사는 어떠한 논법으로 이러한 결론을 가져왔는가?

김창선 사건으로 이 사건을 구성하고 이른바 위폐 1,200만 원의 용도에 대하여 220만원은 이관술 명의로 장부에 기입된 것을 말하고, 그 밖의 돈은 공산당의 재정비밀론을 가지고 또 공산당 주최 시민대회 등 집회자에 대한 일당을 준 것으로 합리화시키려 한다.

피고들 중에는 검사에게 욕을 하는 피고도 있으나 그것은 억울함을 호소할 데 없어 나오는 것으로 심정을 이해할 수 있으나 나는 오히려 막연하고 부당한 논법을 가지고 합리화시켜 어떠한 목적으로 이 사건을 논하는 조 검사(조재천 검사)의 심정을 동정하여 마지않는다.

검사는 지금이라도 정의의 길로 나가기를 바란다. 다만 원하는 것은 공정한 판결을 바란다.

공교롭게도 정판사 재판의 기록은 사라져 찾을 수 없는 상태다. 하지만 재판에 관련된 기사나 변호인단 석명서, 미 군정 법무관의 보고서 등만 보아도 재론할 가치도 없는 누명임을 알 수 있는 이 사건은 좌익계 신문이 강제 폐간된 후 유이한 언론 매체가 된 「조선일보」와 「동아일보」에 의해 진실이 되어버렸다.

정판사 사건으로 공산주의자에 대한 대중의 신뢰는 곤두박질쳤고, 공

정판사 사건의 재판 장면. 일어서 있는 이가 이관술과 함
께 정판사 위폐 사건의 공범으로 몰린 항일운동가 송언필
이다.

산당에 대한 탄압은 가속도가 붙었다. 공산당원 5,000명이 법정 안팎에
서 시위를 하고 이 과정에서 50여 명이 구속되고 사망 사고까지 일어났
으나 일제 치하에서 판검사를 하던 자들을 그대로 옮겨놓은 미 군정 재
판부는 이관술, 박낙종 등에게 너무나 신속하게 유죄 판결을 내려버린다.
또 한편으로는 박헌영, 이주하 등 조선공산당 지도부 전체에 대해 폭동
을 음모했다는 혐의로 수배령을 내린다.

맨 처음 경찰이 일방적으로 위폐 사건을 발표했을 때, 이관술은 경찰
총장 장택상을 직접 찾아가 면담하려 했으나 거부당했고, 수배된 뒤에도
월북 권유를 뿌리치고 서울 시내 충신동의 자기 집에 숨어 있었다. 자신
이 무죄임을 누구보다도 잘 알고 있었기 때문일 것이다.

수감 4년 만인 1950년 6월 25일 한국전쟁이 터지고 이승만은 서울이
함락된 6월 28일자로 남한 내 모든 좌익들을 사살하라는 명령을 내린다.
수천 명의 좌익수와 함께 대전형무소에 수감되어 있던 이관술은 제일 먼
저 끌려 나와 대전 외곽 골령골에서 총살당한다. 7월 3일이었다.

"조선 인민 만세!"

총살되기 직전 이관술이 마지막으로 외친 말은 '대한민국 만세'도 아

니고, '조선민주주의인민공화국 만세'도 아닌, '조선 인민 만세'였다는 형무소 간수의 증언이 전한다.

이관술이 처형된 며칠 후, 고향 울산에서는 하나뿐인 남동생이 총살당하고 마산으로 시집 간 큰딸의 남편 역시 총살당한다. 오로지 이관술 집안의 남자라는 이유였다. 이관술은 딸만 다섯을 두었고 그중 큰딸만 결혼한 상태였으니 집안에 3명뿐인 남자를 모두 죽여버린 것이다.

대법원은 총살 후 65년이 지난 2015년이 되어서야 이관술에 대한 사형 집행이 불법이었으므로 배상하라고 판결한다. 그러나 그에 대한 저주가 풀린 것은 아니다. 대법원 판결은 무기수를 사형에 처한 것이 불법이라는 순수한 법률적 판단일 뿐, 무기형을 받은 근원이 되는 정판사 사건이 허위 조작이었다는 판결은 아니었다.

정판사 사건 자체는 재판 기록이 사라져 재심청구가 어려운 상태다. 또한 남동생과 사위의 총살에 대한 불법부당성은 재판청구 시효가 지났다는 이유로 거부당했다.

전쟁 당시 서울에 살던 이관술의 두 아내와 세 딸은 행방불명되어 지금까지 남북 어디서도 흔적을 찾을 수 없는 상태다. 이관술과 그 가족들에게 내린 이념의 저주는 남북통일이 되어야 풀릴 것인가? 그것도 확신할 수 없다. 이관술이 꿈꾸던, 완전한 인간 평등의 세상이 와야 풀리게 될 것이다.

·3·

고요하고 거세게,
불꽃은 타오른다

이주하

남산의 두 소나무

한국전쟁 발발 사흘째인 1950년 6월 27일, 장맛비가 오락가락하는 가운데 의정부쪽 하늘이 화염과 포성으로 어지럽던 저녁 6시 무렵이었다. 한강교로 향하는 피난민들 위로 서울 함락을 알리는 불길한 사이렌 소리가 계속되는 가운데 남산 기슭에 있던 헌병사령부 후문으로 쇠사슬에 묶인 두 죄수가 끌려나왔다.

5명의 헌병은 헌병사령부 제3과장 송호순과 경비대장 차약도의 인솔 아래 두 죄수를 500미터쯤 떨어진 산중의 소나무에 각각 묶었다. 최후진술 같은 절차 따위는 없었다. 육군법무관인 모 소령의 지시에 따라 서둘러 총살이 집행되었다. 20여 발의 총성이 연달아 울려퍼지고, 시신은 소나무 아래 사람 키 깊이의 구덩이에 함께 묻혔다. 핏자국 선연한 소나무에는 각각 5발과 7발의 총알이 박혀 있었다.

죽은 두 사람은 김삼룡(1910~1950)과 이주하(1905~1950)였다. 남로당 총책과

김삼룡(위)과 이주하(아래)의 체포를 알린 1950년 4월 1일자 『동아일보』.

조직부장이 공식적으로 알려진 두 사람의 마지막 직책이었지만 사실상 남로당은 2년 전에 해산되어 조선노동당에 흡수되었기 때문에 조선노동당의 남쪽 지휘부라고 보는 게 옳았다.

두 사람의 시신은 한 달도 더 지난 8월 3일이 되어서야 발견되었다. 인민군에게 체포된 헌병사령부 경비대장 차약도의 진술에 따른 것이었다. 철도 노동자들에 의해 발굴된 시신은 이튿날 수많은 조문 인파의 애도 속에 남산 남쪽 기슭에 다시 봉안되었다. 납북된 차약도는 3년 후 남로당 숙청 때 증인으로 출석한 것으로 알려졌다. 그러나 남산에 만들어진 이주하와 김삼룡의 묘는 전쟁과 경제 개발의 광풍 속에 흔적도 없이 사라지고 말았다.

이후 이주하와 김삼룡은 남한의 반공 드라마에 수없이 등장해 공산주의자들의 악랄함과 파렴치함을 보여주는 악마적 인물들로 이용당한다. 종전 60년이 지난 오늘의 젊은 세대 중에 두 사람의 이름을 아는 사람은 거의 없을 것이다. 치열한 생존경쟁 과목들에 밀려 국사 교육이 계륵처럼 되어버린 결과이다.

원산에서 평양까지

이주하는 1905년 함경남도 북청에서 화전민의 둘째 아들로 태어났다. 5살 때 아버지를 따라 원산으로 온 이주하는 보광학교 재학 중이던 1919년 3·1만세운동의 주동자로 수배되자 갑산광산으로 도피했다가 돌아와 객주 사환, 일본인 상점의 점원, 우편국 전보배달부 일을 하며 극빈자 생활을 한다.

1921년에는 서울 휘문고보에 입학해 3학년에 재학 중 동맹휴학을 주도해 퇴학당한다. 당시 해마다 계속되던 휘문고보의 동맹휴학을 주도한 사람으로는 시인 정지용, 소설가 이태준이 있었고 후배로는 훗날 경성트로이카에서 활동하게 될 안종호가 있었다.

만병통치약처럼 팔리던 한방 소화제 '영신환', '옥편'이라 불리던 한자사전, 세계문학전집 같은 것들을 팔아 학비를 대던 고학생들이 적지 않던 시절이었다. 그런데 고학생들 중에 일본으로 유학 가는 이 역시 적지 않았다. 일본에서는 도로 공사장이나 건축 공사, 신문 배달 같은 부업들을 찾기가 더 쉬웠기 때문이었을 것이다. 소설가 이태준이 그런 경우였다. 고학을 하던 이주하도 1924년 일본으로 건너가 니혼대학 전문부 사회과에 입학한다.

이주하의 일본 생활은 4년이나 되는데 공산청년동맹에 가담했다는 사실 외에는 특별한 기록이 보이지 않는다. 일본 지식인과 노동자들 사이에 공산주의가 대대적으로 유행하던 시기였다. 조선 유학생 대다수도 조선공산당과 고려공청의 일본총국 등 여러 공산주의 단체에 가입해 활동하는데 이주하도 그랬던 것은 확실하다.

학비를 댈 수 없던 이주하는 결국 1928년 귀국길에 올랐고, 고향이나 다름없는 원산으로 돌아와서 화물을 하역하는 일당 노동자로 취업한다. 그리고 원산무산청년연합회에 가입해 본격적인 조직운동에 들어갔다.

이듬해인 1929년 1월부터 시작된 원산총파업에서 이주하가 어떤 역할을 했는지 알 수 있는 기록은 찾지 못했으나 나이로나 학력으로나 지도부에 속해 있었음은 분명하다.

원산총파업은 원산 지역의 2,000여 노동자와 그 가족들이 80일 동안 공장과 부두를 마비시킨 일제시대 최대의 노동쟁의였다. 공식적으로 이를 이끌었던 것은 원산노련(원산노동연합회)이었는데 위원장 김경식 등 지도부는 애초에 부두 하역 인부를 공급하는 인력업체 사장들이었다. 그러나 노조 간부들과 현장 지도자들 다수는 공산주의 청년들이어서 원산노련 사무실에는 레닌과 스탈린의 초상이 걸리고 노련 깃발도 소련기와 비슷해서 경찰이 색깔만은 붉은색 대신 담홍색을 써달라고 부탁할 정도였다.

파업이 일어나자 김경식 등 노련 지도부는 일제와 타협하기에 급급한 반면 젊은 공산주의자들은 이를 항일운동의 일환으로 삼고 전국적인 정치투쟁으로 발전시키려 노력한다. 신문에 공개되지는 않았으나 이주하가 이 젊은 세력 중 하나였음은 나중에 그의 활동으로 알 수 있다.

이 무렵 시작된 미국의 대공황으로 금방이라도 자본주의가 붕괴될 것처럼 보이던 시기였다. 자신감에 넘친 코민테른은 급격히 좌경화되었다. 코민테른은 대중적인 합법적 노동조합이 아닌, 전위 인자들로 구성된 지하 적색노조라는 형태를 제시했고, 국내 노동운동도 적색노조 시대로 바뀌었다.

크지도 작지도 않은 키에 바싹 마른 체격을 가진, 좀처럼 웃음이라곤 보이지 않고 혁명에 관련되지 않은 이야기는 꺼내지 않는 과묵하고 엄격한 이주하는 적색노조운동에 가장 적합한 인물이었을 것이다. 원산총파업이 파괴되어 공식 지도부가 체포되거나 변절한 후 이주하는 새로운 지도부의 한 명으로 적색노조 조직에 나선다. 그러나 1931년에 검거되어 5년 간 감옥살이를 하게 된다.

5년 만인 1936년 초에 석방된 이주하는 2월부터 원산에서 노동운동을 재개, 4월에 원산 지역 철도 노동자들을 적색노조로 조직하는 데 성공한다. 이 무렵 이강국, 최용달, 김재갑 등 경성제대 출신들이 원산으로 들어왔다. 이주하는 '성대그룹'이라 불리던 그들과 함께 1937년 6월 원산 공산주의자 그룹을 결성해 38회에 걸쳐 「노동자신문」을 발간한다.

「노동자신문」을 통한 이주하의 활동 영역은 흥남, 원산, 평양, 진남포 등 북부 조선 전 지역으로 확장되었다. 이 과정에 대해 언론인 김오성은 인물평론집 『지도자 군상』 '이주하 편'에서 말한다.

> 일본 제국주의가 만주 침략을 개시하던 전년이라, 온갖 합법운동이 일망타진되었음은 물론, 그 삼엄한 경계와 야수적인 탄압은 모든 운동자들을 후퇴 전락시키던 백색 테러의 난무 시대임에도 불구하고 이주하 씨는 교묘한 지하공작술로써 철도, 화학, 금속, 목재산업 각 공장을 중심으로 노동운동을 전개하였으니, 이야말로 혁명가로서의 이주하 씨의 영웅적 기개를 보여준 것이다. 이때 세속 성대파라는 이강국, 최용달 씨 등이 씨와 함께 투쟁한 것이다.
>
> 1938년에 철도국 관계로 사단이 발각되어 이강국 씨 등이 피검됨에 이주하 씨는 몸을 피하야 국내에서 망명생활을 시작하게 되었다. 씨는 흥남, 원산, 평양, 진남포 등의 각 공장지대를 여러 가지 인물로 변장하고 돌아다니면서 노동자층, 특히 응징자들에게 반전 반일제 사상을 고취하기에 분망하였으며, 주로 진남포의 공장지대에 잠복하야 8·15까지 반일운동의 전개를 획책하였던 것이다.

해방이 되었을 때 이주하가 박헌영, 김일성에 이어 조선공산당 서열 3위로 등재된 데는 그만한 이유가 있었다.

해방이 되었어도 한동안 일본 관헌은 온존해 있었다. 북부 지방의 일본인들이 자기 나라로 돌아가던 항구가 있는 원산은 특히 일제 패잔병들이 집결하는 곳이라 분위기가 살벌했다. 조선에서 가장 노동운동이 강했던 곳이라 노동조합과 건국준비위원회가 대립하는 양상까지 나타났다. 이 복잡한 갈등을 풀 수 있는 인물은 이주하뿐이었다. 진남포 공장지대에 잠복해 있던 이주하는 이 요청에 따라 원산으로 돌아가 함경남도의 공산당 및 인민위원회를 조직한다.

김오성은 이주하의 추진력 있는 활동으로 함남의 모든 질서가 최단 기간 내에 정돈되었다고 기록한다. 그는 이주하야말로 38선 이북의 수장이자 "명실공히 조선공산당의 동량이요, 기관수"라고 찬양한다.

과연 이주하는 어떤 사람이었을까? 해방 후 수년 간 이주하와 김삼룡 밑에서 일하다가 월북과 일본 망명의 복잡한 행로를 겪었던 「해방일보」 기자 박갑동은 90살이 된 2008년 방한 시에 증언한다.

> 이주하, 대단한 사람입니다. 나는 남북을 오가며 여러 유명한 공산주의자들을 많이 보았지만 이주하만큼 철두철미하고 맹렬한 공산주의자는 없었습니다. 눈매는 불꽃이 튀는 듯하고 목소리는 칼날이 선 듯 날카로웠지요. 큰소리를 치거나 말수가 많은 사람은 아닙니다. 그런데 조용조용 말을 하는데도 언제 벼락이 떨어질지 알 수 없는 두려움을 주는 사람이었습니다.

김오성도 『지도자 군상』에서 해방 직후 서울에서 처음 만난 이주하의 모습을 비슷하게 기록해놓는다.

어떤 정치 모임에 나타난 이주하는 바싹 마른 체격에 검은 얼굴이었다. 이지적인 눈에 일자로 닫힌 입, 냉정해 보이는 이마가 강인성과 담력을 보여주는 듯했다. 발언 역시 생김새대로 냉철하고도 비수 같았다. 기술을 요하는 정치적 언동에 미숙하기 짝이 없는 그는 한 점의 여유나 한 치의 양보도 허용치 않는 도전적인 발언으로 일관한다.

지켜보기 민망했던 김오성은 이주하를 밖으로 따로 불러내 좀 너그러운 태도를 가지라고 충고한다. 그러자 이주하는 도리어 엄격한 표정으로 경고한다.

"동지들의 미적지근한 태도는 저들 반동정객들의 농락만 살 뿐이오!"

우리에서 갓 뛰쳐나온 표범같이 사나운 인상이었다. 이주하에 대한 박헌영의 신뢰는 대단해서 그를 거치지 않으면 박헌영을 만날 수가 없다는 말이 나올 정도였다. 이는 박헌영으로 하여금 측근들을 지나치게 비호하고 중시한다는 비난을 받게 만들기도 했다.

그런데 김오성은 같은 글에서 이주하에 대한 첫인상이 시간이 가면서 희석되었다고 고백한다. 정치라고는 모르는 촌사람 같은 어색함은 빠른 시일에 극복되어 촌 면장 같던 티가 어느덧 없어지고 당당한 신사의 품격을 갖추었다는 것이다. 냉랭해 보이던 이면에 의외의 넓은 도량이 숨겨져 동지들에 대한 따뜻한 애정과 포용력이 넘치는 인물이라는 것을 알게 된다.

이관술의 수행 비서였던 이석도는 초창기 조선공산당 간부들의 회의 모습을 가장 가까이서 지켜본 사람이다. 이관술의 사촌 매제여서 그를 도왔던 것뿐, 공산주의와는 상관없던 그는 82살이던 2006년에 증언한다.

이주하요? 알지요. 개인적으로 이야기를 나누는 사이는 아니었지만도 참말로 조용하고 얌전하다고 할까, 학자라고나 할까, 그냥 선생님 같은 사람이었습니다. 이주하가 그리 엄청난 사람이라는 건 나중에야 들었습니다.

이석도의 눈에는 이주하뿐 아니라 다른 공산당 간부들도 다 선생님 같았다. 이틀에 한 번씩 모여 회의를 하는데 술을 마시거나 떠드는 법이라곤 없이 몇 시간씩 방안에서 두런두런 이야기만 나누다가 조용히 헤어졌다. 훗날 반공 드라마에 등장하는 살벌한 이미지의 선동가들도, 요정에서 기생들을 끼고 정치자금이나 주고받는 정치꾼들도 아니었다.

> 어찌나 담배들을 피워대는지, 회의가 끝나고 들어가보면 연기가 자욱하고 재떨이마다 담배꽁초가 수북합니다. 근데 박헌영 씨는 돌아가지 않고 이관술 씨와 단 둘이서 밀담을 나누며 술도 한잔하고 그랬어요. 박헌영 씨가 참 꼼꼼한 사람이에요. 가끔은 농담도 해요. 내가 청소를 하고 있으면 손가락으로 방바닥을 쓱 밀어가지고 담뱃재가 묻어나면 씨익 웃으면서 "이 군, 이거 청소가 덜 되었구먼?" 하고 나를 놀려요.

공산주의 지도자라면 냉정하고 신경질적인, 비밀에 가득 찬 분열적인 인물들로 묘사되는 세상에 살고 있는 이들에게는 사뭇 이해되지 않는 인상기일 것이다. 그러나 둘 다 공산주의와는 거리가 멀었던 김오성이나 이석도의 직관이 맞았을 것이다.

공산주의자의 정치적 생명은 얼마나 대중을 조직하느냐에 있었다. 더구나 지도자로 옹립되려면 동지들의 신망이 절대적이었다. 하찮은 친목회나 깡패 조직조차도 지도자의 자질이 있는 사람들이 책임을 맡는다. 하부 당원들이야 원리주의적인 경직성과 선병질적인 모습을 보일 수도 있고 좌익소아병을 앓을 수도 있지만, 지도자가 된 이들은 최소한 그 조직이 필요로 하는 인성과 두뇌를 갖추기 마련이다.

근본적으로 인간을 사랑하고 약자들의 처지를 동정하지 않으면 인간 평등을 위해 자신을 희생할 수 없는 법이다. 유순하고 학구적인 겉모습과 동시에 불의를 보면 자기의 손해를 마다않고 뛰어드는 용기가 공산주의자 또는 그 지도자들의 특징이었다.

김태준, 이현상, 정태식은 전형적인 양반 선비 같은 풍모였을 것이며 박진홍은 한때 문학소녀였던 동네 아줌마처럼 다정다감하고 수다스러웠

마지막까지 이주하와 남로당을 지켰던 정태식(왼쪽)과 이주하의 여동생 이예분(오른쪽). 이예분은 경성에서 이재유와 함께 노동운동을 했으나 해방 이후의 행적도 묘연하다.

을 것이다. 최용달 같은 사람은 무표정해 보일만큼 온건하고 착실한 학자풍으로, 허약한 체구에 되는대로 주워 입은 듯 헐렁한 양복을 입고 다니는 샌님으로 보였을 것이다. 이강국은 공산주의자로는 드물게 키도 크고 잘생긴 호남에 연설 솜씨가 돋보이는 인물이었고 이승엽도 다른 동지들에 비해 시원시원한 말투에 정치적인 행보에 능숙해 눈에 띄었을 것이다. 그러나 두 사람 역시 우후죽순 창당된 수많은 군소정당이며 단체의 정치모리배들과는 비교할 수 없는 품격을 가지고 있었을 것이다.

어쨌든 이주하는 공산주의자 중에는 외모나 내면 모두 한결 전투적인 사람이라 할 만했다. 공교롭게도 그의 직선적인 성격과 정면으로 부딪힌 이는 김일성이었다.

악연

해방 한 달여 후인 1945년 9월 19일 오전, 원산항 앞바다에 소련 군함 〈푸가초프호〉가 닻을 내렸다. 소련군 대위 김일성이 이끄는 제88정찰여

단 20여 명이 탄 배였다.

88여단은 1942년 스탈린의 특별 명령으로 창설된 첩보 부대였다. 중국과 조선을 강점하고 있는 일제와의 전쟁에 대비해 군사, 정치 전문가를 양성하는 것이 목적이었다. 인원은 1,350명 가량이었는데 러시아인과 중국인이 많고 김일성 부대라고도 불리던 조선인 부대는 100여 명이었다.

해방되기까지 백두산 밀영에서 무장 투쟁을 하다가 소련군과 함께 국내로 진군해 북한을 해방시켰다는 훗날의 기록과 달리, 김일성은 1941년 겨울 이후 줄곧 소련에 거점을 두고 최용건 등을 중국으로 들여보내 정보 수집을 하고 있었다.

장차 이들에게 조선의 행정을 맡기기로 한 소련은 김일성 부대를 보호하기 위해 일본군과의 전투가 끝나고도 한 달이나 되어서야 군함에 태워 안전하게 원산까지 후송한 것이다.

소련 군정은 북한 지역 도, 시, 군 별로 위수사령부를 설치하고 있었다. 잇달아 도착한 88여단 출신 80여 명은 이들 위수사령부의 부책임자로 임명되었고 부대장인 김일성은 당연히 북한 전역을 책임지게 된다.

김일성은 그러나 국내에는 조직 기반이 없었다. 9월 19일 원산 땅을 처음 밟은 김일성은 마중 나온 인민위원회 사람들에게도 김일성이라 하지 않고 본명인 김성주라고 소개했다. 인민위원들은 너무 젊은 그가 유명한 김일성이라고는 생각 못해 무심코 지나쳤을 정도였다.

두 달 후, 김일성이 서울의 박헌영으로부터 독립해 북한에 독자적인 공산당을 세우려 하자 이주하를 선봉으로 오기섭, 정달헌, 주영하 등 경성콤그룹 출신들이 강력히 반대하고 나선다. 이때만 해도 미소회담에 의해 곧 통일이 되리라 믿었던 시기였다. 서울에 중앙당이 있고 곧 38선이 없어질 텐데 왜 이북에 따로 당을 만드느냐는 강력한 항의였다.

소련 군정이 개입해 김일성의 요구대로 조선공산당 북조선분국이 만들어지지만, 이후 김일성과 추종 세력들은 '원산 종파쟁이들'이라는 욕설이 관용구처럼 입에 붙었다. 그 핵심으로 지목된 이는 이주하였다.

이주하 역시 김일성에 대해서는 냉소적이었다는 이야기들이 있다. "저런 품위 없는 자와는 함께 일할 수 없다."고 말했다는 이야기도 있다. 사실 여부는 알 수 없지만 그런 말이 나올 만큼 김일성은 다른 공산당 지도자들과 달랐다.

김일성은 평양에 입성하자마자 여자들이 접대하는 요정으로 조만식을 초대해 넙죽 큰절을 올리는 등 요정정치를 일상화했고, 자신의 경륜에 대해 다분히 과장된 너스레를 잘 떨었다. 귀국할 때만 해도 바싹 마른 군인의 모습이었는데 불과 몇 달 만에 뒤룩뒤룩 살이 찐다.

이 무렵 김일성은 '바보'라는 애칭으로 불렸다. 턱과 뺨에 잔뜩 살이 붙은 얼굴을 옆에서 보면 바보스럽거니와, 김일성 자신이 적당히 바보스럽게 행동해 사람을 자기 편으로 만드는 능력을 갖고 있었기 때문에 만들어진 별명이었다.

물론 김일성은 결코 바보가 아니었다. 바보이기는커녕, 대부분 최고 학부를 나온 수재들인 공산당 지도자들을 주무를 수 있는 배포와 영리함을 갖고 있었다. 때문에 그가 북의 지도자가 된 것은 스탈린의 결정도 있지만 그 자신의 능력이었다거나, 한동안 소련은 박헌영과 김일성을 저울질했는데 김일성의 능력을 인정해 그를 수반으로 결정했다는 말들이 나오게 된다. 그러나 그야말로 결과론적 합리화다.

박헌영이나 이주하와의 권력투쟁 따위는 존재한 적이 없었다. 해방 후 불과 서너 달 만에 북한 전역은 김일성을 찬양하는 구호와 초상화로 뒤덮여 있었다. 소련 군정은 처음부터 그를 북한의 스탈린으로 만들라는 지시를 받고 그대로 움직인 것에 불과했다. 대부분 얼굴도 본 적 없는 김일성이 해방 직후 재건된 조선공산당 중앙위원 서열 2위로 등기된 것도 서울의 소련영사관에서 내려온 지시였다.

이주하가 자신의 주요 활동 무대인 북한을 버리고 해방 몇 달 만에 서울로 내려와 다시는 월북하지 않은 채 남한에서 싸우다가 죽은 이유는 김일성파들로부터 원산 종파주의로 내몰렸기 때문이라는 증언들은 신빙성이 있어 보인다.

이런 정황을 구체적으로 보여주는 것이 남로당의 서열이었다. 조선공산당의 후속으로, 사민주의자, 민족주의 좌파까지 연합해 만든 남로당은 1948년부터 사실상 북로당 김일성의 직접 지휘를 받게 된다. 이 때 그 총책은 이주하가 아닌 김삼룡에게 맡겨진다.

김삼룡은 뛰어난 조직가임에는 틀림없지만 공산주의자들은 물론, 대중적인 지명도에서도 이주하보다 한참 떨어지는 7년 후배였다. 초기 공산당 서열에서도 3위인 이주하보다 여러 계단 낮았다. 그런데 1948년 남로당을 북로당에 흡수하는 과정에서 김삼룡은 박헌영의 지도 노선을 비판한다. 실제 회의록에도 나온다. 합당 자체가 극비였기 때문에 여전히 남로당이라 불리기는 했으나, 김삼룡은 이를 계기로 조선노동당 남한 총책으로 임명되었고 김일성에 맹동하지 않았던 이주하와 이현상은 지위가 역전되어 군사부장과 인사부장만을 맡게 되었다는 것이다.

이런 이야기들을 증명해주듯, 평양 외곽 신미리에 조성된 혁명열사릉에는 같은 날 같은 시각에 처형된 김삼룡의 가묘는 있지만 이주하의 것은 없다. 한국전쟁 초기까지만 해도 이주하와 김삼룡의 장례식에 대해 「해방일보」와 「조선인민보」 1면에 크게 보도했는데 가묘조차 허용하지 않은 것이다.

한국전쟁 당시 거창에서의 양민 학살을 주도한 최덕신, 박정희와 함께 5·16쿠데타를 주도했던 최홍희 같은 극우파 장성들도 단지 월북했다는 이유로 신미리 열사릉에 묻힌다. 그런데 조선공산당 3인자로 추앙되던 이주하를 배제한 것은 행여 그가 남한에서 살아났더라도 박헌영 일파로 몰려 숙청되었으리라는 예상을 가능케 한다.

아들에게 남긴 유언

마흔이 넘도록 독신이던 이주하는 원산에서 그를 따라 내려온 이을순이라는 여성과 뒤늦게 결혼해 아들 하나를 두고 있었다. 혁명과 결혼해 버린 이주하에게 여성과의 결혼을 강요한 이는 박헌영으로 알려졌다.

이주하는 처형되기 한 달여 전인 1950년 5월 17일에 열린 특별군사재판에서 소회를 묻는 재판장에게 답했다고 한다. 아들이 3살쯤이었다.

"내 자식 놈한테는 절대로 정치를 하지 말라고 전해주시오."

이는 같은 자리에서 김삼룡이 한 말과는 사뭇 다른 어조였다. 김삼룡은 말한다.

"나를 더 욕보이지 말고 어서 죽여주시오."

쌍두마차처럼 남로당을 이끌던 두 사람이었다. 죽음을 앞두고 보여준 두 사람의 서로 다른 소회 사이에는 어떤 간극이 있는 것일까?

김삼룡이 이주하와 정태식에게 위장전향을 하고 살아남으라고 강력히 요구했다는 말도 있고, 김삼룡 자신도 수사관들이 왜 북으로 가지 않았느냐는 말에 "박헌영 선생이 저렇게 박대받고 있는데 내가 어떻게 북에 올라가겠느냐?"고 대답했다는 말도 있다. 어디까지가 진실인지 확인할 길은 없다.

이주하는 해방 이듬해 9월 초, 폭동을 기도했다는 이유로 '안녕질서에 관한 법률위반죄'로 체포되어 서대문형무소와 미군 수사기관 CIC를 오가며 혹독한 고문을 당한다. 그때 면회 간 이들에게 한 말이다.

나는 조선 민족 해방을 위하여 사십 평생을 바친 사람이다. 그런데 이렇게 개 도야지 대접을 받는 것보다 나도 조선 사람으로서의 고집이 있는 만큼 사람으로서 깨끗이 죽겠다. 죽을 때까지 이 감방에서 옮기지 말고 죽거든 시체를 내다오.

징역 7개월을 선고한 재판정에서는 친일 매국노와 자본가들이 설치는 남한의 실정에 대해 울분을 토로한다. 경찰은 연행한 그에게 모종의 약물주사를 놓았다고 비난받고 있었으며 이주하는 이에 항거해 단식을 하던 중이었다.

밥을 먹는 것은 좋으나 나는 내 자신의 의사를 무시하고 내 신체를 침범한 것은 내 개인에 대한 모욕이라기보다 조선 인민, 조선 민족에 대한 커다란 모욕이라고 생각한다. 나는 비록 보잘것없는 사람이지만 나의 반생을 조선 민족의 해방운동에 바쳐온 사람이다. 그런데 당신들이 아무 까닭 없이 나의 자유를 빼앗았으니 나에게는 아무 자유도 없으나 나에게는 아직도 나의 생명을 자유로 할 자유는 있다고 생각한다. 나는 우리 민족과 인민의 명예와 긍지를 위해서 차라리 깨끗이 죽겠다.

남한의 이런 치욕스런 현실이 그를 정치혐오증에 빠지게 한 것일까? 아니면 명칭에만 인민, 민주주의, 공화국이란 단어가 들어갔을 뿐, 인민도, 민주도, 공화정도 없는 북한에 대한 분노가 그랬을까? 자기 아들에게는 정치를 시키지 않겠다는 말을 남긴 뜻을 이제는 알 수 없게 되었다.

이주하의 유일한 가족인 이을순과 어린 아들은 후퇴하는 인민군을 따라 월북한 것으로 보이는데 이후 소식은 확인된 바 없다. 여동생 이예분은 이재유와 경성트로이카를 함께 했는데 역시 해방 후 어떻게 살았는지 알 길이 없다.

이제는 통일이 된다 해도 이주하의 인간됨과 삶을 직접 증언할 사람은 생존해 있지 않을 것이다. 남과 북, 어디에도 닻을 내리지 못한 채 떠도는 외로운 배가 되어버린 혁명가 이주하, 그에 대한 얼마 안 되는 증언들은 그래서 더욱 귀중하다.

· 4 ·

'소'라고 불린 사나이

김형선

흰 말을 탄 사나이

북녘 지방의 이른 가을이 밀려오던 1932년 9월 20일 오후 2시.

평안북도 선천군 심천면 고군영이라는 작은 마을의 경찰주재소 앞 신작로에 마부를 앞세운 흰색 조선말 한 마리가 경쾌한 방울소리를 울리며 지나갔다. 지방 도시마다 마부 딸린 말이 운송 수단으로 이용되던 시절이었다.

중국과 조선을 잇는 유일한 장거리 운송 수단인 기차는 몇 차례나 형사들이 새로 올라타 검문검색을 하기 때문에 많은 운동가들이 맥없이 체포되고 있었다. 이를 피하려고 도보로 서울과 상해를 오가는 경우가 많았고, 경찰 역시 집중 검문을 하던 중이었다.

말에는 27살쯤 되어 보이는, 하얀 조선옷 차림의 마르고 긴 얼굴의 남자가 앉아 있었다. 남자의 표정은 태연했다. 시국특별경계령이 내려 지서 앞에서 행인을 감시하고 있던 순사조차 무심히 지나쳐 보낼 정도였다.

조금 뒤였다. 이번에는 밤색 말을 탄 23살 가량의 뚱뚱한 청년이 나타났다. 그런데 청년은 고개를 푹 숙인 채 침착하지 못한 표정이었다. 순사를 의식하고 있음이 분명했다. 순사는 곧바로 청년을 지서로 잡아들이고 앞서가던 남자도 돌아오게 했다.

지서에 끌려온 두 사람은 서로 전혀 모르는 사이라며 각각 신의주와 중국 안동에 다녀오는 길이라고 진술했다. 기차를 타지 않은 이유는 차비를 아끼려 함이라거나 멀미 때문이라고 답했다. 그러나 의심을 버리지 않은 순사는 두 사람이 댄 집주소의 소재지 지서로 전보를 보내 그런 사람이 있는가 확인을 요청했다.

전보를 받은 순사가 현지를 방문해 확인하고 다시 전보를 보내오려면 시간이 걸렸다. 순사는 두 사람을 지서에 가둬두었다. 그런데 나이 많은 청년이 갑자기 배가 아프다며 구토를 했다. 비교적 덜 의심스러운 상대라, 순사는 여관에 가서 휴식하며 기다리라고 봐주었다. 여관에 간 청년은 한 시간쯤 지나자 산책을 하겠다면서 여관 주인에게 은시계와 현금 40원, 겉옷과 중절모까지 맡겨 안심을 시켜놓고 그대로 달아나버렸다.

경찰은 뒤늦게 달아난 청년이 상해에서 조선공산당 재건의 전권을 받아 입국한 김형선(1904~1950?)임을 알았지만 이미 늦었다. 함께 체포한 23살의 청년은 김형선과 함께 움직이고 있던 김찬이었다. 작은 지서라 김형선의 사진을 갖고 있지 않아 벌어진 촌극이었다.

김형선은 이미 1년여 전부터 일제 경찰의 일급 수배자로 모든 고등계 형사들의 표적 1호였다. 그러나 그는 중국으로 달아나지도 않고 유유히 전국을 누비며 활동하던 중이었다.

이날 재치 있게 고비를 넘긴 후에도 이듬해 7월에 체포될 때까지 김형선은 경인 지역에 잠복해 수많은 파업과 유인물 배포를 주도한다. 그를 체포하던 날은 300명의 고등계 형사들을 총동원했다고 일제 경찰 스스로 밝혔을 정도였다.

오늘날 남아 있는 김형선의 유일한 사진.

여러 쟁쟁한 이름들에 가려져 현대사 전문 연구가들도 별로 눈여겨보지 않는 이름 김형선. 그러나 조선공산당과 남로당의 지도자 다섯 손가락 안에 꼽히던 인물인 김형선은 어떤 사람일까?

소라고 불리던 사나이

일제 치하 평양과 평안북도 지역의 공산당 재건을 맡고 있던 오기만은 혹독한 고문 후유증으로 1938년에 사망한 혁명가다. 그의 동생 오기영은 해방 후 『사슬이 풀린 뒤』(1948)라는 중편소설을 써서 죽은 형을 기리는데, 여기에 가장 많이 등장하는 인물이 김형선이다.

> 처음 내가 '소'를 만나기는 형님이 내게 오지 않고서 한 달쯤 뒤였다. 아침에 신문 지국을 나가서 사무실 문을 들어서려 할 때에 문 앞에 섰던 알지 못할 촌사람이 빙그레 웃으면서 서슴지 않고 "기영이 아닌가?" 하

고 경상도 사투리로 물었다. 나는 이상하여 대답 없이 그를 마주 바라보았다. 평양에서, 더구나 경상도 사람이, 나를 "기영이 아닌가"고 물을 사람이 있을 턱이 없다. 다시 보아야 알 사람이 아니다. 머리에는 흰 캡을 쓰고 두루마기도 조끼도 없는 동저고리 바람에 해진 운동화를 신었다.

"누구시오?" 하고 다시 그의 아래위를 훑어볼 때에 그는 알아맞힌 것이 유쾌한 듯이 은근하게 빙그레 웃는 얼굴로 "그래, 기영이가 분명하다! 나는 소야." 하면서 얼떨떨한 내 손을 덥석 잡았다. 정에 겨운 듯한, 손아랫동생을 반기는 그런 태도였다. 나는 형님이 일러둔 '소'를 생각했다.

"소!"

"그래, 내가 소야!"

김형선은 '소'라는 별명이 잘 어울리던 혁명가였다. 이관술과 함께 조선공산당 감찰위원을 맡아, 굳이 따지자면 당 서열 4위나 5위라고 할 수 있던, 박헌영이 가장 신뢰하던 인물 중 한 명이었음에도 어디서도 자신을 드러내지 않고 묵묵히 자기 일에 충실한 인물이었다. 『사슬이 풀린 뒤』에서 오기영은 말한다.

볼수록 온순하고 다정한 사람이었다. 다만 그 부드러운 눈이 다시 볼 제는 쏘는 듯한, 누르는 듯한 빛이 있었다. 두 번째 그를 만났을 때 나는 그의 눈에서 불이 나는 듯함을 보았다. 조용조용히 형님과 자기와의 현재 사명에 대한 신념을 말하는 것을 들으면서 본 것이다.

김형선이 애용하던 이야기를 오기영은 잘 기억하고 있다. 김형선이 그에게 한 말이다.

적의 세력은 우수하고 우리는 약하다. 그러나 적의 세력이 꺾일 날이 있을 것이다. 산에서 흐르는 조그만 샘물을 보면 그것이 하찮은 것 같지만 아래로, 아래로 흘러내리는 동안, 다른 샘줄기와 합쳐서 개울이 되고 강이 되고 바다가 된다. 샘줄기 적에는 낙엽 하나를 흘려버릴 힘이 없지마는 강이 되고 바다가 되면 기선도 군함도 띄울 수 있다.

나나 기만이나 모두 지금은 하찮은 샘줄기다. 그러나 우리가 가는 곳이 강이 되고 필경은 바다가 될 것이다. 벌써 우리는 우리와 같은 많은 샘줄기를 만나서 뭉치고 그래서 자꾸 커다란 개울이 되어간다.

적이 우리를 찾아서 잡아 가두고 죽이고 하지만 그것은 마치 샘줄기를 없애보려는 쓸데없는 노력인 것이다. 샘을 막으면 땅속으로라도 흐르고 수증기가 되어 하늘에 올라가도 그것은 또 비가 돼서 다시 내려오는 것이다. 아무리 적이 지독하더라도, 우리에게서 모든 것을 다 빼앗아가도 우리 마음에서 혁명의식을 강탈할 수는 없는 것이다. 우리의 혁명의식이 뭉칠수록 커지고 적의 세력을 깨뜨리는 힘이 커질 것이다.

조선공산당이 남로당으로 바뀐 후에도 김형선은 김삼룡, 이주하, 정태식과 함께 지하로 잠적한 당을 이끄는 최고지도부의 한 명으로 활동하는데, 소처럼 순한 성격인 그는 늘 가장 강경하고 전투적인 의견을 제출하는 축이었다.

소설이기는 하지만 많은 부분 취재 자료를 그대로 전제함으로써 자료적 가치가 없지 않은 이병주의 『남로당』(1987)에도 김형선의 모습이 부분적으로 드러난다. 조선공산당이 주도한 1946년의 9월 총파업의 영향으로 폭발한 10월항쟁에 대해, 민심이 공산당에게 불리하게 돌아간다는 보고를 받은 김형선은 흥분해서 말한다.

그런 걸 프티 부르주아적인 민심이라고 하는 거요. 대의도 모르고 내일에 대한 전망도 없이 그때그때의 이해를 좇아 움직이는 얄팍한 인간들의 의식은 대강 그런 모양으로 되는 거요. 그러니 그건 민심이라고 할 수도 없는 거요. 이를테면 잡어들의 사상이라고나 할까, 강풍이 몰아치면 잠잠해버리는 거요, 바람이 부는 대로 따르는 거요. 진짜의 민심은 프롤레타리아트의 의지요. 프롤레타리아는 어떻게 말합디까?

프롤레타리아는 가는 데까진 가보자는 그런 생각인 것 같다는 대답에 흡족해진 김형선은 자신만만하게 말한다.

그것 보시오. 가는 데까지 가보자, 그게 진짜 민심이오. 지금 조선 인민은 거개 가는 데까지 가보자고 하고 있소. 당은 그 진짜 민심을 반영해서 가는 데까지 가보려고 하는 거요. 그 가는 데까지 간 상황이 무정부 상태요. 우리가 아니면 수습할 수 없는 혼란이오. 그 혼란을 미 군정이 어떻게 할 거요? 우리와 협상할 수밖에 없을 것 아니오? 지금이야말로 당의 실력을 과시할 때요.

소처럼 앞으로만 밀고 나가는 김형선다운 말이었다. 남로당의 강경노선을 대표하는 인물이라고 할 수 있는 그는 당원이 60만 명이니 이를 지지하는 심정적 동조자는 줄잡아 600만 명은 될 것이라며 이들이 힘을 합치면 미국을 물리치는 것은 시간문제라고 말한다.

그러나 이는 거의 낭만적 착각에 가까운 진단이었다. 남로당원이 최소 20만이 넘는 건 사실이었으나 항일운동으로 단련된 정예분자들이던 조선공산당 3만 당원과는 질적으로 다른 사람들이었다. 체포되기만 하면 줄줄이 실토해 지역 조직을 와해시킬 뿐 아니라, 서울시당 부위원장이던 홍민표나 남로당 군사부장 이중업 밑에서 장교로 활동했던 박정희처럼 변절해 동지들을 팔아먹은 중간간부가 한둘이 아니었다.

공산당이 실력을 과시하면 미국이 협상장에 나오리라는 계산은 더욱 황당하다. 세계대전이 끝나자마자 냉전 체제로 들어선 자본주의와 사회주의는 서로 한 치도 양보할 수 없는 대치 상태에 접어들고 있었다. 후세 사람들은 조선공산당이 잘만 했으면, 또는 차라리 5년 간 신탁통치를 받아들였다면 조속히 남북통일이 이뤄졌으리라고 쉽게 말하지만, 같은 조건으로 분단된 독일이나 베트남도 신탁통치나 통일은 이뤄지지 않았다. 미국과 소련은 각기 자신이 점령한 나라에 자신의 체제를 심는 데 충분한 힘을 갖고 있었고, 어떤 민중항쟁도 그들을 이길 수는 없었다. 조선공산당은 처음부터 존재 불가능한 땅에 뿌리를 내리려 한, 비극적 처지에 놓여 있었다.

아마도 김형선은 자신의 말 한마디, 한마디를 진심으로 확신했을 것이다. 지나친 신념과 낙천성이 만들어놓은 감상적 공상주의였을까? 오기영도 『사슬이 풀린 뒤』에서 김형선이 마치 '재미있는 공상'을 말하듯 한다는 표현을 쓴 것은 우연이 아닐 것이다.

"우리가 오늘날까지 적과 싸우는 동안 희생이 많았다. 사실 우리의 혁명전선은 많은 투사들의 피에 젖어 있다. 나나 기만이도 잡히는 날이 죽는 날일지도 모른다. 그러나 우리가 혁명의식을 포기할 수 없는 한 우리의 투쟁은 죽음을 각오하고 계속되는 것이다. 나도 기만이처럼 기영이 같은 남동생도 있구, 여동생도 있는데 그 애들도 모두 혁명전선에 참가해 있다."
"지금 동생들은 어디 계시지요?"
"남동생은 부산감옥에, 여동생은 신의주감옥에 있어. 그래서 아마 나는 잡히면 서대문감옥에 있게 될 것만 같다니."
하면서 재미있는 공상처럼 말했다.

형제자매 사이에 공산주의운동을 함께하는 경우가 흔한데, 김형선도 그랬다. 여동생 김명시와 남동생 김형윤도 해방되기까지 휴지기라고는 모르고 온몸을 내던져 항일투쟁을 한 투사들이었다. 마산에서 생선 행상을 하던 그의 어머니 역시 3·1만세운동에 앞장섰던 당찬 여성으로, 소 같은 성격은 그 집안의 내력이었다.

대륙의 방랑자들

김형선은 1904년 경남 마산 출신으로, 일찍 아버지를 잃고 생선 행상을 하는 어머니 밑에서 어렵게 자란다. 마산공립보통학교를 나와 마산공립간이농업학교에 입학했으나 학비 부족으로 퇴학당한 후에는 부두 노동자와 사무원으로 일하면서 조선공산당에 가입한다.

다른 이들과 마찬가지로 그의 공산당 활동 이력은 길고도 복잡하다. 조선공산당이 결성되기 전해인 1924년 벌써 마산공산당을 결성하고, 이듬해 1925년 7월 조선공산당과 고려공청에 정식으로 가입한다.

조선공산당은 비밀 지하조직이므로 그는 마산노농동우회, 마산노동연맹, 경남기자동맹, 마산노동회의, 마산청년연합회 등 여러 공개 단체에 가입해 공개적으로 활동했다. 짧은 기간이었으나 1926년 봄에는 「조선일보」 마산지국장이 되어 신문기자로 일하기도 하고 마산노동회에서 발행한 벽신문 「첫소리」의 통신부원으로 활동하기도 한다.

20대 초반의 나이에 마산의 공산주의 지도자로 부상한 그는 경찰의 체포를 피해 1926년 8월 중국 광동성 광주로 건너가 중산대학에 입학하는 한편, 1928년 중국공산당에 가입해 강소성 법남구 한인지부에 배속되었다.

아직 조선공산당이 해산되지 않고 있던 시기인데 중국공산당에 가입한 이유는 '세계의 공산당은 하나'라는 구호 아래 한 국가에는 하나의 공산당만 허용하고, 누구든 그 나라에 가면 그 나라 공산당에 가입하는 원칙에 따른 것이었다. 조선에서 조선공산당원이던 이가 소련에 가면 소련 공산당에 가입하고, 중국에 가면 중국공산당에 가입하는 식이었다.

당원이 되면 자연히 국제공산당인 코민테른의 명령을 따라야 하는데, 대신 코민테른 쪽에는 나라별로 상당한 활동 자금을 지원해주었다. 코민테른은 모스크바에 본부를 두고 각국에서 올라온 보고서만을 토대로 정책을 결정하므로 현지 사정에 맞지 않는 지시를 내리기도 하고, 극좌와 우경을 오락가락한다는 지적을 받기도 했다. 그러나 막대한 자금과 막강한 권위를 가진 만큼, 공산주의자들의 확대에 큰 역할을 했다. 특히 자본주의 제국들의 식민지가 되어 아무의 도움도 받지 못하던 식민지 약소국 독립운동가들에게 소련과 코민테른은 실질적인 힘이자 심리적 위안이 되었다.

김형선뿐 아니라 헤아릴 수 없이 많은 조선 청년들이 중국 대륙과 러시아 대륙을 방랑하며 조국의 독립을 꿈꾸던 시대였다. 김형선에 대한 일제의 기록에는 김형선이 조선공산당 1차 집행부 시기인 1926년 러시아에 유학을 다녀왔으며 중국에 있을 때도 러시아에 다녀온 것으로 되어 있다. 광동에서 중산대학에 재학 중이던 1927년 12월에는 조선인 학생 200여 명과 함께 공산주의자들의 무장폭동에 참가했을 것으로 추측된다. 폭동으로 세운 혁명정부인 광동코뮌은 사흘 만에 무너지고, 군벌 및 국민당과의 전투 중 조선인 학생 100명이 희생된 사건이었다.

김형선은 1929년 '재중국본부 한인청년동맹'과 '한국독립운동자연맹' 등 여러 단체에 가입해 활동하는 한편, 코민테른 동양부 산하 '조선문제 트로이카'의 일원이 된다. 그리고 1931년 2월 조선공산당 재건 책임을 맡아 국내로 잠입한다.

이후 체포되기까지 3년 간, 김형선은 기관지 제작 배포와 반일 격문 인쇄 배포를 통해 공산당 재건작업에 힘쓴다. 기관지 「꼼무니스트」는 상해에서 박헌영과 김단야가 발행한 원본을 들여와 수십 부를 등사해 전국으로 배포했는데, 붉은 종이에 인쇄된 「붉은 5·1절」 등의 유인물이 들어오면 역시 똑같은 붉은색 종이에 인쇄해 배포하기도 했다.

박헌영은 기관지와 유인물을 새로 찍을 때마다 활동 자금과 함께 서울로 보냈는데 대단히 위험하고 비효율적인 일이었다. 정태희 등 유능한 조직원들이 도중에 체포되거나, 무사히 전달된다 해도 이미 시의성을 잃은 내용이 대부분이었다.

때문에 김형선이 체포되기 직전인 1933년 여름에 만난 경성트로이카의 지도자 이재유는 이런 문제를 지적하며 앞으로는 조선 국내에서 자체적으로 기관지를 제작해야 한다고 역설한다. 김형선은 그의 제안을 전향적으로 받아들여 상해에 전달하겠다고 약속하는데, 얼마 안 돼 김형선은 물론 박헌영까지 체포됨으로써 무산되고 만다.

김형선에 대한 포위망을 좁혀가던 경찰은 그가 인천과 서울을 오간다는 정보에 따라 7월 15일 낮부터 300여 병력을 동원해 영등포와 노량진 일대 경인가도에 철저한 검문검색망을 펼쳐놓았다.

기다리고 기다리던 김형선이 노량진 한강대교 앞 검문소에 나타난 것은 이날 밤 12시 무렵이었다. 선천군에서 김찬과 함께 움직였던 것처럼, 20살의 젊은 조직원 홍운표와 함께 인천에서 빌린 개인 승용차를 타고서였다. 승용차가 매우 드문 시절이라 부자들이나 타기 때문에 검문을 통과하기 쉬우리라 보았을 것이다.

그러나 특별경계령을 받은 경찰은 승용차도 예외로 두지 않았다. 둘 다 체포될 위기에 처하자 경호를 맡은 홍운표가 먼저 체포되면서 경찰과 난투극을 벌였고, 김형선은 재빨리 현장을 벗어나버렸다.

일단 체포를 피한 김형선은 도보와 버스로 오류동까지 간 다음 경인선 기차를 타고 소사에서 내려 북으로 향한다. 그대로 걸어가면 경찰의 포위망을 벗어나고 운 좋으면 중국으로 달아날 수 있었을 것이다. 그러나 그는 무슨 이유에서인지 김포에서 버스를 타고 다시 서울 진입을 시도한

김형선의 재판을 알리는 「동아일보」 1933년 8월 17일자 기사.

다. 이미 3년째 집중 추적을 당하면서도 조선을 벗어나지 않고 활동해온
관성이었을까? 서울에서 예정된 임무를 수행하기 위함이었을 것이다.

버스는 노량진 한강대교 입구에서 검문을 당한다. 검문을 맡은 것은
황산봉이라는 조선인 형사였다. 승객을 일일이 심문하던 황산봉은 김원
식이라는 이름을 대고 신분증까지 제시하는 20대 후반의 청년이 김형선
이라 의심하고 버스를 잡아둔 채 본서에 연락을 취한다. 김형선은 10여
분이나 실랑이를 벌이며 버티다가 영등포경찰서로 연행되고 말았다.

영등포경찰서에는 조선공산당 수사 책임을 맡은 경기도경찰부 고등계
수사주임 미와 와사부로(三輪和三郎) 경부가 대기하고 있었다. '삼륜 경부'라
불리던 미와는 독립운동가들 사이에 악명 높은 고문 전문가로, 노덕술
등 악질적인 조선인 형사들을 가르친 자로 알려져 있었다. 끝까지 김원
식이라 버티는 청년이 김형선임을 확인한 미와는 모터찌크라 불리던 자
신의 이인용 오토바이에 태워 종로서로 압송한다.

수년 간 일제 경찰을 우롱하던 김형선의 체포 소식은 신문마다 대서특
필되었다. 1933년 7월 16일자 「동아일보」는 '백주에 자동차 몰아 경성

잠입하다가 피체. 주범 김형선 체포 경로, 활사와 같은 극적 광경'이라는 제목으로 신문 전체를 메운다.

겨우 29살의 청년임에도 김형선은 심장병과 폐병을 앓아 몹시 허약한 몸이었다. 그러나 어떤 잔혹한 고문도 그의 기개를 꺾지 못했다. 『사슬이 풀린 뒤』에서 오기영은 김형선 재판 참관기를 이렇게 그린다.

> 심장병이 있어서 병감에 있다는 그요, 목덜미까지도 야윌 대로 야위고 심문을 받을 때는 섰는 것조차 힘이 들고 숨이 차는 듯한 김형선이다. 그러나 그가 심문에 응하여 내놓는 말 한마디 한마디가 그대로 불붙는 염통에서 솟는 듯하다고 생각했다. 처음 잡혔을 때 12시간을 계속하여 고문을 당했노라고 그 끔찍끔찍한 광경을 진술하고 "당신네 경찰은 병들어 죽어가는 사람을 이렇게 몹시 고문하다가 여기 세웠소." 하고 재판장을 치어다보던 광경이며…….

흥미로운 것은 이날 함께 재판을 받은 박헌영의 발언이다. 박헌영은 김형선과 하루이틀 사이로 상해에서 체포되어 조선으로 끌려와 재판을 받고 있었다. 오기영은 증언한다.

> 박헌영에 대해서는 제1차 공산당 사건의 심리가 그때 끝나기 전에 피고가 달아났기 때문에 연속범으로 인정하여 사실심리를 분리하려고 할 때에 "아무렇게나 재판하면 그만이지 자꾸 끌기만 하오!" 하고 대들던 모양이며, 모두가 나에게는 전에 많이 보아온 정치범들의 재판에서 보지 못한 광경이었다.

'어차피 너희들이 원하는 대로 끌고 갈 재판이니 아무렇게나 형을 내리지 왜 시간만 끄느냐'는 박헌영의 말은 훗날 그가 북한의 법정에서 재판장 최용건에게 퍼부은 호통과 똑같았다.

의문의 죽음들

징역 8년의 형기를 마쳤으나 전향서를 쓰지 않은 김형선은 새로 발효된 '사상범 예비구금령'에 따라 청주감호소로 이송되어 해방되기까지 꼬박 12년 옥살이를 한다.

해방과 함께 석방된 그는 영웅적인 대우를 받았다. 건국준비위원회 교통부 위원, 조선인민공화국의 55인 인민위원 및 경제부장 대리, 조선공산당 중앙검열위원, 민주주의민족전선 중앙위원, 남로당 의장단, 남로당 중앙감찰위원회 부위원장 등 좌익 계열의 최상층 지도부의 일원이었다.

남로당이 지하화된 이후에는 핵심 지도부의 한 사람으로 수차례의 총파업을 결정한 당사자였다. 그의 마지막 활동 시간을 함께한 박갑동의 증언이다. 「해방일보」 기자였던 박갑동은 남로당 지도부보다 한참 어린 나이로 정태식과 김삼룡의 비서 역할을 했다.

김형선과 나는 나이 차가 많고 같은 부서에서 일을 해본 적은 없어도 그는 마산 출신이고 나는 진주 출신이라 하여 대단히 가까웠다. 1949년 가을, 수색이 심할 때 서울의 거리 을지로 5가에서 우연히 만난 적이 있었다. 그는 그때 등산모를 푹 눌러 쓰고 '룩색'을 메고 등산가같이 변장하고 있었다. 그와 나는 서로 무사하기를 축원하면서 인사를 하고 헤어졌던 것이다.

김형선이 사라진 것은 1950년 말이다. 인천상륙작전에 밀려 인민군과 함께 북으로 퇴각하던 중 미군의 폭격으로 죽었다는 이야기가 전한다. 그런데 박갑동의 증언은 약간 다르다.

그런데 김형선이가 죽은 것은 유엔군의 총알에 맞아죽은 것이 아니라 이승엽파의 손에 걸려 맞아죽었다는 소문이 났다. 김형선만 없으면 이 승엽이 명실공히 남로당의 제2인자로서 박헌영으로부터 남로당을 물려 받을 수가 있기 때문에 방해자가 되는 김형선을 암살했다는 것이다.

박갑동은 자신이 직접 경험한 일에 관한 한 신뢰도가 상당히 높은 증언자이다. 그러나 소문으로 들었다는 이 이야기는 믿기 어렵다. 남로당은 전쟁이 터지기 2년 전에 북로당에 흡수되어 김일성의 직접 지시를 받고 있었거니와 박헌영은 실권을 잃은 지 벌써 오래였다. 이승엽이 남로당 지위를 차지하려고 김형선을 죽였다는 말은 남로당 숙청 작업에서 악의 상징으로 지목된 이승엽에 대해 만들어진 여러 괴담 중 하나로 보인다.

어떻게 죽었든, 김형선이 월북에 성공하지 못한 것은 행운이라 할 만하다. 박헌영의 절대적 신뢰를 받던 그가 살아서 올라갔다면 역시 미제의 간첩으로 몰려 총살되었을 확률이 높다. 아니면 그 왕성한 활동력과 투지를 제거당한 채 비참한 나날을 보내야 했을 것이다.

· 5 ·

혁명에 배신당한
한국전쟁의 영웅

이승엽

.

기적의 14일 전쟁

1950년 9월 14일, 맥아더가 이끄는 미 해병대의 기습적인 인천상륙작전으로 남한의 인민군은 큰 혼란에 빠진다. 미해병대는 7만 5,000명이나 되는 반면, 경인 지역의 인민군 병력은 10분의 1에 지나지 않았다.

그러나 미군은 하루면 충분히 걸어갈 수 있는 서울까지 무려 14일이나 걸렸고, 그 사이 남쪽의 인민군 주력은 큰 피해 없이 38선 이북으로 철수할 수 있었다.

세계 최강의 미해병대를 2주일이나 묶어둔 북한 입장에서의 전쟁 영웅은 누구였을까? 인민군 총사령관 김일성은 그해 연말에 보고한다.

영용무쌍한 우리 공화국 던사들이 철수 투쟁을 성과적으로 조직할 수 있었던 데는 리승엽 동지의 영웅적 투쟁이 안받침되어 있었습네다.

한국전쟁은 여러 가지 기록을 남긴다. 동족 간의 유래 없는 대학살, 면적 대비 사상 최대량의 폭탄 투여 같은 잔인성 면에서도 기록적이었고 전쟁 초기 국군의 춘천 방어전, 이현상 유격대의 낙동강 전선 후방 침투 같은 전승기도 피아의 긍지로 남는다. 그중에서도 조수 간만의 차가 심하고 바다가 낮아 불가능해 보였던 인천상륙작전은 두고두고 미국과 남한의 자랑거리가 되었다. 하지만, 상륙 이후의 곤란했던 상황에 대해서는 얼버무리고 만다.

　　토착 공산주의자들의 저항이 너무 거세다.

　당시 미군의 전투 기록 곳곳에 나오는 말이다. 30킬로미터를 진군하는 데 무려 14일이 걸린 것은 전쟁 초기 인민군이 낙동강 전선까지 내려가는 데 두 달이 걸렸던 것과, 서울을 수복한 연합군이 38선을 넘어 400여 킬로미터를 진군해 압록강 물을 뜨기까지 채 한 달이 걸리지 않은 것에 비하면 가히 굴욕적이라 할 만한 기록이었다.

　미군 보고서나 김일성의 말 그대로, 경인 지역에서 급히 조직된 민간유격대의 저항 탓이었다. 미군이 가는 곳마다 하얀 옷의 민간유격대가 출몰해 저격을 해왔고, 미군은 일방적인 제공력과 막강한 화력에도 불구하고 하루에 수 킬로미터씩밖에 전진하지 못했다. 그 사이 남쪽의 인민군이 올라와 3만 5,000명으로 증원되어 진군은 더욱 느려졌다.

　한강을 넘어 서울 시가지에 들어서서도 미군은 중앙청까지 진출하는데 큰 곤욕을 치러야 했다. 인민군의 저항이 주된 이유였으나 그보다 더 골치 아픈 것은 민간 복장으로 위장한 유격대였다. 해발 104미터밖에 안 되는 연희동 뒷산을 점령하는 데만도 사흘이나 걸릴 정도였다.

　미 포병장교 제임스 해밀턴 딜은 『폭파 위기의 덕수궁』(1996)이란 참전 수기에서 당시 미군에게 체포된 여성 유격대원들에 대해 증언을 남긴다.

한 그룹의 포로가 저만치 몰려 있었는데, 한 가지 눈에 뜨인 것은 그중에 여자도 2명이나 끼어 있었던 점이다.

"저 두 여자들은 도랑의 둑을 넘어가려고 하는데 마치 그들은 임신 중에 있는 것처럼 보였지요. 한 해병대원이 저들을 도우려 하는데 이상하게 '떨그렁' 소리가 나기 시작했습니다. 그는 수상히 여겨 몸수색을 하고 보니 한 여자는 박격포 판을 배 위에 둘러매고 있었고 다른 여자는 포신을 치마 속에 가리고 있었습니다. 포탄은 찾을 수 없는 것으로 보아 이미 다 쏘아버린 것 같았습니다. 그 포신의 냄새를 맡아보니 발사한지 얼마 안 된 것으로 짐작이 되었습니다."

미군은 결국 덕수궁과 경복궁 등을 제외한 서울 시가지를 불바다로 만드는 대규모 포격을 가하고서야 인민군을 밀어낸다. 그러나 중앙청을 점령하고도 한동안 유격대 소탕전을 벌여야만 했다. 이때 인민군 패잔병을 포함해 최소 1,000명 이상이 체포되어 대다수가 즉결처형된 것으로 알려졌다.

어느 쪽이 옳았는가를 떠나, 현대전쟁사의 기록으로 남을 만한 이 저항을 지휘한 이는 누구였을까? 김일성이 인정한 그대로, 서울시 인민위원회 위원장 이승엽(1905~1953)이었다.

북한 정권의 사법상이기도 했던 이승엽은 사실상 남한 전체의 인민위원회를 이끄는 책임자로서 유격전을 조직해낸다. 무기가 부족한 유격대원들은 깡통으로 만든 사제 폭탄이며 화염병까지 동원해 저항했다. 정규전에만 능숙한 미군에게는 곤란한 상대였다. 김일성이 공개적으로 이승엽의 이름을 들어 찬사할 만한 충분한 이유가 있었다.

이승엽은 그러나 불과 2년 후 열린 북한의 재판에서 일제 때는 일본의 간첩이요 해방 후에는 미국의 간첩으로 활동해온 천하의 파렴치한으로 둔갑한다.

심지어 인천상륙작전을 제안한 당사자로까지 등장한다. 6월 28일 인민군이 처음 서울을 점령했을 때, 이승엽이 미국 정보원 노블을 만나 "맥아더에게 인천으로 상륙하게 하라."고 말했다는 것이다.

이때의 노블은 배재학당에서 영어를 가르쳤던 저명한 미국 선교사 노블의 아들인 헤럴드 노블로, 미 군정장관 하지의 정치고문 겸 연락장교를 했던 인물이다.

공소 내용대로라면 이승엽은 김일성도, 맥아더도 아직 상상도 못한 기발한 전략을 짠 셈이다. 더욱이 이승엽이 노블에게 인천상륙작전을 사주했다는 시각에 헤럴드 노블은 도쿄에 가 있었음이 여러 기록에서 확인된다. 하지만, 북한의 재판 기록은 60년이 지난 지금에도 '이승엽 간첩설'을 굳게 믿는 이들의 교본으로 남아 있다.

공산당 서열 5위에서 미제 간첩으로

조선공산당 중앙위원 명단을 완벽한 권력 서열이라고 할 수는 없겠지만, 그 상위 그룹이 남로당까지 이끌었다는 점에서 그냥 만들어진 명단이 아닌 것은 분명하다. 이승엽은 명단에 다섯 번째로 이름을 올린 인물로, 세계 공산당의 전통대로라면 남북을 합친 조선공산당 서열 5위였다.

북한 정권의 수립을 총괄했던 소련군 장성 레베데프(Nikolai G. Lebedev, 1901~1992)는 북한 정부 수립을 앞두고 이승엽에 대해 매우 호의적인 보고서를 작성해 스탈린에게 상신한다. 이에 따라 이승엽은 박헌영 직계 중에 거의 유일하게 중용되어 사법상에 오르는데, 그 내용을 일부 발췌해 본다.

- 인천상업학교를 졸업했고 1923년에 애국청년운동, 1924년에 노조운동에 참여해 제물포 쌀공장 노동자 파업을 지도했다.

- 1925년에 중국공산당에 입당했다. 반일운동 혐의로 체포돼 1926년부터 1928년까지 2년 간 감옥생활을 했다.
- 조선공산당과 불가분의 연계를 맺었으며, 일본 제국주의자들과 부단한 투쟁을 벌였다.
- 조선에서 일제에 반대하는 모든 행사와 사건들에서 지도자이자 조직자로 참여했다.
- 1944년 공산주의자들로 구성된 조국광복회를 조직, 지도했다. 일본인들은 그를 계속 추적했으며 도합 10년 간 감옥에 가뒀다.
- 우수한 조직자이며, 남조선 반동과 미제에 반대하는 지하투쟁 지도자이다.

이승엽은 1905년 인천 앞바다 영흥도에서 태어났다. 옛 지명으로는 부천군으로, 아버지는 뱃사공이었는데 인천에 나와 작은 여인숙을 경영한다. 이승엽은 인천상업학교를 다니던 중 15살에 3·1만세운동의 주동자가 되어 퇴학당한다.

일본에 공부하러 갔다가 석 달 만에 포기하고 돌아온 후에는 독립운동을 위해 중국 망명을 시도하는 등 방황하다가 19살인 1923년부터 공산주의운동에 합류해 1925년에 결성된 조선공산당의 초대당원이 되었다.

이후 여러 차례에 걸쳐 10년여의 감옥살이를 하며 농민운동 등 공산주의운동을 계속하는데 1939년에 체포되었을 때 선배 공산주의운동가 조봉암의 권유로 전향서를 쓰고 석방된다.

이 일이 훗날 그를 일제의 간첩으로 모는 단서가 된다. 이승엽이 이때부터 일제의 간첩으로 활약했으며 해방 후 미군 정보국이 이 전력을 공개하겠다고 협박하자 이번에는 미국의 간첩이 되어 김일성을 축출하기 위한 무장폭동을 기도하였다는 줄거리다.

일제 말기에 경성콤그룹을 조직하던 박헌영이 인천에서 이승엽을 만나 지하로 같이 들어가 활동하자고 제안했으나 "가정살림을 처음 시작할 때이니 후에 지하로 들어가겠다."며 거절한 사실이 있었다. 이후 수년 간 그는 미곡상조합 사무원과 식량배급조합 이사를 하다가 해방을 맞는다. 하지만, 그가 일제의 밀정으로 동료를 밀고했다거나 그 대가로 호의호식했다는 증언은 어디에도 없다.

반면, 그의 전향이 위장이었음을 알려주는 증언과 기록은 여럿 있다. 이승엽은 외견상으로는 쌀 장사꾼으로 살았으나 계속해서 여러 공산주의 소모임을 이끌고 지하신문 「자유의 길」을 제작, 배포한다. 이는 경성 콤그룹의 일원으로 후일 남로당 문화부장을 맡은 김태준을 비롯한 여러 사람이 증언한 것이다.

1943년부터는 여운형과 연계해 공산주의자들을 조직하는 책임자로 활동하다 해방되던 해 다시 체포되기도 한다. 해방 직후 조선공산당 서열 5위가 된 데는 그만한 이유가 있었던 것이다.

간첩이 아니라는 가장 명백한 정황은 그가 간첩질을 해서 얻을 이익이 아무것도 없다는 점이다.

인천의 토박이들 사이에는 미군이 상륙하기 직전, 이승엽의 고향인 영흥도에 한 떼의 인민군이 상륙해 우익 인사들을 모두 학살한 후 이승엽의 가족을 배에 태워 사라졌다는 이야기가 전한다. 실제로 그의 가족은 모두 월북해 이승엽과 함께 살았다.

그가 진정 미국의 간첩이었다면 '간첩질'의 대가로 받은 돈으로 가족들을 남한에서 호의호식시키지, 왜 돌아올 수 없는 길을 함께했겠는가? 물론 이는, 함께 간첩으로 몰린 이강국, 박헌영 등에게도 해당되는 말이기도 하다.

이승엽이 다른 공산주의 지도자들과는 다른 특징을 가진 것은 사실이었다. 대개의 공산주의 지도자들이 조선 선비에 가까운 학자적 성품이나 활동양식을 가진 데 비해 이승엽은 상당한 정치적 수완을 가지고 있었다

월북 후 사법상 시절의 이승엽.

고 한다. 검은 얼굴에 우렁차고 선동적인 음성을 가진 그는 인천 지역에서 조봉암과 양립하는 대중적 지지를 받고 있었으며 해방 후에도 늘 공개적이고 대중적인 정치력을 필요로 하는 부분에 배치된다.

미국의 반공전략에 따라 해방 후 1년도 지나지 않아 공산주의운동이 지하화하면서 박헌영과 함께 북으로 올라간 그는 사법상, 국가검열상을 맡고 전쟁 중에는 서울시 인민위원장, 남조선 해방지구 군사전권위원 등의 고위직을 두루 맡는다. 이는 같은 급이랄 수 있던 이강국이나 다른 남한 출신들의 직급과 크게 비교되는 자리였다.

그러나 전쟁이 막바지에 이르러 전쟁 발발의 책임 소재를 두고 조선노동당과 인민군의 총책임자인 김일성이 궁지에 몰리자 이승엽은 박헌영과 함께 제1의 희생자가 된다. 타인에게 책임을 전가하는 동시에 공포를 불러일으키는 전형적인 스탈린주의 수법이었다. 1953년에 시작된 숙청에서 그는 자신에게 씌워진 죄목을 완강히 부인하지만 모스크바에 유학 중이던 자식들이 소환된 이후 기세가 꺾였다고 전한다.

박헌영 트라우마

현실 공산주의 역사에서 이른바 '간첩' 또는 '밀정'의 생산 작업은 거의 필연적인 것처럼 보인다. 수십 만의 제국주의 간첩을 양산해 처형한 스탈린의 소련은 빼고라도, 우리나라의 경우만 봐도 헤아릴 수가 없다.

항일의병투쟁 초창기에 김일성이란 이름으로 널리 알려졌던 김경천, 공산주의운동의 효시라고 할 수 있던 무장독립운동가 이동휘, 님 웨일스가 기록한 『아리랑』의 주인공 김산으로 더 유명한 장지락, 일제하 조선공산당의 산파였던 김단야, 만주에서 이른바 '민생단 사건'으로 무참하게 참살당한 500여 명의 조선인 등 헤아릴 수 없는 혁명가들이 소련공산당 또는 중국공산당에 의해 일제의 간첩으로 몰려 처형되거나 유형지에서 초라한 최후를 마친다.

북한의 숙청사도 길고도 길다. 박헌영 재판 이후 10여 년이나 계속된 숙청에서 살아남은 혁명가는 김일성과 함께 소련군으로 복무했던 수십 명에 불과했다. 국내파는 물론 소련파, 연안파 모두 숙청되었을 뿐 아니라 이른바 갑산파라 불리는 만주 빨치산 동료들까지 대부분 사라진다.

조선 공산주의운동의 최고 지도자였던 박헌영이 미제의 간첩이란 말은 레닌이 독일의 스파이라는 말이요, 사법상 이승엽이 간첩이란 말은 미국 국무장관이 소련의 간첩이란 말과 같았다. 세계 공산주의운동을 부끄러운 희극으로 만들어버림으로써 자본주의 체제 유지에 누구보다 큰 공헌을 하고 있는 김일성 일가 삼대야말로 미제의 앞잡이라고 하는 게 차라리 합리적이지 않을까?

공산주의자 아버지를 둔 죄로 현대사의 아픔을 절절히 겪어온 소설가 김성동은 한국 공산주의 혁명가들의 삶을 모은 역작 『현대사 아리랑』 (2010)을 통해 이승엽에 대해 말한다.

이승엽의 장인 안기성. 한국전 때 인민군 탱크부대장이었으나 이승엽과 함께 숙청된다

복권이 이루어졌다. 그런데 이승엽만은 묶음표 쳐져 있다. 아무도 입을 열지 않는다. 그 누구도 말 한마디가 없다. 피비린내 나는 우리 겨레 현대사를 파고든다는 이른바 사학도들까지 기껏 '미 제국주의 고용간첩 박헌영 리승엽 도당의 조선민주주의인민공화국 정권 전복 음모와 간첩 사건 공판문헌'이라는 평양 쪽 적바림만 앵무새처럼 떠들어대고 있는데, 짜장 그러한가? 이승엽이 참말 그렇게 민족사에 씻을 수 없는 죄를 지은 '미제의 충직한 고용간첩'이었을까? 그때 힘부림싸움에서 이긴 자 적바림이 이른바 '정사(正史)'라는 것은 두루 아는 일 아닌가? 궁예가 그렇고 묘청이 그러하였으며 신돈이 또한 그러하지 않았는가. 어떤 꼴 싸움이든지 강자가 이기는 것이 아니라 이긴 자가 강자인 것이다. 할미꽃 한 송이 피어나지 못하는 것이 패자 무덤이다.

기자다운 냉정함을 유지하면서도 일제하 조선공산당 출신들의 헌신적인 항일투쟁사를 존중하고 그들을 숙청한 북한 정권에 비판적인 손석춘은 『박헌영 트라우마』(2013)를 통해 '박헌영 이승엽 간첩설'을 경전처럼 모시고 사는 친북적인 운동권에 대해 그들이 일종의 질병을 앓고 있다고 지적한다. 허위임이 명백한 간첩설을 이용해 권력을 다진 세력과 그 세력에 충성하는 것을 혁명이라고 생각하는 이들이 이른바 간첩설을 사실로 인정받기 위해 끊임없이 정황증거나 증언을 만들어낸다는 것이다.

당장 어느 누구라도 붙잡고 당신이 경찰의 밀정이 아니라는 이유를 대라면 누가 어떻게 증명을 할 수 있을까? 반면, 그가 밀정이라는 정황증거는 수도 없이 찾아낼 수 있을 것이다.

고문에 잘 버텨 일찍 석방된 것은 전향해서 밀정질을 약속하고 나온 것으로 둔갑할 수 있다. 미국을 욕하지 않으면 친미주의의 증거요, 미국을 욕하면 자신이 미제의 간첩임을 숨기기 위해 위장하는 거라고 말할 수 있다. 투쟁에 비겁한 자는 물론, 지나치게 열심히 투쟁하는 자도 의심을 받을 수 있다.

구체적으로 나타나는 범법행위를 넘어서 인간의 내면심리까지도 지적하고 비판할 수 있는 권리를 부여받았다고 믿었던 과거의 공산주의자들이 주위의 누구라도 간첩으로 몰아 수용소에 보낼 수 있던 이유이다.

혁명의 배신자들

서울 방어전에서 공을 세운 이승엽은 인민군 총사령관 김일성으로부터 '조선인민유격대 총사령관'이라는 직함을 부여받는다. 그리고 김일성을 비롯한 북한 정권 핵심들이 이미 만주로 달아나버린 상황에서 이승엽은 경북도당 위원장이던 배철과 함께 북강원도 세포군 후평리에서 버티면서 북상하는 인민군과 월북자들을 조직해 유격대로 내려 보내는 임무를 수행한다.

1950년 11월 초, 지리산에서 잔여 빨치산 70여 명을 이끌고 올라온 이현상을 남부군 총사령관으로 임명해 다시 남하시킨 이도 이승엽이었다. 이승엽은 그에게 북상자들을 조직한 800명의 대원을 붙여준다.

이를 두고 이현상을 다시 사지(死地)로 보냈다고 말할 필요는 없다. 이때는 이미 중국군이 압록강을 넘어 빠르게 남진하고 있을 때였다. 중국군이 참가했으니 남북통일이 코앞에 와 있다고 믿은 이승엽이 이현상에게 또 한 번의 기회를 주었다고 보는 게 옳을 것이다.

북한의 남로당 재판 기록은 너무나 악의적이고 유치해서 일일이 반박할 필요를 느끼지 못하지만 이승엽이 반(反)공화국 행위를 했다는 결정적인 사유가 바로 이 남부군과 연관된 것은 공교로운 일이다.

이승엽에 대한 공소의 핵심은 당시 평양 남쪽에서 군사훈련 중이던 금강정치학원 학생들과 지리산에서 유격전 중이던 이현상 부대를 월북시켜 김일성 정권을 전복시키려 했다는 것이었다. 재판에서 '반국가행위'의 근거로 내세운 사실상 유일한 부분이다.

월북자들에게 군사훈련을 시켜 남한으로 돌려보내던 강동정치학원의 후신인 금강정치학원은 평양의 대동강 남쪽에 있었는데 학생 1,000명에 가진 무기라야 단발식 소총 아니면 목총이 전부였다. 더구나 남쪽 깊숙이 내려가 하루가 다르게 소멸하고 있던 이현상 부대가 첩첩의 남한 군경을 뚫고 북상해 평양까지 가서 김일성을 공격한다는 것은 지나친 상상이다.

강상호는 남로당 재판 당시 내무성 제1부상이자 총정치국장으로 사건의 전말을 지휘한 한 사람이다. 스탈린이 보낸 고려인 고문단 중 한 명으로 들어온 그는 남로당에 이어 연안파, 갑산파까지 차례로 숙청되고 소련파까지 숙청당하게 되자 평양을 탈출해 소련으로 돌아간다. 그리고 소련이 붕괴하고 러시아로 복귀한 1993년 한국의 「중앙일보」에 당시 상황을 자세히 증언한다. 강상호의 증언 중 이승엽 부분이다.

"유격대원들은 출동 명령이 떨어지면 당과 내각, 방송국 등을 점령하고 대항하는 자가 있으면 모두 사살하라는 지시를 받았다고 말하고 있다. 그래도 부인할 것인가?"

내무부 특명반의 추궁에 이승엽은 강력히 부인한다.

"그런 증언을 한 대원을 내 눈앞에 대라. 설사 그런 계획을 갖고 있었다고 하더라도 그것은 현실적으로 불가능하다. 평양엔 비행기, 탱크, 박격포, 고사포, 기관총, 수류탄, 폭탄 등등 현대무기로 무장한 수만 명의 인민군, 친위군, 경비군 등 평양방위군이 주둔하고 있다. 낡은 교재용 무기를 든 1,000여 명의 유격대원들이 이들 방위군을 이겨낼 수 있다고 보는가?"

"유격대원들이 기습적으로 평양으로 밀고 들어와 주요 인사들을 사살, 감금하고 각 기관을 점령하면 북·남반부에 있는 3,000명의 유격대원들이 평양에 집결해 인민폭동을 일으키려고 했지 않은가?"

바로 이현상이 이끄는 남부군 이야기다. 이승엽은 코웃음 친다.

"그것도 상식적으로 가능하다고 보는가? 북반부 전역의 인민군 부대에 지원 나가 있는 유격대원들이 상부의 지시 없이 일시에 집결할 수 없을 뿐 아니라 남조선의 지리산 등에 있는 대원들이 무슨 방법으로 평양에 집결할 수 있겠는가?"

휴전선 일대의 공방전이 극심할 때여서 평양과 남부군의 연락은 거의 마비되어 있었다. 북에서 훈련해 내려 보낸 유격대는 대부분 중부전선을 넘지 못하고 체포되거나 사살되었고 이현상이 올려 보낸 20여 명 단위의 '상선연락대'도 오대산을 넘지 못하고 소멸되는 일이 거듭되고 있었다. 남부군의 역량도 이미 거의 소진된 상태였지만 설사 대규모 병력이 남았더라도 평양까지 올라가 김일성의 지하참호를 파괴한다는 것은 불가능했다.

북한의 재판 기록은 그러나 이승엽이 모든 혐의를 시인하고 스스로 죽여달라고 애원했다고 되어 있다. 재판 기록은 그가 "저는 원체 악당이므로 생명이 둘 있다면 모두 바치더라도 아직 제가 범한 죄악을 씻기에는 부족합니다."라고 최후진술을 했다고 되어 있다.

강상호는 재판정에서 이승엽이 이런 말을 한 적도 없지만, 자신이 간첩이 아니라고 주장하지 않은 것은 사실이라고 증언한다. 그 이유는 가족 때문이었을 거라고 추측한다. 처음 체포되었을 때 완강하던 이승엽과 이강국이 가족들의 생명을 인질로 잡자 순순해졌다는 것이다.

이들이 내무성에서 조사를 받는 동안 가족들도 이들 못지않게 온갖 고문 등을 받으며 평양 시내 변방 특수가옥에서 조사를 받았다. 모스크바대학과 레닌그라드대학에 유학 중인 이승엽, 이강국 아들들도 소환돼 분리 감금 상태에서 조사를 받았다.

강상호는 이 모든 것이 김일성 독재를 구축하기 위한 정치적 쇼였음을 누구보다도 잘 알고 있었다.

북한 전 지역에서 한 사람의 숙청자도 내지 않은 가정이 없을 정도였다. 수백 명의 남로당 출신 주요 간부와 연안 출신 혁명 간부들은 거의 99퍼센트가 숙청·처형되었다. 남로당파 숙청은 김일성 수상의 절대적인 신임을 받은 박정애, 박창옥, 박금철, 박영빈 등 이른바 '4박가'가 지난 2년 동안 극비리에 추진해온 정치공작의 소산이었다. 오랫동안 수면 하에서 주도면밀하게 계획된 이것은 한국전쟁으로 실추된 김일성 수상의 권위 회복을 위한 남로당파에 대한 무차별 사냥이었다.

사건 수사의 담당자가 이렇게 증언을 해도 당시 발간된, 창작된 선전물에 불과한 재판 기록만을 맹신하는 이들은 믿으려 들지 않는다. 박헌영의 집 지하에 무전 시설이 있었다거나, 농촌 민가의 천장에 미군 환영 전단지가 숨겨졌는데 이승엽 일파인 임화가 학교 선생들을 시켜 만든 것이라거나, 공작원들이 남파되면 국군이 이름까지 알고 기다리더라 등의 이야기다. 그들은 박헌영 간첩설이 무리라는 지적을 받으면 "최소한 이승엽은 간첩이 확실한 거 아니냐?"고 설득한다. 내용도 가지가지다. 이승엽이 서울시 인민위원장일 때 시청 지하실에서 많은 사람을 죽이는데, 바로 자신이 간첩임을 아는 사람들이었다는 식이다.

이런 주장들은 세계 공산주의운동사에 대한 무지로부터 비롯된다. 우파 쪽 경험이나 주장을 듣지 않는 것은 어쩔 수 없다 하더라도, 현실 공산주의사의 극히 일면만을, 그것도 권력을 잡은 세력의 공식적인 발표만을 맹신하는 무식에서 비롯된다.

그런 식이라면 김대중 전 대통령도 '광주 시민을 선동해 내란을 일으키려 한 좌경용공분자'가 된다. 1980년 김대중 내란음모사건의 재판 기록만으로 보면 말이다. 그들은 이러한 맹동주의와 세상만사에 대한 음모론적 시각이 진보운동을 다수 민중으로부터 경원당하게 만들고 있다는 사실조차 인식하지 못한다.

북에서 발행한 잡지 「근로자」 제1호에는 이승엽이 쓴 '조국 통일을 위한 남반부 인민 유격투쟁'이라는 글이 실려 있다. 전쟁이 나기 전인 1950년 1월 15일에 발행된 것이다.

> 1949년 10월에 들어서 벌써 45개소의 면사무소와 많은 반동지주의 가옥이 없어졌다. 11월에 이르러서는 경북의 봉화·안동·영주·성주 등지에서 22회 농민폭동이 일어났으며 전남북 일대에서는 담양·영광·광양·장성·보성·남원·구례·나주·임실·고창 등지에서 24회 농민투쟁이 전개되었다. 11월 중 토지개혁을 위한 폭동에 참가한 농민의 수는 4만 2,900여 명에 달했다. …… 10월 29일 전남 담양군 수복면의 46개 부락에서는 4,000여 명의 농민들이 유격대원 70명의 원조 아래 악덕지주들을 인민재판에서 준엄하게 처단하고 토지의 무상분배를 실시했다. 같은 날 영광군 대마면에서도 농민들이 무장대에 호응하여 토지개혁을 단

이승엽과 함께 반미 빨치산을 했던 맹종호. 역시 같이 처형되었다.

행했다. 11월 6일에 봉화군 선체면에서 2,000여 명이, 같은 날 영덕군 지품면에서 700여 명이, 22일에는 함평군 해보면에서 1,000여 명이 유격대와 함께 봉기하여 지주의 토지를 무상으로 분배했다.

남한 산악지대에 산개해 있던 도당 유격대들과 이현상의 지리산 유격대가 올린 보고를 반영한 것으로 보이는 이 글에서 이승엽이 미제의 간첩으로 북한 정권을 붕괴시키려는 의도 따위는 전혀 읽히지 않는다.

내용이 다분히 허황되어 보이는 것은 당시 유격대원들이 마을을 점거하면 주민들을 모두 모이게 해 인민재판을 열거나 궐기대회를 하고 사라졌는데 자의반 타의반으로 모인 인원을 과장해 보고한 결과일 것이다.

이승엽의 혐의 중에는 남에서 올라온 미제 간첩들과 접선했다는 대목이 나오는데, 박진목이란 인물이다. 민족주의자로서 잠시 공산당에 가담했던 그는 남로당의 극좌적이고 경직된 노선에 반발해 탈당하지만 전쟁이 터지자 독립운동의 선배인 최익환과 함께 두 번이나 이승엽을 찾아가 전쟁을 종식시키기 위한 평화협정을 제안한다.

박진목과 최익환의 시도는 현실적 영향력이라곤 없는 순박한 돌출행동이었는데, 이들을 맞이한 이승엽은 기꺼이 술상을 잘 차려놓고 깍듯이 대접하면서 분노를 토로한다.

"우리가 언제 미국을 공격했습니까? 미국은 왜 우리를 공격합니까?"

박진목의 눈에 이승엽은 '인품이 원만해 보이고 얼굴은 좀 검은 편이고 그 호탕한 웃음은 만만한 인물이 아닌 것 같아' 보인다. 철저한 반미 공산주의자였음은 물론이다.

박진목은 북측과 평화협상을 하려면 미국과도 사전 협의를 해야 한다는 생각으로 방문 전후에 미군 정보장교를 만나는데 남한 경찰은 오히려 그를 1년 넘게 감옥에 처넣는다. 양쪽 모두에서 간첩으로 취급당하고 본의 아니게 이승엽 간첩론을 뒷받침하게 되어버린 박진목은 훗날 자서전 『민초』(1983)에서 통탄한다.

> 나는 내가 박헌영 일파와 같은 '파'로 규정지어 있기 때문에 말에 조심이 되지만 민족사에 얼룩진 일이기 때문에 부득이 할 말은 해야겠다는 마음에서 하는 말이다. 그(김일성)가 무슨 말을 해도 남로당 계열을 숙청하는 구실이 너무나 졸렬하고 가소로운 일이라 하지 않을 수 없다.
>
> 홀연히 생각하니 남로당 당원 된 사람, 그를 동조했던 사람, 직위 고하를 막론하고 모두 죽어야 되는 모양이다. 북쪽 정권에서도 반역죄로 죽고, 하는 수 없이 당한 그 사람들이 불쌍했다. 박헌영, 이승엽 그들이 무엇을 바라서 미국 스파이를 하고 일평생 가면을 쓰고 살아야 한단 말인가. 너무 지나친 장난이다. 그들은 또 북쪽에 가서 그 정권의 2인자 3인자이고 각료들이다. 실질적인 실권자들이다. 배철 같은 사람은 대남연락책이라는 중책을 맡고 있었다. 그렇다면 남과 북 양쪽에서 일어난 모든 일들이 전부 미국 측이 스파이들을 통해서 야기시킨 것이 된다. 답답한 일이다.

박진목의 글에 나오는 배철은 개성 출신으로 중앙고보 다닐 때부터 항일운동에 투신해 조선공산당과 일본공산당을 오가며 수차례 투옥되었던 운동가였다. 1948년 8월 남로당 경북도당 위원장을 맡아 대구 지역의 빨치산을 이끌었는데 배철의 하부대원으로, 훗날 민주노총 지도위원을 맡았던 이일재는 2010년에 증언한다.

배철 그 사람 정말 대단한 투사입니다. 전투가 벌어지면 언제나 자기보다 대원들을 보호하는 데 우선했지요. 총알이 빗발처럼 날아다녀도 두려움이라곤 모르는 용맹한 사람이었습니다. 한 번은 대규모 토벌대를 만나 수풀 속에 몸을 감추고 있을 때인데, 배철 위원장이 감기가 들어 기침을 자꾸 하는 겁니다. 잘못하면 동지들이 한 번에 몰살될 위험한 상황이잖습니까? 배철 위원장이 스스로 자기 입을 옷으로 틀어막아버린 겁니다. 우린 몰랐지요. 토벌대가 지나고 나서 보니 위원장이 숨이 꼴깍 넘어가 기절해버린 게 아닙니까? 인공호흡을 해서 겨우 살려냈지요. 참말로 용감하고 의리 있는 사람이었지요. 그런 사람을 미제의 간첩이라고 처형하다니 말이나 됩니까?

남로당이 아직 합법정당일 때, 배철은 서울 중앙당에서 손님이 오면 푸짐하게 술상을 차려놓고 거나하게 대접하는 화통한 성격이었다고 한다. 이승엽과 이강국이 그랬듯이, 정치가적인 기질과 역량이 넘치는 보기 드문 공산주의자였으리라. 김일성이 어떤 인물들을 제1의 숙청 대상으로 삼았는지를 알 만한 대목이다.

이승엽이든 배철이든, 남한 정부 입장에서야 철천지원수일 수밖에 없으나 북한에서는 영웅으로 떠받들어 모셔야 마땅할 인물들이었다. 전쟁 전인 1950년 3월부터 남한에서 빨치산 투쟁을 했던 맹종호 같은 인물들도 마찬가지다.

진정 혁명을 배신한 것은 이들이 아니라 북한의 김일성 일파였음을 이제는 말할 수 있어야 한다. 소련이 그랬듯이, 북한은 과거 제국주의 간첩으로 몰아 죽였던 혁명가들을 복권시키는 일부터 하는 게 옳다. 그것이 정상적인 사회주의 국가로 나가는 첫걸음이 될 것이다.

· **6** ·

조국 해방에
오롯이 바친 40년

홍남표

깐깐함과 자상함 사이

조선공산당 선전부장이자 서열 8위인 홍남표(1888~1950)는 1945년 당시 만 57살로, 28명의 중앙위원 중 홍덕유 다음으로 나이가 많았다. 1888년 생이니 박헌영보다 12살, 김일성보다는 24살 위였다.

나이가 들면 너그러워진다는 통념과 달리, 대개의 남자들은 늙을수록 더 완고해지고 자기주장만 옳다고 믿는 고집불통이 된다. 그런데 홍남표는 이미 젊은 시절부터 깐깐한 사람이었다. 김오성은 『지도자 군상』에서 홍남표를 이렇게 묘사한다.

정치는 반드시 투쟁으로써만 되는 것이 아니라, 때로는 타협도 절충도 필요한 것인데, 씨에게는 그러한 여유가 없다는 것이다. 씨는 상대자에 게 언제나 도전하는 태도로 대하여 적으로 하여금 전투 태세를 갖추게 하는 데서 항상 성공보다 실패를 가져오게 된다는 것이다. 이는 어느 정도까지 사실이다.

씨는 정도 이상으로 강강(強剛)한 태도를 가지며, 정적을 대하거나 또는 연단에 설 때에 먼저 자기가 과도하게 흥분하고 신경을 날카롭게 하여 상대방 또는 청중에게 혐오감 또는 일종의 악감을 주는 것을 필자도 여러 번 목도하였다. 이것은 씨의 인간적 결점이라 하겠다.

언제나 도전적인 자세로 자기의 주장을 지나치게 강하게 내세우는, 날카롭고 잘 흥분하는 인물이라는 말이다. 때문에 소통을 해야 할 협상 대상자를 전투 태세로 만들어버리고 악감정을 품게 하여 협상에 실패하게 된다는 이야기다. 대중연설에서조차 지나치게 과격한 용어로 청중들에게 혐오감을 준다는 평이다. 노련한 기자 김오성은 홍남표의 이런 단점을 '강직성'이라는 말로 적당히 덮어준다.

그러나 이것은 또한 씨의 장점이기도 하다. 홍남표 씨에게서 이 강직성을 제거한다면, 무인에게서 무기를 빼앗는 것과 마찬가지일 것이다. 씨는 이 강직성을 가지고 생애를 장식해왔으며, 또 앞으로도 그것으로써 인민의 지지를 받을 것이다. 정치라면 권모술수로 알고 온갖 책모와 무신의한 식언을 감행하는 요즘의 일부 정객들에 비해서 자기 신념을 그대로 토파하고, 미운 자를 공격하고 불의 앞에서 치를 떠는 홍씨의 솔직한 강직한 인격이 얼마나 존중한 것인가!!

강직하고 원칙적인 인물이란 평은 같지만, 홍남표의 또 다른 측면을 관찰한 이도 있다. 홍남표는 1947년 6월에 창간된 남로당 기관지 「노력인민」의 사장을 맡는데, 기자 이태진은 '인민의 지도자 홍남표'라는 제목으로 자신의 사장을 이렇게 묘사한다.

강직하고 원칙을 굽힐 줄 모르시는 홍 선생은 또 극히 온정미 있는 할아버지이시기도 하다. 특히 자식이나 손자뻘 되는 청년 동지들에게 동무, 동무 하시며 악수를 청하시는 홍 선생 앞에 '젊은 동무'들은 모두 감격하고 있다. 동지들에게 대해서만이 아니다. 면식이 없는 농민과 노동자들에게 늘 먼저 악수를 청하시며 그들을 대변하여 주려고 하신다. 사(私)를 멸(滅)하고 오직 인민들을 위해서만 복무하는 홍 선생은 늘 인민들과 같이 있으며 인민들을 광명으로 인도하신다.

적에게는 지나쳐 보일만큼 완강하되 우군에게는 자상하고 다정한 인물, 사적인 권력욕이나 물욕이 없이 청빈하게 살아가는 인물이야말로 어느 조직에서나 환영받기 마련이다. 여기에 홍남표는 기억력이 뛰어나고 언변에 능숙한 장점을 가지고 있어 살아 있는 사전이라는 뜻의 '생자전(生字典)'이란 별칭까지 얻는다.

같은 무렵 발행된 『해방 전후의 조선진상』에 나오는 홍남표의 모습이다. 옥문에 드나든 횟수를 이현상과 비교하는 문구가 이채롭다.

씨는 두뇌 명석하고 변재(辯才)가 비범, 조공 내의 굴지의 활동가이며 해외 동지의 역사를 아는 점으로는 생자전의 호를 듣는 조선의 제일인이다. 현재 빈한한 생활을 하고 있을 뿐 아니라 철창고생(유치장 수십 회)은 합 십수 년이요, 횟수로는 이현상과 같이 빈번하였다고 하므로 조선 혁명운동가로서 손색이 없는 투사이다.

홍남표의 이력은 읽기에 지루할 만큼 길고 복잡한데 직책의 대부분은 편집장, 사장, 당서기, 집행위원장, 의장 등 책임자의 자리였다. 깐깐함과 자상함을 함께 갖춘 홍남표에 대한 신뢰도가 그만큼 높았다는 뜻이리라.

소련 군정 정치 사령관 레베데프는 1948년 7월 본국에 보고한 북한의 초대 내각 주요 인사 평가서에서 홍남표를 이렇게 묘사한다.

> 남조선 노동당원들 가운데 가장 노련한 공산주의운동과 민족해방운동
> 참가자의 한 사람이다. 고령임에도 여전히 업무수행 능력이 뛰어나다.
> 공산주의운동에 충실하며 미국의 대조선 식민주의 정책에 적극 반대하
> 는 투사이다. 소련에 대해서는 우호적이다. 남조선 인민들에게서 근로대
> 중의 이익을 위해 싸우는 노련한 투사로 비춰짐으로써 큰 인기를 모으
> 고 있다.

이제는 이름조차 기억해주는 이가 거의 없는 홍남표, 그는 과연 어떤
활동을 했기에 이런 호평을 받았던 것일까?

하얼빈 일본 영사관을 불태우다

홍남표의 아버지 홍순혁은 일제의 침략에 항의해 음독자살한 우국지
사의 한 명이었다. 민적 상의 계급으로는 양반이지만 한 달에 아홉 끼밖
에 먹지 못했다고 술회할 만큼 청빈했던 그는 1905년 을사늑약이 체결
되자 울분을 참지 못하고 자결한 것이다.

아버지가 순국한 이듬해 19살 나이로 상경한 홍남표는 부잣집 아이들
의 가정교사로 학비를 조달해가며 중앙학교를 졸업하고 법률전문학교에
들어갔으나 학비 부족으로 중퇴하고 만다.

처음 항일운동에 나선 것은 22살 되던 1909년 '청년동지회'라는 단체
를 결성하면서였다. 이듬해인 1910년 8월 이른바 '한일합방'으로 조선이
완전한 식민지로 전락하자 이에 항의투쟁하다 동대문 경찰서에 연행, 구
금된 것이 최초의 옥살이였다.

이후 평안도 청년들과 손잡고 만주에 군사학교를 세우려다가 자금을

모으지 못해 실패하기도 하고 경남 양산 통도사에서 운영하는 학교에서 교사로 일하다가 불온 사상을 가르친다는 이유로 체포되는 등 서른이 될 때까지 국내를 떠돌며 항일투쟁을 모색한다.

3·1만세운동이 일어나기 석 달 전인 1919년 1월에는 '자유단'을 결성해 기관지 「자유보」를 발행하면서 만세운동을 주도했다. 이 일로 경찰에 쫓기자 6월에 만주로 건너가 '한족신문사'를 세우고 일간신문 「새배달」의 책임주필로 일하는 등 만주와 북경을 오가며 활동한다.

이듬해 비밀리에 국내로 들어오던 홍남표는 중국 안동현(오늘날 단동시)에서 불심검문으로 체포되어 2년 동안 옥살이를 한다. 이 첫 번째 징역이 그를 사회주의자로 만들었다고 한다.

출옥 후 「조선일보」와 「시대일보」 기자로 일하면서 조봉암, 박헌영과 함께 조선공산당 결성을 주도하는데 공산당에 관련된 직책이나 역할은 워낙 자주 바뀌기 때문에 일일이 나열하기 번잡하다. 1925년 4월 17일 조선공산당이 결성될 때 중앙위원회 간부 후보를 맡고 11월에는 선전부장을 맡은 것만 기록하자.

신의주사건(1925년 신의주에서 일어난 조선공산당 대량 검거 사건)으로 김재봉의 1차 집행부가 붕괴된 이듬해인 1926년, 권오설과 함께 6·10만세운동을 주도한 홍남표는 경찰의 추적을 피해 또다시 상해로 망명, 1932년 12월에 체포되기까지 6년여를 중국에서 활동한다.

중국에서의 시간 역시 온전히 조선의 독립운동에 바쳐졌다. 일국일당의 원칙에 따라 일단 중국공산당에 가입한 그는 조선인 당원들만의 조직인 상해한인특별지부를 결성해 책임자인 서기를 맡는다. 또한 한국독립당촉성연합회, 동방반제국주의동맹 등 여러 공개 단체에 간부로 들어가 조선에서 온 이민자들에 대한 교육과 조직 활동에 전념한다.

1928년 코민테른이 발표한 12월 테제는 조선인 공산주의자들에게 적지 않은 실망을 주었다. 조선공산당 집행부가 네 차례나 검거된 것을 나

혹독한 고문을 당한 흔적이 역력한 홍남표.

약하고 관념적인 지식인들로 이뤄진 탓으로 보고 조선공산당을 해산하고 노동계급으로부터 새로 시작하라는 코민테른의 결정은 당연한 원칙처럼 보이지만 코민테른의 좌경화 경향을 잘 보여주는 사례였다.

공장 노동자 수가 미미한 데다 정치, 문화적으로는 식민지 반봉건 사회인 조선에서의 사회주의운동은 민족주의자, 지식인, 종교계까지 포괄한 민족해방운동과 떼어놓을 수 없었다. 그런데 소련의 급성장과 미국의 대공황으로부터 자신감을 얻은 코민테른은 이들 중간계급을 타도 대상으로 규정하고 노동계급의 주도권만을 내세움으로써 공동투쟁의 길을 스스로 차단해버렸다. 이에 따라 국내에서는 애써 좌우합작을 이룬 신간회를 사회주의자들이 먼저 해산시키는 사태가 벌어졌다. 노동운동에서도 공개적 노조나 협동조합 같은 대중적인 방식이 아닌 비합법 적색노조를 제시함으로써 스스로 한계를 그은 셈이 되었다.

그러나 조선의 사회주의자들을 실망시킨 것은 코민테른의 좌경화보다는 조선공산당의 승인을 취소했다는 점이었다. 특히 주민 다수가 조선인으로, 조선공산당 만주총국이 활발히 활동해온 만주 지역에서 이런 분위기가 컸다. 만주총국의 당원들은 일본이 운영하는 농장에서 가축과 작물을 빼돌리는 일부터 소규모 무장투쟁까지 다양한 항일투쟁을 독자적으로 벌이고 있었다. 총국을 해산하라는 지시는 1년이 지나도록 실행되지 않고 있었다.

이에 중국공산당 중앙당은 홍남표를 만주로 파견해 만주 지역에 중국 공산당 지부들을 건설하도록 결의한다. 1929년 10월, 홍남표는 상해에서 함께 활동해온 김명시와 만주로 건너가 2년 간 만주 전역을 순회하며 조직과 투쟁을 지도하게 된다.

만주총국의 다수파는 홍남표, 박헌영, 조봉암 등이 이끄는 화요파였기 때문에 중공으로의 조직 변경 사업은 그다지 어렵지 않았다. 두 사람은 그러나 단순히 조직 명칭을 변경시키는 데 목적을 두기보다 조직적인 항일투쟁을 통해 중공 지부들을 건설해나갔다. 이는 중공의 만주성위원회가 원하는 방식이기도 했다.

홍남표와 김명시는 1930년 3월 1일을 맞아 북만주 각지에서 3·1절 기념 시위투쟁을 조직한다. 4월에는 흑룡강성 아성현에서 소작쟁의를 지도하고 5월 30일에는 화요파 당원들을 중심으로 하얼빈 소재 일본 영사관을 공격, 파괴한다.

하얼빈 일본 영사관 공격은 '간도 5·30 폭동'으로 불리는 대규모 무장투쟁의 서곡이었다. 코민테른의 좌경화와 더불어 중공에서는 리리싼(李立三)의 무장폭동 노선이 주도권을 잡고 있을 때였다. 중공 만주성위와의 긴밀한 협조 아래, 만주총국의 전투적 분위기를 주도해온 화요파들은 5월 30일을 기해 일본 기관과 중국 국민당 정권에 공격을 감행했다.

폭동대는 일본 영사관과 동양척식주식회사 출장소, 철도, 교량 등 많은 시설을 파괴하고 친일 지주와 일본 관리들을 죽이는데, 좌경 노선으로 인해 중국인 지주들도 많은 피해를 본다. 반면, 군벌과 손잡은 국민당 군대의 역공으로 5,000명이 체포되고 사형을 받은 17명을 포함해 300여 명이 실형에 처해졌다.

폭동은 이듬해인 1931년까지 곳곳에서 산발적으로 계속되는데, 9월

홍남표의 체포를 알리는 1933년 1월 24일자 「중앙일보」.

들어 일본군 대병력이 만주로 들어오면서 새로운 양상으로 바뀐다. 일본에 의해 '만주사변'이라는 모호한 명칭으로 불리게 된 만주 침공은 조선인을 보호한다는 명분으로 시작되었다. 이에 중국군과 만주인들은 조선인 이민자들을 일본과 같은 편으로 보고 공격했다. 수많은 조선인 마을들이 불타고 학살되는 사태가 벌어졌고 자연히 폭동은 가라앉았다.

아슬아슬하게 만주를 탈출한 홍남표와 김명시는 마적 떼나 다름없는 군벌 군대가 깔린 중국 내륙을 통과해 상해로 돌아오자마자 새로운 임무에 들어간다. 1932년 1월, 코민테른으로부터 조선공산당 재건 책임을 맡은 박헌영과 김단야가 상해에 왔고, 조봉암과 함께 기관지 「꼼무니스트」 발행과 국내선 지도를 맡은 것이다.

홍남표는 중국공산당 및 상해한인지부와의 관계를 끊고 기관지 제작에 투입되었고, 김명시는 국내로 잠입해 들어갔다. 그러나 김명시는 파견된 지 두 달도 안 되어 체포되고 홍남표 역시 12월에, 조봉암은 두 달 후 체포되고 만다.

국내로 압송된 홍남표는 오랜 예심 끝에 1933년 12월 신의주지법에서 징역 6년을 선고받아 도합 7년의 옥살이를 하게 된다. 그런데 1939년 석방이 되었으나 신의주형무소 안에서 비밀결사를 만든 사실이 뒤늦게 드러나는 바람에 평양경찰서에 의해 체포되어 다시 9개월을 살아야 했다. 도합 8년의 옥살이였다.

중일전쟁과 태평양전쟁 와중에 석방된 그는 경기도 양주에 은거하며 농사를 짓기 시작한다. 그러나 이는 전시 체제 아래의 위장이었을 뿐, 지하운동은 계속되었다. 1943년 들어 옛 화요파 동지들인 이승엽, 최원택, 정재달, 조동호 등과 '조선공산주의자회'라는 비밀결사를 조직해 지하신문과 전단을 제작해 배포하다 1944년 7월 다시 체포된다.

홍남표가 서대문형무소를 나선 것은 해방된 다음날인 1945년 8월 16일 오전 10시였다. 그때 나이 57살, 아버지가 순국한 이래 조국해방과 사회주의혁명에 오롯이 바친 40년 세월이었다.

이념 전쟁

독립투사들 누구나 착각했듯이, 홍남표 역시 새로운 세상이 열린 줄 알았을 것이다. 홍남표에게는 조선공산당 중앙위원, 조선인민공화국 교통부장, 전국인민위원회 의장단 등 고위직함들이 기다리고 있었다. 그러나 어디까지나 좌익 계열의 요직이었다.

해방된 조국은 새로운 전쟁에 휘말리고 있었다. 보수우익과의 이념전쟁, 좌익과 우익의 주도권 전쟁이었다. 일제와의 투쟁이 적과 아가 너무나 뚜렷한 깨끗한 전쟁이었다면 동족 간에 벌어진 이념전쟁은 훨씬 잔인하고 추악한 싸움이었다. 이 더러운 전쟁에서 홍남표는 끝까지 좌익의 최선봉에 선다.

1946년 1월 4일, 좌우합작을 논의하기 위한 정당대표회의에 홍남표는 이강국과 함께 인민공화국(인공) 대표로 출석했다. 공산당에서는 박헌영과 이주하가 나오고 인민당에서는 이여성과 김오성이 출석했다. 우익 쪽인 한민당에서는 장덕수와 서상일, 국민당에서는 안재홍과 엄우룡, 임시정부(임정) 측에서는 조소앙과 조완구가 출석했다.

참석한 정당은 4개로, 임시정부와 인민공화국은 정당이라고 할 수는 없는, 명칭 그대로 준정부 조직이었다. 우익을 대표하는 임정과 좌익을 대표하는 인공은 서로를 인정하려 들지 않았다. 심지어 상대방이 이 자리에 참석하는 것조차 용인하지 않았다.

좌익 쪽은 임정이 1919년 결성된 이래 윤봉길과 이봉창의 의거 이외에는 파벌투쟁만 일삼아온 100여 명의 고루한 늙은이 집단이라고 폄하했다. 1920년대 초반부터 해방되기까지 국내 감옥에 갇힌 반일운동가의 대다수가 사회주의자였다는 것, 만주와 중국 내륙에서 무장투쟁을 벌인 것도 사회주의자들로, 임정의 광복군은 해방의 그날까지 총 한 방 쏘지 못했다는 사실을 들었다.

우익 쪽은 인민공화국이야말로 해방 직후 좌익들이 급조한 반쪽짜리 선전단체에 불과하다고 보았다. 정통성도, 민족적 합의도 없이 좌익들이 마음대로 정부를 참칭하는 것도 문제요, 배후에 소련이 있다는 것은 한국을 소련의 식민지로 만들려는 것이라 보았다. 더군다나 미 군정이 인공을 불법단체로 규정하고 해산을 종용하고 있는 상황이었다.

먼저 임정 대표 조소앙이 말한다.

"오늘 모임은 아직 예비공작이 성숙지 못했으므로 오늘은 유회하고 뒷방공론을 더해서 다른 날 다시 만납시다."

우익정당인 한민당과 국민당 대표들이 거들고 나섰다. 이 회합을 임정의 비상정치회주비회로 하자는 주장이었다. 인공은 빠지라는 말과 같았다. 이에 홍남표가 맞섰다.

"나는 인공의 한낱 보잘것없는 일원이지만, 이 자리에서 책임지고 선언합니다. 인공은 금후 통일공작을 전혀 정당들의 회합에 일임한다고. 그러니 임정도 정말 민족을 생각한다면 차제에 인공과 함께 책임지고 통일공작에서 함께 물러납시다."

인공도 임정도 뒤로 물러나고 정당들 간의 협의로 새로운 나라의 체제를 짜게 하자는 말이었다. 그러나 임정이 유일한 정통 정부라고 생각하는 조소앙은 당연히 반대했다.

"나는 오직 비상정치회주비회를 만든다는 사명을 받고 왔을 뿐이오. 그런 권한은 갖고 있지 않습니다."

홍남표는 이에 호소한다.

"그대들은 그대들의 정치적 지위를 더 생각하는가? 조선 민족의 장래를 더 생각하는가? 조금이라도 민족을 생각한다면 민족 통일을 방해하는 행동은 제발 하지 마시오."

토론이랄 것도 없이 평행선을 달리다가 끝난 만남이었다. 그러나 어느 쪽이 옳았는가를 따지는 것은 무의미했다. 현실은 임정이든 인공이든 조선의 장래를 이끌 세력권에서는 멀리 비껴나 있었기 때문이다. 북한을 이끌 권좌에 소련이 지목한 김일성이 앉아 있던 것처럼, 남한의 권좌는 미국의 대리자인 이승만이 차지하고 있었다.

더욱이 좌익 내부에는 우익과의 합작 시도 자체를 맹비난하는 이들이 다수였고 우익 내부에서도 민족보다 계급투쟁을 앞세우는, 소련식 일당독재를 지향하는 좌익과는 일체 협상해서는 안 된다는 이들이 다수였다.

임정의 수장 김구는 월남민으로 이뤄진 서북청년단이며 조직깡패 김두한 일파를 동원해 좌익운동가 살해에 열을 올리고 있었다. 서로 민족 통일을 내세워 자신들의 정당성을 주장했으나 애초부터 양측의 대화란 어떤 결과도 낳을 수 없는 선전용에 불과했다.

오히려 우익청년단의 폭력 테러가 본격화된 것은 이 회의가 열리던 1946년 1월 초부터였다. 월북해 소련 군정 사령관과 김일성을 면담하고 온 박헌영이 신탁통치 찬성으로 돌아섰다는 보도가 나가면서였다. 공산당사와 좌익 계열 단체며 신문사들이 우익청년단의 테러에 난장판이 되고 남산 밑의 일본인들이 버리고 간 왜식 가옥 마루 밑에서 우익에게 맞아 죽은 청년들의 시체가 발견되기 일쑤였다.

우익 테러는 미 군정 경찰의 보호를 받았다. 김두한이 그랬듯이 살인범들은 재판에 넘어간다 해도 당당히 자신의 행동을 밝히고 석방될 수 있었다. 1946년 1월 18일에는 경찰이 직접 좌익 계열의 군사 단체이던 학병동맹 사무실을 습격, 저항하는 대원 3명을 사살하고 23명을 구속하는 사태가 벌어졌다.

홍남표는 1월 30일 삼청동 학병동맹본부에서 거행된 장례식에 '젊은 동무들을 먼저 보내면서 늙은 몸에 동무들 몫까지 더 걸머지고 끝까지 싸우려 한다'는 뜻의 조문을 적은 조기를 보낸다. 조기의 서명자는 '늙은 동무 홍남표'였다.

미 군정은 1946년 9월 조선공산당 지도부에 대한 체포령을 발동, 박헌영은 월북하고 홍남표는 이주하 등과 함께 연행되어 혹독한 고문을 당한다. 체포된 이들은 노덕술 등 일제 때 독립운동가들을 고문해 죽이던 친일 경찰에게 취조당한 후 다시 미군 수사대인 CIC로 넘어가는데, 미군은 직접적인 고문이나 구타보다 약물주사를 사용한다.

수십 일 간 고초를 당하고 석방된 홍남표는 12월 29일 남산공원에서 열린 '모스크바 삼상결정 1주년 기념대회'에 참석해 성성한 백발을 날리며 열변을 토한다. "남은 10년의 생명을 조국의 완전한 독립과 인민대중의 진실한 해방을 위한 투쟁에 바치겠노라."는 내용이었다.

조선공산당 기관지 「해방일보」와 남로당 기관지 「청년해방일보」가 미 군정에 의해 강제 폐간된 후, 홍남표는 자신을 발행인으로 「노력인민」을 창간한다. 1947년 6월 19일이었다. 그는 취임사를 통해 다시 한 번 투쟁 의지를 밝혔다.

북한의 제1차 최고인민회의. 홍남표도 대의원으로 참석한다.

　　그 생명을 이미 바친 우리 당의 명령이요 내가 가장 사랑하는 인민들의
지시인 것임을 생각할 때 오직 정성을 다하여 노구의 최후를 바칠 것을
당과 인민들 앞에 맹세하는 바이다.

　　하지만 남한은 더 이상 그가 머물 수 있는 땅이 아니었다. 저명한 철
학자로 진보 계열 신문 「현대일보」 주필을 맡았던 박치우(1909~?)는 신문
사를 점거한 우익 청년들에게 테러를 당해 피투성이가 되어 월북하고 소
설가 이태준도 좌익 행사에서 사회를 보았다는 이유로 생명의 위협을 받
은 끝에 월북하던 시절이었다. 홍남표도 끝내는 고향을 등지고 월북의
길을 택하고 만다.

　　북한의 홍남표는 1, 2기 최고인민대회의 대의원, 조국통일민주주의전
선 중앙위원을 맡아 활동하다가 1960년, 73살로 사망한 것으로 알려졌
다. 그러나 한국전쟁 직전인 1950년 6월 3일에 사망했다는 기록도 있어
어느 쪽이 정확한지는 알 수 없다.

　　홍남표의 가족 상황에 대해서도 제대로 된 기록을 찾지 못했다. 본인
이 사장으로 있기도 했던 남로당 기관지 「노력인민」 1947년 6월 27일의

기사 '인민의 지도자 홍남표'에는 그의 가족 상황에 대한 짧은 언급이 나온다.

> 3·1만세운동 이후에 일제의 회유정책이 주효하여 조선의 지주 자본가의 대변자인 동년배의 민족주의자들이 노골적으로 또는 은밀적으로 일제 지배자와 타협하고 굴복할 적에 홍 선생은 단연 일제와 일층 강력하게 투쟁하실 것을 굳게 결의하고 1925년 조선공산당 창립에 참가하여 근로인민을 중심으로 한 민족해방운동의 적극적인 투쟁을 개시하였던 것이다.
> 이로부터 선생의 생활은 오직 투쟁뿐이었다. 일제 군경의 박해로 해외와 해내에 피신하시면서 투쟁하시기 때문에 가족은 극빈에 쪼들리고 자제들의 교육도 돌아볼 수 없는 청빈의 생활을 하시었다. 누구나 선생을 대하는 사람은 곧 그 험악한 투쟁적 생활과 겪어온 간난을 간취할 수 있을 것이다.

가족들이 함께 월북했는지, 아니면 남한에 남았는지도 확인하지 못했다. 통일이 되면 알 수 있으려나? 모를 일이다.

· 7 ·

하룻밤에 야체이카
하나씩을 만들고

김삼룡

ㄱ ㅅ ㄹ

사진 없는 사람들

너무나 잘 알려진, 그러나 실제로 만났거나 인간적인 교류를 했다는 증인이 거의 없는, 심지어 사진조차 찾기 어려운 인물이 있다면 김삼룡 (1910~1950)이다.

조선공산당 서열 9위의 조직부장, 민주주의민족전선 중앙위원, 남로당 조직부장을 거쳐 남로당 총책이라는 화려한 경력을 가졌음에도 그와 직접 대면해본 증인도, 구체적으로 무슨 활동을 했는가도 거의 기록에 없다. 해방 직후 흔했던 여러 언론 매체의 혁명가 인상기에도 그는 빠져 있다.

김삼룡은 공산당이 공개, 합법적으로 활동하던 해방 직후에도 대중 앞에 모습을 드러낸 적이 거의 없었다. 신문에까지 보도된 유일한 기록은 1945년 11월 20일 오후 1시, 천도교 대강당에서 열린 전국인민대표자회의에서 조선공산당을 대표해 축사를 한 것뿐이다.

조선의 완전한 독립을 가져오게 할 역사적으로 의의 깊은 이 회합의 석상에서 축하를 드리게 된 것을 우리 당의 영광으로 생각하는 동시에 과거 일본제국주의의 야만적 탄압 밑에 있어서나 현재에 있어서나 한결같이 과감하게 조선 민족의 해방을 위해 투쟁하고 있는 여러분께 진심으로 경의를 바치는 바입니다.

공산당 지도자들은 일제 치하 지하신문이든 해방 후 합법신문이든, 아니면 몇 년 후의 빨치산신문에라도 정치 정세에 대한 자신의 생각을 밝히는 글을 쓰기 마련인데 김삼룡은 그런 것조차 하나 없다. 이 연설문도 본인이 직접 쓴 것인지 당에서 써준 것인지는 알 수 없지만, 유일한 공개 발언이므로 좀 더 인용해보자. 내용은 당시 사회주의자들의 일반적 인식을 그대로 보여준다.

부르주아는 1919년에 폭발된 3·1만세운동 때에도 민중의 혁명적 기색에 치받치어서 지도적 역할은 놀았으나 노동자와 농민운동의 발전과 중국혁명의 경험에서 비겁하게도 총독정치와 타협하기 시작하고 그 후 1930년 신간회가 없어질 때까지는 겨우 민족개량주의자로서의 그 본질을 나타내고 있었던 것이올시다. 그러나 일본 제국주의자의 중국 침략전이 시작되자 그들 반동파는 일본 제국주의 침략전의 찬양, 이른바 '국방헌금' 징병 징용의 적극적 주장, 혁명 세력에 대한 탄압에 적극적 진출, 황민화운동 등으로 그 반동적 행위를 여지없게 발휘시키었다는 것은 숨길 수 없는 사실이외다.

일제와 타협해온 대다수 민족주의자들에 대한 질타는 계속된다. 나아가 친일 매국노들이 정치 무대에 등장해 애국자 행세를 하는 현실을 개탄하고, 조선공산당만이 진정 인민을 위한 당이라고 역설한다.

전면에서 찍은 유일한 김삼룡 사진.

현하 조선 현상은 퍽이나 복잡하고 혼란 상태에 있으니 그는 8월 15일 직전까지도, 아니 15일 이후도 일군이 물러가기 전까지는 일제에 대한 투쟁은 고사하고 해방운동의 전사들을 억압하여 주구의 역할밖에 못 놀던 반동배들이 정치 무대에 등장하여 가장 애국자인 것같이 민중을 농락하여 민족통일전선을 혼란시키고 있는 것은 여러분도 다 아는 바입니다. 그런데 우리 조선공산당은 조선의 완전 독립을 위하여 과감한 투쟁을 전개시키고 있습니다. 현하 조선의 운명으로 결정할 민족통일전선에 있어서 '덮어놓고 뭉치라'는 주장은 친일파·민족반역자 무리를 옹호하는 것과 대변되는 것임을 잊어서는 아니 됩니다.

사회주의자들 사이에 전설적인 지하운동가로 유명했던 김삼룡의 연설은 장내를 메운 600여 인민 대표들의 열렬한 박수를 받았을 것이다.

민족주의 계열의 항일운동가들은 단체사진 아니면 가족사진이라도 남기지만, 지하조직에 익숙한 사회주의운동가들은 사진 촬영 자체를 하지 않는 이가 많았다. 그래도 졸업앨범이나 감방에 입감할 때 경찰이 찍어

둔 수형 기록의 사진은 남는 법인데, 김삼룡은 그런 사진조차 남아 있지 않다. 이는 이주하도 마찬가지다. 아마 남한 경찰이 김삼룡과 이주하를 추적하면서 수형표를 가져가 반환하지 않았으리라 짐작된다.

신문에 공개된 유일한 사진이라고는 1950년 4월 1일자 「동아일보」에 실린, 넥타이까지 맨 웃는 얼굴 한 장뿐인데 이날 행사 때 기자가 찍어 두었으리라 추측된다. 두 달 후 인민군이 서울을 점령했을 때 「노동신문」 등에 올린 사진도 그것을 복사한 것이었다. 훗날 북한에 만들어진 가묘의 비석에는 옆얼굴 사진이 붙어 있는데 잠시 월북했을 때 찍어둔 것이리라.

일제 치하와 해방 직후 사회주의운동사에 빼놓을 수 없는 인물 김삼룡, 하룻밤에 야체이카(러시아어로 '세포'라는 뜻으로 공산당 조직의 당원을 뜻함)를 하나씩 만들었다는 조직의 귀재 김삼룡, 끝내 이승만에 의해 처형될 때까지 단 한 번도 굴복하는 모습을 보여준 적이 없던 불굴의 투사 김삼룡, 그는 어떤 사람이었을까?

무산계급의 일꾼

김삼룡은 1910년 충주군 엄정면 미내리에서 여섯 형제 중 셋째로 태어났다. 어릴 때 이름은 김부덕으로 '부자로 인덕 있게 살아가라'는, 그의 실제 생애와는 그야말로 동떨어진 이름이었다.

아버지 김용서는 엄정에서 좀 떨어진 월악산 아래 살미면 출신인데 일찍 죽어 홀어머니 전운계가 엄정면 면소재지 시장터에 있는 주막에서 술과 음식을 팔아 자식들을 키웠다고 한다. 형은 김쌍룡으로, 충주 지역에서 사회주의운동을 한다.

김삼룡을 기억하는 엄정면 친구들은 그가 엄정보통학교 내내 1등을 도맡아 했다고 증언하며, 학적부에도 51명 중 1등으로 졸업했다고 기록되어 있다. 키는 크지 않았으나 체력은 좋았는데 성인이 되어서도 권투선수처럼 단단한 몸에 얼굴은 넓적하고 굵은 턱이 앞으로 나온 데다 입술이 두툼하니 투박한 얼굴이었다.

충주 출신의 사회주의운동가로, 장기간 옥살이를 했던 이구영은 살아생전의 김삼룡을 본 드문 인물이다. 자서전 『산정에 배를 매고』(1998)에서 말한다.

> 내가 보았을 때, 김삼룡은 정말 무산계급의 일꾼처럼 생겼었다. 민주투사처럼 털털하게 생긴 모습으로, 권투에 단련되어 콧날이 날카롭게 서지 않고 뭉툭하게 패였던 것을 기억한다.

대개의 사회주의자들이 그렇듯, 성품은 대단히 이타적이었다. 엄정보통학교에서 1, 2등을 다투던 친구의 증언에 의하면 김삼룡은 전날 밤 눈이 오면 맨 먼저 등교해 혼자서 운동장을 다 쓸어놓았다고 한다. 감옥살이를 할 때도 조선인 죄수들끼리 싸움을 벌이면 "싸우려면 일본 놈들과 싸워라, 동포끼리 왜 싸우냐? 차라리 날 때려라!"며 가운데 끼어들어 싸움을 말렸다는 말도 전한다.

대범하기도 했다. 형 김쌍룡이 담배농사를 지어 어린 김삼룡도 농사를 도왔다. 어느 날, 김삼룡이 담뱃잎을 한아름 안고 달려가는데 일본 청년들이 다리를 걸어 쓰러뜨리고는 통쾌하다고 웃어댔다. 그러나 김삼룡은 화도 내지 않고 담뱃잎을 주워 모은 다음, 씩 한 번 웃어주고는 제 갈 길을 갔다. 이를 본 사람들은 그가 보통 아이들과 다르다고 생각했다.

19살 늦은 나이로 보통학교를 졸업하고 서울로 올라온 김삼룡은 학비가 없어 마장동 고학당에 나간다. '갈돕회' 또는 '칼토페'라고 불리던 고학당은 돈 없는 남녀 청년들이 낮에는 영신환이나 옥편(한자사전) 등을 팔고 밤이면 마장동 도살장 바닥을 닦고 앉아 공부하는 빈민용 야학이었

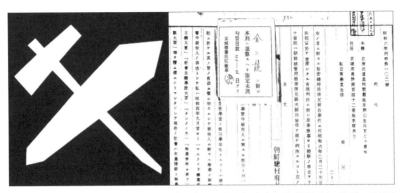

저명한 항일운동가들을 낳은 고학당 교기(왼쪽)와 고학당에 다니며 독서회를 주도했다는 김삼룡의 재판 기록(오른쪽).

다. 이곳에서 여러 남녀 독립운동가가 탄생하는데 김삼룡도 그중 한 명이었다.

구체적으로 어떻게 사회주의를 접했는지는 알 수 없으나, 고학당 시절 공산주의 이론을 배우는 독서회에 참가했다가 1930년 11월에 체포되었다는 짧은 기록이 현재 찾을 수 있는 김삼룡 개인의 유일한 판결문이다.

이 첫 번째 감옥살이에서 김삼룡은 자신의 운명을 좌우할 인물을 만난다. 이재유였다. 1931년 여름, 서대문형무소 북단에 있는 채석장에서 노역을 하면서 알게 된 두 사람은 금세 의기투합해서 장차 같은 조직에서 일하기로 약속한다.

일제 중후반기 20여 년 간, 수만 명에 이르는 사회주의자들이 탄생하고 또 사라져갔다. 비극적 죽음으로 끝나든, 북한에서 권세를 누리다가 자연사하든, 사회주의자가 자기 신념을 고수하기 위해서는 혹독한 고문과 끔찍한 옥살이를 이겨내는 의지력이 필수적이었다. 그러나 같은 수준의 의지와 능력을 가졌다고 할 때, 맨 처음에 어떤 사람을 만나 어디서 활동하느냐가 한 개인의 운명을 결정짓는 경우가 많았다.

김삼룡 이상으로 강인하고 능력을 가진 인물이라도, 서울에서 먼 지방이나 비주류 조직에서 시작하면 끝내 거기서 벗어나지 못하기 쉬웠다. 반면, 공산당 중심인물들과 운동을 시작한 사람은 계속해서 당 중앙에 머물 가망이 높았다. 운동가들끼리 활발히 교류를 할 수 있는 조건도 아니었거니와 선거로 지도부를 선출하는 시대도 아니었기 때문이다.

만 21살 나이에 공산당 재건의 책임자 중 한 명인 이재유를 만남으로써 김삼룡은 처음부터 재건운동의 중심부에 들어가게 된다. 물론 본인의 자세와 기량이 뒷받침되었기 때문이기도 했다.

조직의 귀재

1932년 2월에 출옥한 후 잠시 고향 엄정에 내려가 농사일을 하던 그는 그해 겨울 인천의 부두 하역 인부로 취업해 노동운동을 시작한다.

인천은 이승엽의 본거지라고 할 수 있었다. 훗날 조선공산당 중앙위원이 되는 김점권 등 인천 지역 사회주의 노동운동가의 대다수는 이승엽이 조직했다고 해도 지나치지 않았다. 그런데 얼굴이 너무 알려져 활동하기 어렵게 된 이승엽은 경남으로 내려가 「볼셰비키」를 발행하다 체포되어 감방에 가버렸고, 뒤를 이어 김명시가 파견되었으나 역시 두 달 만에 김점권 등과 함께 체포된 상태였다.

김삼룡이 인천에서 활동한 1933년은 주요 활동가가 대부분 감방에 갔을 때였다. 그가 어떤 연고로 인천에 가게 되었는지 확실히 알려주는 기록은 없으나 이재유의 석방 시기와 꼭 맞아 떨어지는 점으로 보아 이재유와의 교감 속에서 이뤄졌을 것으로 보인다.

1932년 연말에 출소한 이재유는 안병춘의 어머니가 찬모로 있던 하숙집에 기거하면서 노동운동을 시작하는데, 스스로 공장에 취업해 새로운 노동자를 조직하는 방식이 아닌, 기존의 현장 활동가들을 경성트로이카로 묶어낸다. 나이로도 그렇고 아직 노동운동 경험이 없는 김삼룡은 경성트로이카의 하부 조직원으로 편입된 듯하다.

경성트로이카에는 150명 이상의 활동가가 가담하는데 대체로 공장노동자를 담당한 이현상, 학생운동을 담당한 변홍대, 그리고 이재유 자신이 상부 트로이카를 구성하고 있었다.

여기에 이순금, 박진홍, 안병춘, 정태식 등이 중간 트로이카 겸 연락을 맡는데 김삼룡을 담당한 연락책은 안병춘이었다. 주기적으로 상경한 김삼룡은 안병춘을 통해 이재유에게 인천 상황을 보고한다. 나중에 검거도 두 사람이 함께 된다.

경찰 조서에는 김삼룡이 인천에서 적색노조 준비위를 조직했다는 것과 몇몇 노동자의 이름이 등장할 뿐, 자세한 내용은 없다. 그가 지독한 '고문강자'였기 때문일 것이다. 김삼룡은 동지들에게조차 자기 자신이나 활동에 대해 극히 말을 아낀 사람이었으니 체포된 이들이 그의 활동에 대해 진술하고 싶어도 할 게 없었을 것이다. 그의 모든 행적을 모호하게 그릴 수밖에 없는 이유이기도 하다.

확실한 것은 경찰이 그가 얼마나 위험한 인물인가를 잘 알았다는 점이다. 1934년 1월, 이재유에게 인천 상황을 보고하려고 올라온 그는 연락책인 안병춘과 함께 체포되는데 다른 조직원들보다 훨씬 긴 형무소 생활을 한다. 조직원들은 훈방되거나 2, 3년형을 받은 데 비해 김삼룡은 이현상과 함께 6년형을 받았다. 이는 박헌영, 조봉암, 홍남표 등 공산당 지도자들과 비슷한 형량이었다.

김삼룡이 언제부터 조직의 귀재로 불리게 되었는지 알 수 없으나, 아마도 이 무렵부터 이름을 알리기 시작했을 것으로 보인다.

하룻밤이면 야체이카 하나씩을 만들고 이틀이면 노동조합을 띄워서 사흘이면 스트라이크에 사보타주를 거쳐 총파업에 들어가게 만드는 전설적 조직 귀재요, 색안경을 일곱 개씩 지니고 다니는 변장의 명수.

김삼룡에 대한 이 화려한 찬사들은 1939년 4월 초, 만 5년 만에 석방되어 이관술을 만나면서 빛을 발한다. 경성콤그룹이었다.

순혈주의와 종파주의

1939년 겨울. 김삼룡은 두 번째 출옥을 해서 충주 엄정의 고향집에 내려가 한동안 머무는데 조공재건운동을 모색하던 이관술이 여동생 이순금과 함께 찾아오자 자신의 아내 이옥숙이 서울에서 공장 활동을 하고 있으니 먼저 올라가서 만나면 곧 뒤따라가겠다고 답한다.

김삼룡의 행적이 안개에 싸인 것처럼, 그의 아내가 누구인가에 대해서도 말이 많다. 김삼룡의 호적에 기재된 아내 이름은 이승렬이다. 그런데 이관술에게 분명 자기 아내 이옥숙을 만나라고 한다. 또한 김삼룡이 마지막으로 체포될 때 아내 이옥숙이 같이 체포되었다는 신문기사도 있다. 이승렬은 이옥숙의 본명으로 추측된다.

어떤 이들은 이순금이 김삼룡의 아내라고 알고 있다. 따라서 이옥숙은 이순금의 가명이 아닐까 생각한다. 그러나 해방 후 조선공산당의 지방동지 연석회의 회의록에는 이순금과 이옥숙 두 사람이 함께 참석한 것으로 나오니 분명 다른 인물이다. 이순금이 김삼룡의 혼외 연인일 수도 있으나 여러 정황으로 보아 두 사람이 단짝으로 활동하다보니 오해를 받은 듯하다. 근본적으로 김삼룡이 자신의 활동은 물론, 신변까지 철저히 숨겼기 때문에 벌어진 오해일 것이다.

훗날 만들어진 「광복 20년」이니 「제1공화국」이니 하는 라디오 드라마들은 경찰에 쫓기는 김삼룡이 정부 고관의 부인을 포함한 일곱 미녀들의 집을 돌아가며 잤다거나 살인을 밥 먹듯 즐기는 악마로 묘사하는데, 언급할 가치도 없는 악선전이다.

어쨌든 이관술의 제안으로 경성콤그룹을 조직한 김삼룡은 박헌영을 새로운 지도자로 모신다. 박헌영이 코민테른으로부터 조선공산당 재건의 책임을 부여받았기 때문만이 아니었다. 이구영은 구술 회고록 『산정에 배를 매고』에서 김삼룡이 박헌영을 얼마나 존경했는가에 대해 증언한다.

> 김삼룡은 충주에서 잠깐 만난 적이 있었다. 그는 충주 엄정면 사람인데, 금광을 해서 크게 부자가 된 이종구라는 사람의 행랑에 살았다. 그의 어머니는 주막에서 술을 팔았다.
> 해방 직후라고 생각되는데, 김삼룡이 충주에 와서 연설을 한 적이 있었다. 충주의 젊은 사람들을 모아놓고 연설을 했는데, 나도 그 자리에 있었다. 그는 박헌영의 8월 테제를 설명하면서, 테제에 제시된 인민민주주의가 유일무이의 노선이라고 주장했다.
> 그도 역시, 박헌영은 일제의 감옥에 있을 때 벽에 바른 신문조각 하나를 보고 투쟁노선을 정한 인물이라는 이야기를 하며 아주 천재적인 지도자라고 입에 침이 마르도록 칭찬을 했다.

박헌영까지 가세한 경성콤그룹은 태창직물, 경성전지, 경성방직, 용산철도공작소, 조선인쇄소 등 다수의 공장에 야체이카를 조직하고 학습모임과 쟁의를 주도하는 등 전국으로 세를 확산시켰다. 오른쪽 표는 김삼룡이 조직을 맡은 경성콤그룹의 지도부 구조다.

해방 후 경성콤그룹 출신 대부분은 조선공산당의 요직을 맡는다. 이를 두고 반대파들은 종파주의라며 격하게 비난을 퍼붓는데 그중에서도 김삼룡과 이현상에 대한 원망이 많았다.

박헌영을 만나 인사탕평책을 제안하려고 조선공산당사에 찾아가면 김삼룡과 이현상이 무서운 눈으로 노려보고 있어 말도 제대로 꺼내지 못했다는 이야기들이 있다.

실제로 김삼룡과 이현상은 일제 후반기 엄혹한 시절에 항일운동을 포

경성콤그룹 지도부

	기관지부	박헌영
지도부	조직부	김삼룡, 장규경
	기관지 출판부	이관술, 김순룡
	인민전선부	김태준, 정태식, 이현상
학생운동	가두부	이남래, 김한성, 이종갑
	학생부	조재욱, 김순원, 김영준 등
	일본 유학생부	김덕연, 고우도
노동운동	금속노조	김재병, 김동철
	섬유노조	김응빈, 이주상
	전기노조	조중심
	출판노조	이복기, 이인동
지역운동	함경남도	김섬
	함경북도	장순명
	마산	권우성
	부산	이기호

기하고 휴지했거나 전향해 친일 활동을 했던 이들을 공산당 근처에도 오지 못하게 막는 역할을 한다. 그러나 경성콤그룹이 아무리 큰 조직이었다 해도, 수만 명의 사회주의자들을 다 포괄했던 것은 아니었다. 지방에서, 또는 박헌영과 무관하게 끝까지 순결하게 항일운동을 해온 많은 이들이 있었다. 그런데 김삼룡과 이현상은 자신들이 확인한 인물들만 믿음으로써 종파주의라는 비판을 자초한다.

결과론적으로는 그러나 김삼룡을 비롯한 경성콤그룹 주류들의 순혈주의가 옳았다고 할 수 있다. 해방 초기에는 자신들을 끼워주지 않는다고 맹비난하면서 북한과 연계해 박헌영 격하운동까지 벌였던 이들의 대부분은 얼마 후 미 군정의 탄압이 심해지자 또다시 배신하거나 안전한 북쪽으로 넘어가버린다.

해방 1년 만에 박헌영, 이승엽, 이강국 등 공산당 지도부 다수가 월북한 후 결성된 남로당이 합법적으로 활동하던 것도 잠시뿐, 남한의 사회주의운동은 또다시 지하로 잠적하게 된다. 공산당 본부에 화신 백화점 사장 박흥식(1903~1994) 같은 친일파 재벌들이 보따리에 돈을 싸들고 찾아오던 '좋은 시절'에도 좀처럼 정체를 드러내지 않았던 김삼룡의 선견지명이 맞아 떨어진 것일까?

짧았던 봄날이 끝난 자리에는 싸전의 참새들처럼 모여들었던 어중이떠중이들은 다 떠나버리고, 또다시 순혈주의, 종파주의로 비난받았던 순도 높은 투사들만 남는다. 지하남로당 지도부인 김삼룡, 이주하, 김형선, 정태식, 이현상이 그들이었다.

담뱃불을 돌리며

지하남로당 기관지부에서 일하던 박갑동은 김삼룡과 접선하던 어느 날의 기억을 구술로 남긴다.

북한의 단전 조치로 전기 사정이 나빠 서울 시내가 밤만 되면 칠흑으로 변하던 때였다. 기관지 책임자인 정태식과 함께 서울운동장(오늘날 동대문역사문화공원) 근처 어두운 길에서 만나기로 한 김삼룡의 신호는 담뱃불을 빙빙 돌리는 것이었다. 잔뜩 긴장한 두 사람 맞은편으로 마침내 한 사내가 담뱃불을 돌리며 나타난다.

사내는 일제시대 일본군이 사용하던 방한외투에 방한모를 쓰고 있었다. 마른 명태 몇 마리를 새끼로 묶은 것을 옆에 끼고 술 취한 사람 마냥 약간 비틀거리며 걸어오고 있었다. 서로 스쳐지나갈 때 눈이 맞부딪쳤다. 털방한모로 얼굴 일부밖에 보이지 않아 누군지 잘 알아볼 수가 없었으나 눈에서 불이 번쩍하는 것 같았다.

박갑동은 그냥 스쳐 지나가는데 정태식은 뒤돌아 그와 함께 간다. 박갑동은 천천히 그들의 뒤를 따르다가 행인들이 없는 것을 확인하자 옆에 따라붙었다.

"박갑동 동무! 얼마나 수고하시오?"

부드러운 목소리가 들려왔다. 오랜만에 듣는 김삼룡의 음성이었다. 김삼룡은 어둠 속에서 더듬는 것같이 박갑동의 손을 찾아 꽉 쥐어주는 것이었다.

"참 오래간만입니다."

박갑동은 너무 반가워 그의 손을 받아 쥐며 겨우 한마디 인사밖에 하지 못했다.

김삼룡이 체포된 것은 그로부터 얼마 후였고, 정태식은 그를 구출하기 위해 산악지대의 빨치산 부대를 서울로 데려올 무모한 계획까지 세우지만 당연히 실패하고, 도리어 자기까지 체포되고 만다.

북한이 평양 고려호텔에 억류 중이던 민족주의 항일운동가 조만식과 서대문형무소에 수감 중이던 김삼룡, 이주하를 맞교환하자는 제안을 해온 것은 한국전쟁이 터지기 불과 2주일 전인 1950년 6월 10일이었다.

박헌영의 강력한 주장으로 시작된 것으로 알려진 조만식과의 교환은 그러나 쉽게 이뤄지지 않았다. 이승만은 먼저 조만식을 내려 보내라고 답했고, 북한 역시 오락가락 하는 사이 한국전쟁이 터지고 말았다. 남한에 대한 전면 공격을 누구보다도 잘 알고 있던 박헌영이 두 사람을 구하기 위해 애를 썼던 흔적만 남았을 뿐이다.

개전 사흘 만에 서울이 함락되면서 김삼룡은 이주하와 함께 남산 밑 소나무에 걸린 영혼이 되고 말았다. 겨우 41살의 한창 나이였다.

돌이켜보면, 해방부터 전쟁까지 불과 5년이었다. 소련도 미국도 우익도 좌익도 예측할 수 없던 온갖 사건들이 다발성 최루탄처럼 폭발하던, 안개 속 같은 혼란의 시기였다. 이후 60년 동안 일어난 큰 사건들을 다 합쳐도 그 5년 동안 일어난 사건의 숫자에 못 미칠 것이다.

이 번개같이 지나간 시간동안 박헌영이든 김일성이든 김삼룡이든 어느 한 개인이 사건마다 취한 각각의 행동들을 꼬투리 잡아 비판하는 것은 비인간적인 일이다. 전쟁 이후 장기간 권력을 유지한 김일성이나 이승만, 또는 박정희 같은 인물들에 대한 평가의 잣대를 김삼룡 또는 당대의 혁명가들에게 함부로 들이대는 것은 가혹한 짓이다.

군이 객관적으로 보자면, 김삼룡이 그 매력적인 인간성에도 불구하고 이론적이나 행동에서는 교조적이라거나 맹동적이랄 수도 있다. 다른 여러 혁명가들과 달리, 유일한 연설문 이외에 본인의 사상을 밝히는 어떤 글도 남기지 않은, 또는 쓰지 못한 채 오로지 행동주의자로 살아온 인생이기에 더욱 그런 혐의를 받게 된다.

하지만 미국과 소련의 총구 아래 좌와 우가 원시적으로 격돌하던 야만의 시기에, 오로지 조선의 독립을 위해, 나아가 만민의 평등을 위해 자신의 모든 인생을 바친 그의 헌신성은 충분히 추모받을 가치가 있다.

> 김삼룡은 큰북과 같은 사람이었다. 치는 사람에 따라 그 소리가 달라지는 북처럼 그 속에 무엇이 들어 있는지 알 수 없을 만큼 됨됨이가 컸다고 한다.

이름도 명예도 남기지 못한 채 숨진 경성콤그룹의 한 조직원을 아버지로 둔 소설가 김성동의 평가는 김삼룡에 대한 안쓰러움을 더해준다.

·8·

인간적인, 너무나 인간적인
'남부군 사령관'

이현상

이자를 총살하라!

한국전쟁이 한창이던 1951년 7월 31일, 지리산을 비롯한 남부 산악지대를 누비던 공산주의 유격대원들에게 총사령관 로명선 명의의 명령서가 하달된다.

'조선인민의 우수한 아들딸로 조직된 조선인민유격대 남부군' 대원들 앞으로 된 이 명령서는 '빨치산과 인민의 관계는 고기와 물의 관계와 같아서 물이 없이는 고기가 살 수 없듯이 인민의 지지가 없이는 빨치산이 생존할 수 없다'면서, 아래의 규율을 범한 자는 군중 앞에서 총살할 것이라고 선언한다.

- 상부의 명령 없이 인민의 가택에 무단출입하여 수색하고 상부의 지시 없는 물품을 강요하고 강탈한 자
- 상부의 명령 없이 인민의 가축 가금을 무단히 강탈한 자

・인민들을 위협하며 공갈한 자

이 엄중한 명령을 내린 로명선은 누구였을까? 조선공산당 중앙위원 서열 10위 이현상(1906~1953)이었다. 경성트로이카로 시작해 경성콤그룹과 조선공산당, 남로당으로 이어지는 국내 공산주의운동의 주류에서 한 번도 벗어난 적이 없는 그 이현상이었다.

조선공산당에서는 조직국 위원으로, 남로당에서는 중앙상무위원 및 노동부장과 간부부장을 맡았다는 기록과 증언이 있는데 그에게 직책은 형식일 뿐, 별 의미가 없었다. 공산당이든 남로당이든 핵심 지도부들은 공식 직책과 상관없이 모든 사안을 결정하고 있었기 때문이다.

일제 치하 노동운동으로 단련된 이현상이 지리산 빨치산을 이끌게 된 것은 1948년 10월 말, 여수 14연대의 반란이 터지면서였다. 지리산으로 긴급 파견되어 반란군을 이끌기 시작한 그는 전쟁이 터진 후에는 남한 지역 유격대 전체를 이끄는 남부군 총사령관으로 임명된다.

이 명령서가 아니라도, 이현상이 이끄는 남부군은 대민정책에 철저했다. 마을에 내려간 유격대원들은 방에 들어가지 않고 마당에서 자는 것이 원칙이었고 식량을 얻으면 남부군 사령관 명의의 증명서를 발행해 훗날 갚아줄 것을 약속했다. 굶주림과 동사가 일상사인 빨치산 모두가 이 규율을 지키기는 힘들었고 증명서는 한낱 종이쪽지에 불과했으나 이현상 부대의 이 대민원칙은 군경 토벌대를 위협했다.

토벌대장의 한 명으로, 훗날 이현상의 주검을 수거해 장례까지 치러준 차일혁은 이현상의 대민정책은 주민들의 호응을 일으켜 토벌을 힘들게 했다고 술회한다. 전북도당 위원장 방준표 같은 이는 산골 동네 구장 같은 하찮은 우익들을 반동이라고 체포해 칼로 배를 갈라 간을 꺼내 강제로 나눠먹게 만드는 등의 잔혹한 행위로 민심을 이반케했다는 믿기 어려운 이야기와 함께였다.

여순 항쟁 직후 투입되는 국방경비대 군인들.

이현상의 원칙은 선전용만은 아니었다. 한 마을에 들어갔을 때 우연히
인절미를 얻어먹게 된 이현상이 너무 맛있다고 감사해하자 부하들이 밤
중에 그 집을 찾아가 새로 인절미를 만들어달라고 부탁해 들고 왔는데
이현상이 불같이 화를 내며 떡을 던져버렸다는 일화가 있다. 생명을 경
시하는 고지식한 원칙주의자는 더더욱 아니었다. 부하 하나가 민가에서
호박을 따먹었다가 걸려 처형을 당할 지경이 되자 간부들을 설득해 살려
주도록 했다는 증언도 있다.

유격대원들 사이의 연애는 엄격히 금지되어 있었지만, 부하장교 이영
회가 여성대원과의 연애를 고백하자 투쟁에 방해가 되지 않는 선에서 용
인한 사례도 있다. 이는 전남도당 위원장 박영발이 연애를 한다는 이유
로 부하대원들을 냉정하게 처형했다는 이야기와 비교된다.

남부군 기관지 「승리의 길」에도 누차 반복되는 이 명령을 내릴 당시
이현상의 나이는 47살, 험한 산중에서 몇 해째 노숙을 하며 유격대를 이
끌기에는 너무 많은 나이였지만 대원들은 그를 로명선도, 이현상도 아닌,

오로지 '선생님'이라 부르며 절대적으로 따랐다.

실상 이현상은 나이도 나이려니와 탁월한 전술가도 아니어서 실제 전투를 이끄는 능력은 부족했다. 빨치산 전투의 유명한 전과들은 박종하, 김지회, 이영회 등 부하 간부들에 의해 만들어진다. 심지어 그는 토벌대에 쫓기는 위급한 순간에도 실종된 직속 부하를 찾다 못해 눈물을 흘리는 등, 여러 차례 부하들 앞에서 울기도 한다. 나중에 숙청당할 때 이런 점을 들어 온정적이라는 비판까지 받는다. 그럼에도 그의 인간적인 면모는 부하들의 절대적인 지지를 불러 일으켰고, 그를 빨치산의 신화로 만들게 된다.

도합 14년의 감옥살이

지리산에서 정치위원의 한 명으로 근 5년 세월을 함께 했던 여성 빨치산 이옥자는 이현상을 가장 가까이서 지켜본 생존자이다. 그녀는 이현상이 즉결 처형권을 가졌음에도 얼마나 인간적이었는가에 대해 많은 증언을 남긴다.

참 점잖은 분입니다. 자기보다 20살도 더 어린 젊은 대원들에게도 반드시 존댓말을 쓰셨지요. 경호대에 둘러싸여 급히 지나가다가도, 지쳐서 쉬고 있는 대원들을 만나면 한 명씩 한 명씩 손을 잡아주면서 어디서 온 누구인지 묻고, 당신은 이 민족의 보배라고, 우리의 희생은 결코 헛되지 않으리라고 격려해주신 분입니다. 참으로 다정한 분이었지요.

이현상에 대한 평판은 그의 집안 내력이나 분위기와 떼어놓고 생각하기 어렵다.

지금은 충남으로 편입된, 전북 금산군 군북면 외부리에는 이현상 가문

6 · 10만세운동으로 서대문형무소에 수감된 이현상. 조국 해방을 염원하는 청년의 혈기와 굳건한 의지가 엿보인다.

에 대한 전설 같은 미담들이 전해 내려온다. 큰 부자는 아니라도 마을의 유지였던 백석지기 지주인 그의 아버지 이면배와 두 형은 대를 이어 군북면장을 지내면서 주민들로부터 존경과 인심을 잃지 않았다.

일제 후반기의 면장들은 남자는 군대와 탄광으로, 여자는 공장과 정신대로 끌고 가는 악역을 맡지만, 일제 초기에는 신식 제도들을 도입하는 역할을 하여 왕조 말기의 부패와 무능에 분노해 있던 민중들에게 그리 큰 원망을 듣지는 않았다.

이현상의 아버지 이면배는 면장으로 있을 때 흉년이 들어 주민들이 농사를 망치자 자기 돈으로 모든 면민의 세금을 대신 내준 사람이었다. 마을 사람들은 그 은공을 기려 공덕비를 세워주는데 이현상이 빨치산 대장이 된 후에도 비석에 손을 대는 이가 없었다. 그는 넷째아들 이현상이 보통학교 다닐 때 공책이나 연필이 떨어지면 아들만 사주는 게 아니라 같은 반 아이들 모두에게 새로 사주는 사람이었다.

보통학교를 마친 이현상은 전북 고창에 있던 고창고보에 진학하는데 1학년 때는 48명 중 1등, 2학년 때는 3등으로 우수했다. 선생은 그의 성격을 '침착하며 약간 집요한 데가 있다'고 기재한다.

2학년을 마친 이현상은 무슨 이유에서인지 서울에 올라가 중앙고보에 편입한다. 고창고보와 중앙고보는 모두 고창의 갑부 김성수가 세운 학교였다.

졸업반인 5학년이 되던 1926년, 이현상은 순종의 장례식을 기해 일어난 6·10만세운동에 앞장섰다가 체포되어 6개월 동안 감옥살이를 한 후 고려대의 전신인 보성전문학교 법과로 진학한다.

공교롭게도 보성전문 역시 김성수가 세운 학교였다. 감옥에서 사회주의자가 된 이현상은 평생을 김성수로 대표되는 민족주의자들의 개량노선과 싸우지만, 그를 교육시킨 곳이 모두 김성수가 세운 학교들이란 점은 한국사의 아이러니한 단면을 보여주는 듯하다.

보성전문학교에 오래 다니지는 않았다. 1928년, 조선공산당이 만들어진 지 3년째였다. 거듭되는 대량 검거로 지도부가 네 차례나 바뀌는 혼란 속에서도 조선공산당은 공산주의 사상을 가진 젊은이들의 희망이었다. 23살의 나이로 공산당에 입당한 이현상은 청년 조직인 고려공산청년회의 일원으로 학생 조직을 맡아 서울 시내 여러 학교의 동맹휴학을 지도하다가 다시 체포되어 징역 4년을 선고받는다.

성인이 된 이현상은 크지 않은 키에 근육이 단단하고 목이 짧아 다소 땅딸막해 보이는 몸집을 가졌으나 큰 눈에 오뚝한 콧날이며 윤곽이 뚜렷한 입술이 썩 잘생긴 얼굴이었다. 성품은 조용하니 예의 바르고 점잖았는데, 운동하는 방식도 그랬다.

경신학교 동맹휴학 사건 등에 대한 일제의 재판 기록을 보면, 이현상은 학생들이 조급한 열기에 들떠 무조건 투쟁에 들어가려는 것을 제지하고 충분한 준비와 대중적 지지를 확보하도록 충고한다. 그러나 학생들이 이를 따르지 않고 싸움을 터뜨리면 또한 이를 탓하고만 있지 않고 적극적으로 지원한다.

강동정치학원에서 찍은 사진으로 추정되는 이현상의 사진.

감옥살이를 마치고 나온 1933년부터는 이재유, 김삼룡 등과 함께 경성 트로이카를 조직해 동대문 일대 노동운동을 책임지는데, 여성 노동자들에게 특히 인기가 높았다고 한다. 이는 이옥자 등 여러 사람의 증언으로 남아 있는데, 그중 한 명인 동덕여고 출신 노동운동가 이효정은 이현상을 '다른 남성 운동가들과는 전혀 다른' 품위 있던 사람으로 기억한다.

일제는 골목마다 주민을 감시자로 두어 젊은 남녀들이 서너 명만 모여도 신고를 하게 했다. 때문에 운동가들은 일 대 일로 밤새워 학습과 토론을 했다. 이현상도 밤마다 여공들의 방을 돌아다니며 일대 일의 교육을 한다.

눈에 띄는 미인으로 여러 남학생들로부터 애정 공세를 받던 이효정도 이현상 담당이었다. 그런데 이현상은 한밤중에 찾아와 새벽에 조용히 떠날 때까지 자세 하나 흐트러짐 없이 우렁우렁한 부드러운 음성으로 정세 설명과 운동의 지침을 교양해 감동을 준다.

이효정은 이현상을 다른 남자들과는 전혀 다른, 전통 선비처럼 존경스러운 인물로만 기억한다. 때문에 지리산 빨치산 대장이 이현상이라 들었을 때도 동명이인이려니 하고 말았다. 오랜 세월이 지나 90살이 넘어서야 두 사람이 같은 인물이라는 것을 알고 한참을 울었다.

경성트로이카 활동 역시 오래가지 못했다. 반년 만에 체포된 이현상은 7년형을 선고받고 세 번째 옥살이를 한다. 부잣집 아들이라지만 전 재산이 맏아들에게 상속되던 시절이라 실제 이현상 직계 가족의 생활은 팍팍했다. 그가 감옥에 있는 동안 부인은 청계천에서 일본인 빨래를 해주며 여러 아이들을 키웠다고 한다.

감옥살이는 끝이 없었다. 1940년 만기 석방되자마자 곧바로 경성콤그룹에 가담, 인민전선부 책임자로 활동하다가 10월에 또다시 체포된다. 이번에는 재판도 받지 못하고 미결로 2년이나 기다리던 끝에 병보석으로 석방되니 1942년 12월 말이었다.

무슨 병으로 보석이 되었는가는 기록에 남아 있지 않는데, 치료가 되면 형무소로 돌아가야 했다. 비슷한 시기에 병보석된 이관술과 마찬가지로, 이현상은 경찰의 감시를 피해 잠적해버린다.

이후 해방되기까지 2년 반 동안, 이현상은 처가에서 멀지 않은 덕유산 기슭의 한 농가에서 머슴으로 숨어 산다. 단지봉의 암자에 은둔하기도 했다. 이 기간 동안 이관술은 대구와 대전에서 넝마주이를 하며 조직을 관리하는데 두 사람이 만났을 가능성은 있지만 구체적인 활동 내역은 알 수 없다.

이현상이 덕유산과 지리산에서 항일빨치산을 조직, 지도했다는 설도 있으나 이는 더욱 믿기 어렵다. 포천에서 젊은이 몇 명이 지서를 습격한 사건이 있었고 훗날 동해 남부 지역에서 빨치산을 하는 하준수 등 일부 젊은이들이 일본군에 징집되지 않으려고 산악지대로 숨어들어 군사훈련을 했던 건 사실이지만 실제 무기를 들고 전투를 했다는 기록은 찾지 못했다.

남쪽에 남은 사람들

해방된 조국에서 감옥살이 14년의 고참 혁명가 이현상의 위치는 공고했다. 활동 기간보다 형무소에 있던 시간이 훨씬 길었으나 해마다 수천 명의 공산주의자들이 구속되던 일제의 감방이야말로 공산주의운동의 지도자들을 선별해내는 공간이었다.

오랜 수감 생활을 통해 수많은 사회주의자들을 접했을 이현상은 남로당에서 노동부장에 이어 간부부장을 맡아 당 간부들의 선발과 숙정을 결정하는 인사 담당자가 된다. 일제 말기에 전향했거나 박헌영의 반대파였던 이들이 이현상을 두려워하고 미워하게 된 이유였다.

박헌영이 월북할 때 함께 데려간 인물들과 서울에 남겨둔 인물들의 차이를 들여다보면 미묘한 차이가 느껴진다.

이승엽, 이강국, 최용달, 박치우, 신남철 등 월북에 동행한 이들의 다수가 일제 치하에서 전향서를 제출한 적이 있거나 대학교수로서 투쟁 일선에는 서보지 않은 사람들이었다. 일제 때는 박헌영과 직접 대면하며 활동한 적이 없는 이들이기도 했다.

반면 남쪽에 남은 이주하, 김삼룡, 이현상, 김형선, 김태준, 정태식, 김명시 등은 모두 일제 때부터 박헌영과 직접 얼굴을 맞대고 함께 운동했던 직계 중의 직계들이었다. 또한 일제 마지막까지 휴지기라곤 없이 투쟁했던 고문강자들이었다. 같은 학자라도 월북한 박치우나 신남철과 달리, 김태준과 정태식은 경성콤그룹과 경성트로이카 사건으로 옥살이를 했던 이들이었다.

명단 그대로, 박헌영의 직계는 서울에 남아 지하운동을 하고 방계는 함께 올라갔다고까지 말할 만했다. 자신이 가장 아끼는 사람들을 가장 위험하고 힘든 곳에 배치한 이유는 그만큼 남한의 혁명을 중시했다는 뜻이리라.

남쪽에 배치되었다 해서 북한을 오가지 않았던 건 아니다. 이주하도 북에 올라가 요양소에 머문 적이 있다는 증언이 있으며 이현상과 김삼룡도 석 달 동안 월북했던 사실이 확인된다. 물론 38선 경비병들을 피해 비밀스럽게 개설한 노동당 루트라는 산길을 통해서였다.

1948년 초에는 이현상과 김삼룡의 소련 유학이 추진되었다는 설도 있다. 북한 정권 창출의 일등공신이었다가 숙청의 광풍을 피해 소련으로 들어간 교포들의 주장이다.

실제로 두 사람은 1948년 4월 말 평양에서 열린 남북연석회의에 참석한 뒤 남하하지 않고 석 달 동안 북에 남는다. 이현상이 월북자들을 수용하고 있던 해주의 강동정치학원에서 러시아어를 배운 것도 여러 증언으로 입증된다.

일종의 사고라고 할 수 있을 사건은 두 사람이 머물던 7월 말에 벌어졌다고 한다. 북로당 선전부장 김창만, 간부부장 이상조 등과 가진 술자리로 김삼룡도 동석했다. 먼저 북로당 간부들이 들으란 듯 이야기를 꺼낸 모양이다.

"곧 수립될 공화국에서 김일성 장군이 북조선의 최고지도자를 맡는 것이 너무도 당연한 순리가 아니겠소?"

김일성 찬양이 계속되자 참지 못한 이현상이 나섰다.

"나는 김일성 장군은 인민무력부장 정도가 적당하고 최고지도자는 박헌영 선생이 맡는 것이 남북 인민들의 뜻에 부합한다고 보오."

놀란 김창만과 이상조가 이현상을 분파주의자라 비난하면서 양쪽 간부들의 설전은 험악해졌다. 이현상은 끝내 술상까지 뒤집어엎어버렸고 양측은 강동정치학원에서 훈련용 총까지 들고 나와 서로를 위협할 정도가 되었다고 한다.

어디까지가 진실인지는 알 수 없으나, 소련 군정까지 개입해 "진상을 조사한 후 엄벌하라."는 엄령을 내렸고 김삼룡과 이현상은 소련 유학을 취소당한 채 서울로 돌려보내졌다는 게 소련파들의 후일담이다.

김삼룡이 문제의 술자리에서 어떤 발언을 했는가에 대한 증언은 없다. 오히려 그는 남로당을 북로당에 흡수시키기 위한 비밀 합동회의에서 박헌영을 비판함으로써 김일성에 의해 남로당 총책으로 임명된다.

귀경한 이현상의 직급이 무엇이었는가는 뚜렷치 않다. 간부부장직에서 해임되었다는 말이 있지만, 중앙당 핵심들의 논의 구조에서 빠진 적이 없는 건 확실하다.

서울 거리에서 우연히 옛 친구에게 목격된 적도 있던 그가 돌연 지리산 아래 순천읍에 나타난 것은 1948년 10월 22일이었다. 여수 제14연대 사병들이 반란을 일으킨 지 사흘째 되던 날이었다.

어떤 이는 이현상이 50여 명의 유격대를 이끌고 북한에서 배를 타고 내려와 전북 고창을 통해 지리산에 들어갔을 것이라고 추측하기도 한다. 고창 앞바다가 강동정치학원에서 훈련한 빨치산들을 지리산으로 들여보내던 해안 루트의 한 곳이었다는 기록에서 나온 이야기인 듯하다.

하지만 여러 상황으로 보아, 서울의 지하남로당 지도부 회의에서 무장봉기의 수습 책임을 맡아 긴급 남하했을 가망성이 높다. 전라도 쪽으로는 철도와 도로가 봉쇄되었기 때문에 경계가 약한 경상도를 거쳐 순천에 들어갔다는 구체적 증언까지 있다.

지하에서 비밀활동을 하던 남로당 계열은 거의 기록을 남기지 않았기 때문에 이현상에 대한 다른 많은 이야기들도 믿기 어려운 게 많다. 이현상이 흰 도포를 입고 흰 수염을 기른 채 경찰과의 협상장에 나왔다는 식의 증언들이다.

북한이나 남한의 정부 기록을 완전히 신뢰할 수도 없다. 소련과 마찬가지로 북한은 혁명에 필요하다면 언제든지 공식적인 회의록이나 재판기록은 물론이요 사진까지도 조작하는 나라다. 남한 역시 반공을 위해서라면 허위 기록과 허위 보도를 당연시한다. 지리산에서 한 해에 10만여 명의 빨치산을 사살했다는 당시 국방부의 발표 같은 사례가 널렸다.

제주도와 여수에서 일어난 무장 봉기에 대해서도 남한 정부는 남로당의 공식적 지시에 의해 일어난 것으로 기록하는데, 이 역시 사실과 달랐다. 좌익들 사이에 '제주인민항쟁의 영웅'으로 찬양되던 김달삼이 처음 평양에 왔을 때, 한편으로는 환영을 하면서도 다른 한편으로는 충분한 준비도 없이 당의 명령도 없이 극좌모험주의적 봉기를 일으켰다고 비판한다. 「노동신문」에도 공식적으로 게재된 비판이다.

남로당이나 북한이 무장 봉기를 준비하지 않았던 것은 아니었다. 박헌영은 일찍이 동학혁명이 서울에서 너무 먼 곳에서 시작되어 실패했다는 등의 내용을 담은 봉기 지침서를 쓴 적이 있으며 이현상 역시 일제 때부터 무장 봉기에 관심이 높았던 흔적이 있다.

그러나 제주와 여수의 두 무장 봉기는 사전에 계획되거나 명령받은 바 없는 자생적 사건임은 분명했다. 반년 후 터진 여수 봉기 소식을 들은 서울의 남로당 지하지도부도 명령 없이 일어난 자생적 무장투쟁을 어떻게 수습해야 할지 황망해했다는 증언이 있다.

이승만 정권은 대한민국 출범과 함께 군대 내 좌익들을 제거하기 위한 대대적 군부 숙정에 들어갔으며 그 대상자가 7,000명이나 되었다. 여수 14연대 봉기도 제주도 출병뿐 아니라 다가오는 군부 숙정의 위협에 맞서 우발적으로 터뜨렸다는 설이 유력하다.

물론 이런 정황이 남로당이 평화노선을 가지고 있었다는 근거가 되지는 못한다. 반란에 책임이 없다는 뜻도 아니다. 먼 지방에서 우발적으로 봉기를 일으킨 것을 비판한 이면에는 준비된 전면전을 해야 한다는 뜻이 담겨 있었고, 그 전쟁은 실제로 준비되고 있었기 때문이다.

여수 봉기로 인해 남부 일대가 내란 상태에 빠지면서 김일성과 박헌영은 전면전을 서두른다. 두 사람이 수차례 소련과 중국을 방문해 원조를 요청했다는 우익의 주장이 사실이었음은 소련공산당이 무너진 후 속속들이 드러나게 된다.

한국전쟁의 도화선이 된 여수 봉기의 현장에 도착한 이현상은 어떤 심정이었을까?

"당적 죄악이며 당적 과오다."

저녁 무렵, 순천에 도착한 이현상은 탄식했다고 한다. 상부의 명령도 없이 봉기를 일으켰을 뿐 아니라, 순천에서 800명의 경찰과 우익 인사들을 인민재판조차 없이 학살한 것을 두고 한 말이었다. 시체들이 무더기로 널린 순천 거리는 곳곳에 화염이 치솟고 있었다.

명령 없는 봉기라고 해서 국군의 손에 모두를 죽게 할 수는 없었다. 경륜으로나 당 서열상으로나 가장 높았던 이현상은 그날 저녁으로 봉기군 지도자로 추대되어 5년 간의 산중 생활을 시작한다.

이날 이현상과 함께 지리산에 들어가 빨치산이 된 군인은 800여 명으로 알려졌다. 경찰의 박해와 우익청년단의 테러를 피해 지리산을 비롯한 남부 지역 여러 산중에 숨어 있던 수많은 남로당 간부들과 가족도 합류했다. 전쟁의 서곡이었다.

휴화산이 되다

이후 5년에 이르는 이현상의 빨치산 투쟁을 나열하기에는 지면이 좁다. 800명으로 시작한 무장대는 2년 후 전쟁이 터질 때는 70여 명으로 줄어들었다가 철원에서 이승엽으로부터 다시 800여 명을 지원받아 남부군이라는 이름으로 내려와 남부 산악지대를 휩쓴다.

한국전쟁이 터진 후 늘어난 빨치산의 숫자는 최대 2만으로 추산된다. 미군의 인천상륙작전으로 후퇴 명령을 받고 패퇴하던 인민군이며 보복을 피해 입산한 지역 좌익들이 산중에 갇혀 빨치산으로 변한 것이다. 이들은 각 지역의 도당에 소속되어 있었다.

이현상의 남부군 직할부대는 이들 도당 유격대와 수차례 대규모 합동 작전을 벌인다. 이승만 정부는 겨울마다 중부전선에서 교전 중인 병력을 빼내어 대토벌작전을 벌여야 했다.

백선엽 등 일제 치하 만주군 장교였던 친일파 장군들이 지휘하는 국군 4만 병력은 미군으로부터 비행기에서 야포까지 무한정한 무기를 공급받고 있었다. 유격대는 영하 20도를 오르내리는 산중에서 비참하게 소멸해 갔다.

이현상이 전사한 것은 종전 직후인 1953년 9월 17일 밤 8시쯤으로 알려졌다. 죽기 전 이현상은 북에서 벌어진 박헌영 숙청의 여파로 모든 직책이 박탈되고 호위병은 물론 무기까지 회수당한 채 각 유격대를 돌며 자아비판을 했다는 증언이 있다.

휴전협정이 막바지에 이르면서 남한 측은 지리산 빨치산들을 북송하겠다고 제안했으나 북한은 그들의 존재 자체를 부인하며 거절했고, 대신 빨치산들에게 산에서 내려가 도시에 침투하라는 지시를 내린다.

불과 수백 명밖에 남지 않은 데다 군경에 의해 신원이 모두 파악되어 있던 잔존 빨치산들에게 남한 사회로 내려가라는 것은 죽으라는 말과 다름없었다. 이현상은 산중에서 자신의 아이를 가진 간호요원 하수복을 먼저 진주로 하산시킨 뒤 자신도 이를 따르려고 화계골로 내려오다가 죽었다고 한다.

최종적인 죽음의 순간에 대해서는 여러 가지 추측과 주장들이 난무하지만 국군 토벌대에 의해 사살되었을 가망성이 가장 높다.

남한의 공식적인 기록에는 차일혁이 지휘하는 전투경찰대가 그를 사살했다고 되어 있다. 그러나 차일혁은 훗날의 수기에서 자기 대원들은 이현상을 죽인 적이 없으며 다만 시신을 수습했을 뿐이라고 고백한다. 그는 이현상이 북한의 지령에 의해 암살당했으리라 생각한다.

지하남로당의 붕괴까지 함께했던 박갑동은 월북 후 평양에서 만난 이

평양 신미리 애국열사릉의 이현상 묘.

현상 부대의 정치참모이자 자신의 친척 동생인 조복애로부터 "빨치산에서 두 번째로 높은 사람에게 이현상을 죽이라는 무전 명령이 내려왔었다."는 말을 들었다고 증언한다.

조복애는 이현상을 가장 가까이 수행한 여성 간부로, 무사히 하산해 월북했기 때문에 경찰은 그 존재도 잘 몰랐다. 물론 박갑동도 그녀가 빨치산 활동을 했다는 사실조차 모르고 있었다. 이런 정황으로 보아 평양에서 조복애를 만났다는 것은 사실일 개연성이 높다.

차일혁과 조복애의 말은 그러나 별 의미를 갖지 않는다. 남로당 지도부 중에서도 조선공산당 출신들, 더 좁히자면 경성콤그룹 출신이 거의 모두 살해되거나 숙청되어버린 북한에서 이현상 하나를 더 죽였는가, 아닌가 따지는 것은 무의미하다.

더구나 북한은 죽은 이현상을 극진히 우대한다. 모든 직책과 무기까지 빼앗았던 북한은 죽은 이현상을 최고의 영웅으로 만들었다. 평양 외곽 신미리에 조성된 애국열사릉에 제1호로 묻힌 이가 바로 이현상이다. 물론 가묘인데 1972년에는 전쟁 때 월북해 사망한 부인 최문기를 합장한다. 평양 시내에 있는 혁명열사박물관에는 이현상 사진이 걸려 있고, 조

막내딸 이상진 등 이현상의 네 자녀와 그 후손과 지리산 빨치산 기념탑.

국해방기념탑 가운데는 '척후인민유격대원들의 투쟁' 편에 이현상과 지리산 유격대원들 모습을 담은 조각이 있다.

이현상의 월북한 네 자녀들은 나름대로 좋은 대우를 받았다. 막내딸 이상진은 일등서기관으로서 2006년 6월 김대중 대통령이 방북했을 때 평양 만수대의사당을 안내한다.

지리산 시절 산에서 부부가 된 의무대원 하수복과의 사이에서 난 아들은 진주에서 교사로 평범하게 살다 근래에 은퇴했다. 아들은 조심스레 언론에 모습을 드러낸 적도 있지만 하수복은 일체 세상과 담을 쌓고 살았다.

간첩이니 빨치산조차도 영화나 관광 상품으로 만들어 상업화시킬 정도로 여유가 생긴 남한은 지리산 의신마을 근처에 있던 이현상의 마지막 비밀 아지트 자리와 주검이 발견된 계곡 옆에 그림까지 들어간 입간판을 세워 관광객을 끌어들였다.

하동군청에서 세웠다는 이 입간판은 그러나 최근 철거되어 사라지고 나무 기둥만 뒹굴고 있다. 좌파들의 성지순례지가 되어버리자 우익단체에서 파괴한 것인지, 우파 정권이 집권하면서 공무원들이 알아서 처리해버린 것인지 누구도 대답해주는 사람이 없다.

이현상은 상품화되어서는 안 될 인물이다. 사망 당시 이현상의 나이는 48살, 장장 14년의 감옥살이와 5년 간의 산중생활을 제하면, 나머지 시간도 대부분 수배 상태의 지하 생활이었음을 생각하면, 그를 상업화하는 것은 모욕이다.

생애 모든 시간을 침략자 일본에 맞서, 또 새로운 침략자로 들어왔던 미국에 맞서 싸우는 데 바친 이현상의 가치는 보다 오랜 시간이 지난 후 제대로 빛을 보게 될 것이다.

빨치산 남부군의 기관지 「승리의 길」 1951년 5월 5일자에는 사령관 이현상에게 보내는 편지 두 편이 실리는데, 그중 '정 동지'란 인물이 보낸 편지다. '총사령관 동지에게 드리는 편지'라는 제목이다.

선생님. 그동안 안녕하십니까? 정치부 사령 동무를 비롯한 여러 간부 동무들도 모두 안녕하신지요? 어린 우리들을 파견하시고 얼마나 걱정하셨습니까? 우리들은 선생님의 명령과 늘상 하시는 말씀을 받들고 지휘관 동무 주위에 뭉쳐 잘 싸웠기 때문에 빛나는 승리를 쟁취하고 당당히 개선하였습니다.

선생님. 나는 어떤 순간보다 파견 투쟁을 통하여 여러 가지 교훈을 얻었습니다. 즉 끼니를 굶고 상처를…… 이러한 곤란을 타개하여 주시는 지휘관 동무들에 대한 신심이 더욱 굳어졌으며 이 지휘관 동무들이 모두 선생님이 이끄시던 지리산 유격대에서 선생님의 지시와 가르치심을 받던 동무들임을 생각할 때 선생님의 훌륭하신 명령 지시에 대한 더욱 굳은 신념과 선생님이 우리에게 계시는 한 어떤 대적과 곤란에 부딪쳐도 문제없다는 신심이 더욱 굳어졌습니다.

남부군 신문이든 경남 빨치산 신문이든 거의 모든 1면 첫 기사는 '위대한 김일성 장군'으로 시작된다. 종교야말로 전쟁의 신이다. 역사상 가장 길고 참혹한 전투의 대부분이 종교의 이름으로 치러졌다. 지리산 빨치산을 포함한 당대 사회주의자들은 김일성을 신처럼 떠받들어야 했다. 하지만 이현상은 신도 사도도 아닌, 친근하고 따뜻한 '선생님'이었다. 그의 죽음이 더 슬픈 이유다.

· **9** ·

북으로 간 '조선의 로자'

이순금

광고판과 물장수

"별명이 광고판이었어요. 얼굴이 넙데데하다고 해서요. 성적도 중간이
고 재능도 평범했지만 인정 많고 활기찬 아이였어요."

1930년 전후의 경성 한복판, 지금은 조계사가 된 태고사 옆의 동덕여
고보는 일제하 여성 공산주의자들의 산실이었다. 봉건왕조의 주인은 쫓
겨나고 일본인들의 놀이공원이 되어버린 궁궐이 내려다보이는 2층 목조
건물에서는 박진홍, 이순금, 이종희, 이효정, 이경선, 박선숙, 김재선, 임
순득 등 훗날 조선공산당의 고위 간부가 될 쟁쟁한 여성운동가들이 줄줄
이 탄생했다.

그중에서도 이순금(1912~?)은 해방 직후 재결성된 조선공산당 서열 12
위, 여성으로서는 가장 높은 직위를 차지한 인물이다. 하지만 여고 시절
까지는 감성이 풍부한, 평범한 여자아이였다. 2012년 99살을 일기로 사
망한 독립운동가 이효정의 증언이다.

이순금의 동덕여고 졸업 앨범 사진. 얼굴이 넓어 '광고
판'이라는 별명으로 불렸다.

어느 날은 순금이가 손뼉을 치며 교실에 뛰어 들어와 호들갑스럽게 떠
드는 거예요. 학교의 처녀 선생님과 총각 선생님이 연애를 한다는 거예
요. 무슨 말인가 했더니 두 분이 한 책상에서 도시락을 먹고 있다는 거예
요. 글쎄 그걸 연애라고…….

성격이 활달하고 인심을 잘 써서 누구와도 쉽게 친해지던 그녀는 눈물
도 많았다. 이효정의 증언은 이어진다.

또 어느 날 수업 중인데 순금이 엄마가 죽었다는 연락이 오니까 순금이
가 목놓아 우는 거예요. 엄마, 엄마, 하고 어찌나 크고 슬프게 소리쳐 우
는지 선생님들도 말리지도 못하고 모두들 입을 다물고 안타까워했지요.

학교 수는 적은데 교육열은 언제나 높았다. 오늘의 초등학교인 보통학
교에 들어가려고 몇 년씩 재수하는 이들도 있었다. 중학교와 고등학교를
합쳐 4년제나 5년제로 운영하던 고등고보는 더욱 경쟁이 치열했다. 학생
수는 얼마 안 되지만 그중에서 1, 2등을 하기는 쉽지 않았다.

동덕여고에서 전교 1등을 단연 도맡은 학생은 박진홍이었다. 역시 공부를 잘하던 이효정은 박진홍과 단짝이 되어 거의 매일처럼 이순금의 집에 놀러갔다. 그 집은 이순금의 오빠이자 동덕여고 역사 선생이던 이관술의 집이기도 했다.

> 순금이 집에 가면 사시사철 늘 과일이 있었어요. 일본에서 가져온 귀한 귤도 있었고 바나나도 먹을 수 있었지요. 이관술 선생은 재미있는 분이어서 귤을 껍질도 까지 않고 베어 먹었어요. 우리가 왜 그렇게 드시냐고 물으면 무산자는 원래 이렇게 먹는 거라고 하셨어요. 우리들은 깔깔 웃으면서 놀렸죠. 선생님은 겉만 무산자고 속은 부르주아라고요.

서민들은 구경도 하기 어려운 비싼 과일을 먹으면서도 무산계급이 되고자 했던 이 순박한 오누이의 집이야말로 동덕여고보를 여성 공산주의자의 산실로 만들어준 곳이었다. 이현상, 김무정 등 수많은 '조선의 레닌'을 배출한 중앙고보와 함께, 동덕여고는 여러 '조선의 로자 룩셈부르크'를 탄생시킨 곳이요, 이관술, 이순금 오누이가 살던 종로구 익선동 역시 그 산실의 하나였다.

결혼지참금 2,000원

이관술과 이순금은 어머니가 달랐다. 아버지 이종락은 울산군 범서면 입암리의 유서 깊은 양반 가문의 장자였으나 큰 부자는 아니었다. 일찍 결혼한 첫 아내가 이관술을 낳고 죽자 재혼해 두 자녀를 두었는데 다시 주막집 주모에게 마음을 빼앗겨 낳은 게 이순금이었다.

술집 주모의 이름은 김남이로, 이종락을 만나기 전에 이미 딸 하나를 가진 과부였다. 울산과 언양 사이에 뚫린 신작로변에서 주막을 하던 그녀는 막걸리용 누룩을 만들어 보급하던 이종락을 만나 사랑에 빠진다. 장사 수완이 좋았던 그녀는 언양읍으로 진출해 고급 요리점을 하면서 큰 돈을 벌어들인다. 그러나 이순금이 동덕여고에 다닐 때 병으로 일찍 죽어 재산은 모두 이종락에게 넘어갔다가 장자인 이관술에게 상속된다.

김남이에 대한 이종락의 애정도 무척 깊었던 듯, 서울에서 사망한 그녀를 울산까지 운구해 따로 묘를 만들어주고 '김남이지묘'라는 글자를 새긴 비석까지 세워주었다. 여성들은 족보에도 이름을 남기지 못하던 시절에 당당히 이름을 새긴 비석을 세워준 것은 이례적이다.

김남이는 죽기 전에 딸 이순금의 결혼 지참금으로 2,000원을 남겨주었다. 일제 후반기가 되면 자산을 축적한 대지주들이 서울의 집들을 대거 매입해 집값이 1만 원까지 폭등하지만, 아직은 인사동에 쓸 만한 기와집을 살 수 있는 큰돈이었다. 보통 여자들은 10대 후반이면 결혼하던 시절이기도 했다.

돈은 고향의 아버지 이종락이 보관하고 있었던 듯하다. 공산주의자가 된 야무진 이 처녀들은 그 돈을 타내어 운동 자금으로 쓰려고 마음먹는다. 유인물도 만들고 지하운동가의 생활비도 지원하기 위함이었다.

이순금의 결혼을 추진한 이는 박진홍이었다. 그러나 이순금의 결혼은 잘 추진되지 않았다. 당대 여성운동가들은 남녀평등이란 단어 대신 여남평등이란 말을 썼다. 여남평등의 공산주의자가 된 이순금의 눈에 차는 남자가 쉽게 나타날 리 없었다. 남자들로서도 지참금을 타내기 위해 위장결혼하자는 제안이 썩 마음에 들지는 않았을까? 몇 사람을 소개해도 성사가 되지 않은 채 이순금은 그만 감옥에 들어가고 만다.

명백히 유부남이던 김삼룡의 부인이었다는 오해를 받은 점으로 보아, 이순금은 해방되기까지도 결혼하지 못한 듯하다. 다만 짧았던 연애의 기록이 남아 있다. 이재유와의 동거였다.

아지트키퍼

1935년, 정치범들로 가득 찬 서대문형무소의 여사에 진풍경이 벌어졌다. 자그마한 키에 배가 불룩 나온 20대 초반의 임산부와 비슷한 나이의 처녀가 언성을 높여 말다툼을 벌이는 광경이었다.

"니가 우예 내한테 그럴 수가 있나? 니가 우예 날 배신할 수 있나 말이다."

경상도 사투리로 비난을 퍼붓는 처녀는 이순금이었다. 임신한 처녀도 지지 않았다. 거친 함경도 사투리로 맞싸웠다.

"내가 그 사람하고 니가 그런 사이인 줄 어떻게 알았나?"

박진홍이었다. 죽을 때까지 함께 독립운동을 하기로 약조했던 여고 동창들 사이에 도대체 무슨 일이 있었던 것일까?

1930년대 초반 경성의 인구는 채 30만이 되지 않았다. 일제는 골목마다 책임자를 두어 젊은 남자가 혼자 살거나 밤중에 여럿이 모이면 바로 밀고하게 했다. 공산주의자들뿐 아니라 민족주의 독립운동가들도 수배망을 벗어나기 위해 남녀가 짝을 지어 위장 부부로 동거하는 일이 있었다. 이때 남성을 지켜주는 여성들을 '아지트키퍼'라고 불렀다.

박진홍의 뱃속에 든 아이는 이재유의 핏줄이었다. 이재유는 경성트로이카를 결성해 8개 공장의 동맹파업과 6개 학교의 동맹휴학을 주도하다 수배되자 아지트키퍼를 구하는데 첫 상대가 이순금이었다. 그러나 이순금은 3주일 만에 체포되고 다시 얻은 아지트키퍼가 박진홍으로, 두 사람은 5개월 간 동거하던 끝에 아이까지 생긴 것이다.

이순금은 이재유를 퍽 좋아했던 듯, 박진홍이 그의 아이를 가진 채 감옥에 들어오자 질투를 못 이겨 언쟁을 벌인 것이다. 박진홍으로서는 이전 아지트키퍼가 이순금이었다는 사실을 알 수 없었으니 억울한 일이었다. 당대의 두 여걸의 말싸움은 간수들까지 지켜보는 가운데 며칠이나 계속되었고, 감옥 밖으로도 퍼져 신문에 기사화되기까지 했다. 그러나 두 사람은 곧 화해하여 죽을 때까지 우정을 유지한다.

아지트키퍼는 오늘의 시각으로 보면 여성의 인권을 짓밟는 야만적인 행위가 될 수 있지만, 엄혹한 식민지 시대 운동가들에게는 성적인 문제가 아니라 생명이 걸린 문제였다. 서로 신뢰하는 청춘남녀가 한 방에서 자다보면 연애관계로 발전하는 것도 자연스러운 일이었다. 더욱이 이순금과 박진홍은 아지트키퍼를 자처한 경우였다.

이순금이 석방된 것은 2년여 만인 1937년 7월 15일, 장마가 한창일 때였다. 석방된 그녀를 제일 먼저 찾아온 이는 박진홍이었다. 먼저 석방된 박진홍은 이관술과 함께 활동하고 있었다. 이재유가 체포된 후 이관술이 혼자 전국을 누비며 공산당 재건을 도모하고 있을 때였다. 형무소 안에서 박진홍의 임신을 두고 다퉜던 일은 진작에 잊고 두 사람은 공산당 재건에 다시 나설 것을 합의한다.

이틀 후인 7월 17일, 이순금은 박진홍이 전해준 대로 오빠 이관술을 만나기 위해 여의도에 들어간다. 몇 해 만의 만남에 잔뜩 들떠 초조해하던 이순금 앞에 나타난 것은 삼베로 만든 고의적삼을 입고 삽을 멘 허름한 농부였다. 헤어질 때만 해도 도시인 복장으로 활동했기 때문에 이관술이 그런 모습으로 나타나리라고는 생각도 못했던 이순금은 그가 바로 앞에 와서야 오빠임을 알아채고 반가움에 왈칵, 눈물부터 쏟아졌다. 그러나 이관술은 간단한 안부 말 한마디만 하고는 곧바로 조직 재건에 대해 논의를 시작한다. 해방 후에 이순금은 그런 그의 모습에서 오히려 위대한 혁명가의 면모를 느끼고 이런 혁명가를 오빠요 동지로 가졌다는 데 무한히 감격했다고 술회했다.

오누이는 이날 폭우가 쏟아지는 바람에 체포되는데 이관술은 탈출해 대구로 달아나고, 이순금은 또다시 혹독한 고문을 당하게 된다. 자연스럽게 중간 연락을 맡았던 박진홍의 존재가 드러나고 말았다. 이순금과 박진홍의 체포 소식은 '여의도 사건'이라 명명되어 신문을 통해 널리 알려졌다. 사회주의 성향의 기자들이 거의 다 해고되고 황색 언론으로 변질되고 있던 「동아일보」와 「조선일보」는 두 사람의 관계에 대해서도 '연적이자 동지'라는 따위의 선정적인 소제목을 뽑아 요란하게 보도한다.

다행히 한두 달 만에 석방된 두 사람은 그러나 또다시 당 재건에 나섰다가 검거되어 나란히 장기간 옥살이에 들어간다. '감옥을 제집처럼 드나든다'는 말이 있는데, 여성 중에는 단연 이순금과 박진홍에게 어울리는 말이었다.

중원의 결의

1939년 1월 초 수원의 화성 화홍문. 일제의 마지막 발악만큼이나 혹독한 추위가 몰아치는 오후, 부부처럼 보이기도 하고 오누이처럼 보이기도 하는 젊은 남녀가 수려선 기차에 올랐다.

여주, 이천평야의 기름진 쌀을 공출하기 위해 부설된 이 협궤열차가 운행을 시작한 것은 2년 전이었다. 앞쪽은 화물열차들이었고 맨 뒤의 한 칸에만 사람이 탈 수 있었는데 짐을 많이 싣고 언덕을 오를 때면 소형 증기기관차의 힘이 부족해 남자들은 모두 내려 열차를 밀기도 했다.

화홍문 역에서 열차에 오른 두 사람은 이관술, 이순금 오누이였다. 여의도에서 무사히 빠져나와 대구에서 조직 활동을 하던 이관술이 이순금의 석방 소식을 듣고 올라와 연락을 취한 것이다. 같은 여의도 사건으로 체포되었던 박진홍은 아직 감옥에 있었다.

이관술 오누이가 수려선을 탄 것은 충주의 김삼룡을 만나러 가기 위함이었다. 경성트로이카 사건으로 4년 감옥살이를 마친 김삼룡이 고향 충주군 엄정면에 내려가 있을 때였다.

눈 쌓인 들판을 달린 협궤열차는 여주에서 두 사람을 내려준다. 여주

경성 외곽의 비참한 토막집들.

에서 엄정까지는 다시 백 리 길, 여름이면 남한강을 따라 배를 타고 갈 수도 있겠지만 강물은 꽁꽁 얼어붙고 신작로도 눈에 덮여 분간하기도 힘든 혹한이었다. 두 사람이 중원의 작고 아늑한 분지마을 엄정에 도착했을 때는 아마도 한밤중이었을 것이다.

엄정은 넓지 않은 들판 가운데 개천을 두고 사방으로 병풍처럼 산맥을 등진 고요한 농촌이었다. 특이하게 김삼룡은 첫 번째 감옥살이를 하고 난 후 이곳 엄정에 내려가 있다가 이재유의 연락을 받고서야 올라와 경성트로이카에 참가하더니 두 번째 옥살이를 마치고도 바로 엄정에 내려가 있었다. 쉬러 간 것만은 아니었음은 훗날 엄정면에서만 보도연맹으로 700여 명이 학살당하고, 인민군 치하에서 인민위원장을 맡은 이가 김삼룡의 친형 김쌍룡이었다는 사실에서 증명된다.

김삼룡은 눈길을 헤치고 멀리서 찾아온 두 사람을 극진히 맞이하고 노동운동을 통해 조선공산당을 재건하자는 이관술의 제안에 흔쾌히 동의한다. 경성콤그룹의 태동이었다.

이순금은 인천에 방을 얻어 노동운동을 하는데 1939년 12월 박헌영이 내려오자 최측근으로 보좌했다. 잠시 인천의 이순금 집에 머물던 박헌영은 청주 무심천변의 아지트로 옮겨 40일 간 요양한 후 본격적으로 조직운동을 시작한다.

청주에서부터 서울까지 1년여 간 박헌영의 아지트키퍼를 했던 정순년을 돌본 것도 이순금이다. 정순년은 청주에서 처음으로 이순금을 만난 기억을 회고한다. 1997년의 증언이다.

청주 큰 개울 옆의 아담한 집으로 갔는데, 방이 두 칸에다 부엌이 하나, 옆에 우물이 있고 건너편 대문 오른쪽 담 옆에 측간이 있는, 개울을 등진 그런 집이었지. 작은 헛간이 변소하고 같이 붙어 있었어. 당숙과 그 여자분이 나에게 하는 말이 며칠 있으면 이정 선생님이 오시는데, 그분은 세상에서 참으로 소중하고 훌륭한 선생이기 때문에 부모처럼 소중히 모셔야 한다고 수없이 많이 말을 해줬지. 참으로 우스운 게, 며칠 후에 머리는 밤송이처럼 새까맣고 손질을 말끔하게 한 덜 자란 머리를 하고, 키는 나보다 크지 않은 사람이 어떤 얼굴 넓은 남자하고 청주로 오셨지.

여기서 당숙이란 정태식이요, 그 여자분은 이순금, 얼굴 넓은 남자란 김삼룡이다. 밤송이 같은 머리칼의 조그마한 남자는 박헌영이었다. 정순년이 만삭이 되자 예산군에 살던 박헌영의 어머니에게 연락해 출산과 산후조리를 하게 한 이도 이순금이었다.

동대문 밖의 대규모 제사공장이던 종연방직 노동자로, 경성트로이카에 가담해 파업을 주동했던 이병희는 이런 증언을 남긴다.

해방되기 전에 이재유가 옥에서 죽었잖아? 고문후유증으로. 이재유가 죽자 이순금이 공주까지 가서 시체를 인수했다는 말을 들었어. 어디 묻었는가는 알 수 없지.

이순금의 첫사랑이었던 이재유는 너무나 끔찍한 고문을 당해, 앉았다가 일어선 마룻장이 핏물로 흥건했다고 한다. 아마도 청주감호소 근방 공동묘지에 묻혔을 것이다.

월북, 그 후……

해방 후 이순금의 이름은 곳곳에서 발견된다. 조선공산당 서열 12위인 그녀는 이주하와 나란히 서기국원을 맡는 한편, 인민공화국 중앙위원으로서 노동부장을 맡았다. 여성 공산주의자들 중에 단연 최고위직이라 할 수 있었다.

1945년 12월에는 서울 안국동 풍문여고에서 열린 전국부녀총동맹 회의에 열렬한 환영을 받고 등장해 조선공산당 간부 자격으로 국내 정치 정세를 보고했다. 대회에 앞서 주최측은 '조선의 해방을 위해 모든 정력을 다 바치고 일본의 탄압에도 굴하지 않고 국내에서 용감히 싸운 이순금, 허정숙 등 동지들에게 대회 이름으로 환영과 감사의 박수를 보내자'는 결의문을 채택한다.

이순금은 국내 정세를 보고한 후 "여성해방의 길은 오직 인민공화국을 사수하는 데 있다."고 외쳐 박수갈채를 받았다.

그런데 사흘 간 계속된 대회가 끝날 때 총평을 맡았을 때는 극좌적인 분위기를 우려한다.

> 3일 간의 모임은 많은 성과를 거두었고 특히 옳은 노선을 명백히 한 것은 의미가 깊었습니다. 그러나 회의 분위기가 너무 극좌로 흐른 것은 앞으로 극복되어야 할 문제라고 봅니다.

해방 직후 아직 반공이니 친공이니 하는 개념이 확고해지기 전, 고향에 내려간 공산주의 항일운동가들은 민중은 물론, 동네 유지며 심지어

1950년 6월 28일 서울로 밀고 들어오는 인민군. 이순금도 함께 왔다는 증언이 있다.

친일파들까지 앞 다투어 찾아와 읍소를 한다.

이관술도 고향 울산을 방문해 대대적인 환영을 받는데 젊은 공산주의
자들을 만난 자리에서 극좌적인 구호나 외치는 좌익 소아병적인 행동으
로 민심을 이반시키지 말라고 말한다. 울산의 항일운동가로 오랜 시간
감옥살이를 했던 김효식의 증언이다. 이순금이 이 고향 방문에 동행했을
가능성이 높으므로 참고해보자.

이관술이 울산에 온다는 소식이 알려지자 친인척이며 동네 사람들이 모
여들어 환영 잔치를 열었습니다. 울산 지역 공산당 관계자들도 줄줄이
그의 집을 방문합니다. 울산군 인민위원장 고원우, 이관술의 중동고교
동창으로 울산군책을 맡은 유종열, 나중에 울산군 남로당 책임자가 되는
강철, 일제 말 병보석된 이관술을 돌봤던 의사 안효식 등이 모였을 때 이
관술은 지나치게 좌익적인 구호나 민족주의자들에 대한 적대적인 행동

으로 민심을 이반시키면 안 된다고 강조했습니다.

일제 치하 누구보다도 맹렬히 투쟁했던 이관술 오누이가 이런 호소를 할 수 밖에 없었던 것은 오랫동안 투쟁해온 경험 많은 공산주의자들과 달리 공산주의 이론을 갓 배운 젊은이들의 폭력적인 언어와 거친 행동이 민심을 이반시키고 있었기 때문이었다.

서울 거리는 물론 지방 도시마다 밤이면 좌익 청년들이 떼로 몰려다니며 돌을 던져 부잣집 유리창을 깨는 일이 벌어지고 있었다. 민족주의자들이 보다 적극적으로 싸우지 않은 것은 아니지만 최소한의 양심을 지키려 애쓰던 이들도 많은데 단지 부자라는 이유로 혐오하고 공격해 스스로 우군을 밀어내는 역할을 하고 있었다.

그러나 몇 십 년 동안 억눌렸던 민중의 감정은 이성적으로 통제하기 어려웠다. 공산당과 남로당은 총파업 같은 전통적인 방식으로 체계적인 투쟁과 조직화를 지시했으나 실제로 일어난 것은 대구 10월항쟁, 제주 4·3항쟁, 여순 항쟁 같은, 사전에 계획되지 않았던 자생적인 무장 폭동이었다. 그 후폭풍은 엄청났고, 그리고 모든 책임은 고스란히 남로당에 떠넘겨졌다.

이순금이 언제 월북했는지는 확실치 않다. 박헌영이 월북한 1946년 9월에 함께 올라갔으리라 추측될 뿐이다. 그녀는 조선공산당 출신들에 대한 대숙청도 무사히 넘긴다. 대신 가혹한 조건이었다. 부부 사이라 오해받을 정도로 절친했던 박헌영을 미제의 간첩이라고 비판해야만 했다. 그러나 북에서 발행한 재판 기록에 이순금의 고발 내용은 없다.

평범했기에 더 오래 살아남았는지도 모른다. 북한인명사전에 따르면 이순금이란 이름의 여성이 최고인민위원으로서 1989년 평양을 방문한 예멘 대사를 영접했다고 나온다. 팔순을 바라보는 고령이었음에도 그때까지는 살아 고위직을 하고 있던 것일까?

이순금. 박진홍과 동창이었던 독립운동가 이효정의 동덕여
고 시절 모습.

　남한에 생존한 이관술의 막내딸 이경환이 고모가 되는 이순금과의 이
산가족 상봉 신청을 했으나 아무 응답이 없던 걸로 보아 동명이인일 가
능성도 없지는 않다. 어떤 경우든 100살이 넘은 지금까지 살아 있을 가
능성은 없어 보인다. 누구와 결혼했는지, 자손은 있었는지도 물론 알 수
없다.

　생애 마지막까지도 맑은 정신을 놓지 않았던 여고동창 이효정은 기회
가 있을 때마다 "순금이와 진홍이를 보고 싶다."고 했다. 동덕여고보 시
절이야말로 이효정의 생애에 가장 빛나는 4년이었던 것이다. 이순금과
박진홍을 비롯한 동덕 출신 여성운동가 모두에게도 마찬가지였을 것이
다. 이효정은 증언한다.

　　그땐 왜 그렇게 웃음이 많았는지 몰라요. 잘생긴 남학생만 지나가도 까
　르르 웃고, 낙엽만 떨어져도 까르르 웃어댔어요. 어느 날은 이관술 선생
　님이 양복바지 뒤에 고춧가루 하나가 묻은 것도 모르고 수업을 하시는
　거예요. 우리들이 까르르거리자 선생님은 무슨 일인지 몰라 거울을 쳐
　다보고 어리둥절해하시는 거예요. 우리는 더 난리가 나서 웃어댔지요.

선생님은 그제야 고춧가루 묻은 것을 발견하시고는 점심시간에 먹으려고 붙여왔다고 하시잖아요? 우리는 숨이 넘어가게 웃어댔지요. 매일매일 배가 아파서 웃지도 못할 만큼 웃어댔어요. 정말로 행복한 시절이었지요.

자본주의는 아직 제대로 시작도 안 했는데 공산주의자가 되어야 했던 그 시대 청춘들의 운명이 아스라하다.

중공이 사랑한
조선 최고의 무장

김무정

연변의 신화

조선족이라 불리는 중국 교포들 사이에 지금도 널리 회자되고 있는 '무정 장군'에 대한 일화이다.

한국전쟁 때 중국 지원군을 이끌고 압록강을 건너 신의주역에 도착한 무정 장군은 역장실에 들이닥쳐 전화기를 들고 교환수에게 말했다.
"나 무정인데 김일성을 찾아주십시오."
중국군은 계급장이 없어 그가 누구인지 알 수 없던 역장이 대들었다.
"당신이 누구인데 우리 수령님의 명함을 함부로 부르는 거요?"
전화 교환수도 너무 뜻밖이라 말을 못하는데 무정이 재촉하자 어쩔 수 없이 김일성에게 연결한다.
"예, 제가 김일성입니다. 누구신지요?"
무정은 대뜸 호탕하게 소리친다.

"야! 일성아! 나다. 내 무정이다. 너 조선에 국가주석이 됐다면서? 잘됐네. 부럽다야. 난 지금 압록강 건너서 금방 신의주역에 도착했다. 너를 빨리 만나서 술 한잔해야겠는데."

한참 인사수작이 끝나고 역장실로 나오자 역장은 얼굴이 백지장처럼 질려 숨도 크게 못 쉬고 있었다.

이 일화의 시간 배경은 1950년 말인데, 무정 장군이라 불리던 김무정(1904~1951)은 이미 1945년 11월부터 북한에 들어와 있었으니 맞지 않는 이야기다. 하지만 1945년 첫 입국 시에 실제 있었던 이야기가 전해 내려오는 과정에서 과장되고 변형되었을 가능성도 없지 않다.

중국 교포들의 인터넷 블로그에서 흔히 찾아볼 수 있는 이 일화는 사실 여부를 떠나 중국 교포들이 김무정을 어떻게 생각하는가를 잘 보여준다. 무정에 대한 전설은 그밖에도 많다. 엄지손가락을 척 꺼내들고 어디를 겨냥하면 그곳에 백발백중 포탄이 떨어져 적들에게 불벼락을 안겼다거나 고립된 부대에 팔로군 사령부의 긴급 명령서를 전달하기 위해 홀로 적진을 뚫고 가서 수많은 인명을 살렸다는 등등 실제 있었던 일들에 약간의 과장이 섞인 무용담들이다.

중국 한족이 장비나 관우를 신처럼 모신다면 조선족은 무정을 모시는 것처럼 보인다. 실제로 그가 머물던 작은 집이 오늘날 서낭당 비슷하게 사용되고 있기도 하다.

조선공산당 중앙위원 서열 13위. 오늘날 남한 사람들에게는 거의 알려지지 않았으나 연변의 교포들 사이에는 근대 조선인 최고의 영웅으로 숭배되고 있는 인물, 김무정. 그는 어떤 사람일까?

위대한 지도자니 불세출의 영웅이란 그를 통해 이익을 보는 자들에 의해 조작되는 경우가 대부분이다. 또는 그를 잘 알지도 못하는 평범한 사람들이 자기가 믿고 싶은 대로 만들어낸 허상에 불과하다. 마르크스든

중국에서 무장으로 활약하던 당시의 김무정.

레닌이든 김일성이든 김무정이든, 특정인의 사상이나 지도력을 불가침의 권위로 숭배하고 찬양하는 것은 사회주의자가 결코 해서는 안 되는 일 중 하나다.

무정 역시 한 인간으로서조차 완벽한 사람은 아니었다. 그는 부하들에 게는 자상하고 의리 있는 지도자였으나 급이 비슷한 상대에게는 조급하 고 폭력적이라는 비판을 받아 정치적 수명을 스스로 단축시킨다. 중국인 아내 등기에게 시달리는 소심한 남자이기도 했고 감정을 추스르지 못해 쉽게 분노를 터뜨려 주변인들을 스스로 몰아내고 실망시키기도 했다.

연안에 생존한 조선의용군 대원들의 구술녹취록 『중국의 광활한 대지 우에』(1987)에는 무정의 성품을 알 수 있는 일화들이 나온다. 그중 1925년 상해에서 있던 일이다. 상해에는 그때 인성학교라는 조선인 소학교가 있 었는데 해마다 운동회를 열었다.

운동회 때면 무정 동지도 나타났다. 그때 상해의 조선인들 가운데는 여 러 정치 파벌이 있었는데 이런 모임 때면 각 파벌 사람들이 모두 참가하 였다. 어느 한 정치 파벌에 속하는 사람들이 운동회에 참가한 무정 동지 를 공산주의자라고 비방했다. 그 소리를 직방 귀에 듣게 되었던 청년 무 정은 서슴지 않고 그자들에게 달려들어 손에 들었던 벚나무 몽둥이로 사정없이 내리조지었다. 무정의 성미와 벚나무 몽둥이에 대해 잘 알고 있는 그자들은 혼비백산하여 도망치고 말았다.

무정은 서울에서 중앙학교에 다닐 때도 벚나무 몽둥이를 들고 다니다가 일본인 학생들을 만나면 먼저 시비를 걸어 두들겨 패기로 유명했다고한다. 당시 고등고보는 사대문 안에 밀집해 있어 학생들끼리 부딪히기마련이었는데 일본인 학생들은 멀리서 무정이 나타나는 것만 봐도 이리저리 달아나 숨었다는 증언이 있다.

무정이 성급하고 폭력적이라는 평가는 여러 사람의 증언에 나온다. 하지만 동지나 부하들에게는 한없이 자상하고 의리 있는 사람이었다.

조선의용대의 평대원이던 최동광은 수기『항전의 만리길』에서 증언한다. 적후공작대로 활동하다 열병에 걸려 누웠을 때의 일이다. 병원 생활이 지겨워 거듭 총사령부에 퇴원을 요청하자 어느 날 무정이 직접 찾아온다.

그러던 어느 날 무정 동지가 친히 하남점 병원으로 내려와서 병마에 시달리는 나를 위로해주는 것이었다.

"보아하니 동무는 성미가 불 같은 사람이구만. 성질이 그렇게 급해서야 어찌 열병을 치료할 수 있겠소? 병마를 이겨내자면 절대적인 안정이 수요되오. 동무는 꼭 혁명의 승리를 위해 병마를 이겨내야 하오. 알겠소?"

며칠 후에 3·1상점 주임 최경하가 병원에 찾아와 나를 위문하면서 삶은 양고기를 침대 앞에 내놓는 것이었다.

"총부에서는 동무의 신체를 염려하여 양을 잡으라고 했소. 그러니까 딴 생각을 말고 영양 보충을 하시오."

나는 그 소리를 듣자 며칠 전에 병원으로 찾아와서 고무 격려해주던 무정 동지의 우렁우렁한 목소리가 새삼스레 떠오르는지라 콧마루가 찡하고 눈굽이 뜨거워지는 것이었다. 희멀건 좁쌀죽도 모자라서 강낭가루를

대수 섞은 풀죽으로 끼니를 때워야만 했던 근거지 대생산의 그 어려운
나날에 양고기를 먹는다는 것은 실로 옛말 같은 일이 아닐 수가 없었다.

이처럼 무정의 인격에 대한 평가는 극과 극을 이룬다. 그러나 사회주
의 혁명가로서, 항일투사로서 그의 이력에 대해서는 이견이 없다. 그만큼
그의 행적은 굵직하고도 뚜렷했다.

해방까지 살아남은 항일무장투쟁의 대표 인물로는 의열단장이자 조선
의용대장이던 김원봉, 만주 빨치산의 영웅 김일성, 팔로군 포병 사령관이
자 의용군 총사령관 김무정이 뽑혔다. 그중에서도 가장 큰 군대의 지휘
관이었으며 해방까지 투쟁한 이를 뽑으라면 단연 김무정이었다.

김원봉은 셋 중에서도 인격적으로나 지략으로나 흠결이 없는, 단연 존
경받을 만한 인물이었다. 국민당 장제스의 도움으로 조선의용대를 결성
하고도 이를 보다 전투적인 공산당 쪽으로 보내준 대범한 인물이었다.
그러나 본인은 임시정부에 남아 광복군에 속함으로써 해방되는 그날까
지 실제 전투는 해보지 못한다.

김일성은 일제 중후반기 만주 일대를 누비던 중국공산당 산하 무장 빨
치산의 탁월한 지도자 중 한 명임이 분명했다. 실제 그가 이끈 무장대의
숫자는 수십 명이지만 200~300명의 지지자들을 갖고 있었고 정치력도
뛰어나 다른 부대들에 영향력이 컸던 것이 사실이다. 그러나 1941년 들
어 일본군의 대공세를 피해 소련 땅으로 건너간 후로는 소련군에 편입되
어 주로 정보 수집 활동을 하다가 해방을 맞는다.

군사적으로만 보면 단연 김무정이 돋보인다. 홍군의 대장정에서 장제
스 군대를 상대로 혁혁한 공을 세워 중국공산당 팔로군 최초의 포병단장
이 되었고 총사령부의 작전과장으로도 활약한다. 조선의용대가 팔로군
진영으로 넘어온 후에는 총사령관을 맡아 해방 당일까지 항일전투를 지
휘한, 수차례 부상으로 상처투성이가 된 진정한 무장이었다.

이런 걸출한 인물이 어떻게 남한과 북한의 역사에서 모두 배척되거나 소리 없이 사라져버렸을까?

홍군의 첫 대포를 쏜 조선인

흔히들 김무정이 본명이라고 알고 있으나 원래 이름은 김병희다. 1904년 함경도 경성 출신으로 주로 서울에서 성장했다. 14살 때 3·1만세운동에 참가했고 가정형편이 어려워 고학으로 중앙고보를 다니면서 수차례 항일투쟁에 나섰다가 혹독한 고문을 당했다. 18살이던 1923년 중앙고보에서 퇴학당하자 곧바로 중국 북경으로 건너갔다.

중국을 택한 것은 공산주의 1세대인 여운형의 영향이었다고 하는데, 조선 독립을 위해서는 결국은 무력항쟁을 해야 한다는 신념으로 하남보정군관학교 포병과에 입학한다.

크지 않은 키에 날랜 체격, 작고 날카로운 눈매에 두려움이라곤 모르는 거친 성격, 포병장교로서 보여주는 뛰어난 두뇌를 가진 인물이었다. 무정(武亭)이라는 별명도 군관학교 재학 중 군벌과의 전투에서 공을 세우자 중국인 상관이 지어주었다고 한다.

군관학교를 졸업하고 포병대 중좌로 중국군에 복무하던 그는 군벌들의 무정부적인 횡포, 국민당 정부의 무능과 부패에 실망해 1925년 장가구(張歌口)에서 중국공산당에 가입한다.

국민당 군복을 벗어버린 김무정은 무한, 상해 등지에서 공산당원으로 지하 활동을 하다가 1927년 무창에서 체포된다. 장제스의 공산당 대토벌 때였다. 무창 법원은 그에게 사형을 선고했다.

이에 중국인 학생 1만여 명이 대규모 시위를 벌여 그를 석방시켰다는 이야기가 있다. 조선의용군 출신들의 간접 증언으로, 얼마만큼이 진실인가는 알 수 없으나 사형선고를 받고도 석방된 것은 맞는 듯하다.

젊은 시절의 김무정. 날랜 군인답다.

무장폭동을 당의 노선으로 삼은 리리싼이 중국공산당을 이끌던 시기였다. 중국 곳곳에서 국민당 정권을 무너뜨리고 소비에트를 세우기 위한 무장 폭동이 일어나고 있었다.

김무정도 주더(朱德), 펑더화이(彭德懷), 류사오치(劉少奇) 등 공산당 지도부와 함께 여러 지역의 폭동을 주도한다. 1929년에는 상해에서 책임자의 한 명으로 무장 폭동을 일으켰다가 실패해 두 달 동안 영국 조계지 감옥에 수감되기도 했다.

석방된 무정은 홍콩을 거쳐 1930년 6월 중국공산당의 해방지구이던 중앙소비에트 근거지로 들어간다. 그리고 홍군의 군복을 입자마자 큰 공을 세워 화려하게 입지를 구축한다.

당시 홍군 제3군단은 펑더화이가 이끌고 있었는데 김무정이 도착한 다음 달인 7월 말 동정호(洞庭湖)변의 악주를 점령했다. 그러자 국민당을 도우러 온 미국, 영국, 일본의 연합해군이 악주를 향해 무차별 함포사격을 가해왔다. 홍군 패장이던 김무정은 펑더화이를 찾아가 대포로 군함들을 격침시키겠다고 제안한다.

김무정은 국민당 군대가 후퇴하면서 일부러 물속에 빠뜨렸거나 방치하고 간 야전포 4문과 산포 2문을 끌어내 대원들에게 간단히 포 장착 요령을 가르친 다음 좌표를 잡아 포 사격을 시작한다. 『중국의 광활한 대지 우에』는 이 장면을 이렇게 그린다.

> 박근해오는 적함을 거누고 사격하자 적함에서는 불길이 일었다. 그것을 보자 전사들은 약속이라도 한 듯이 "제국주의를 타도하자!"하고 구호를 외쳤다. 홍군의 사기는 더없이 충천하였다. 20여 발을 쏘아 10여 척의 군함을 명중하자 놀란 외국 놈들은 다시 덤비지 못하였다.
> 이때로부터 무정의 이름은 전 홍군에 알려졌고 조선인이 홍군에 있다는 소문도 파다하게 퍼졌다. 이때 홍군에서 대포를 쏠 줄 아는 사람은 펑더화이와 무정뿐이었다.

악주 포격전은 홍군 최초의 포병전이자 최초의 승리였다. 무정은 홍군 제3군단의 포병련 연장(聯長)으로 임명되었다. 당시 중국군은 군, 퇀, 련, 사 같은 편제로 되었고 직책도 군장, 영장, 퇀장, 사장, 연장 등으로 부르는 데다 유격부대는 숫자와 상관없이 편성하기 때문에 오늘의 한국군 편제와 비교하기는 어렵지만 포병단장, 포병연대장 정도로 이해하면 될 듯하다.

악주 포격전 이후 조선의용대를 이끌게 되기까지 10년 간 홍군의 최전선에서 국민당 군대 및 일본군과 싸운 이야기는 너무나 긴 데다 직함도 많아 생략하는 게 좋겠다. 다만, 대장정 때의 일화 정도만 기록하자.

대장정은 국민당 70만 대군에 쫓긴 홍군 8만여 명이 370일에 걸쳐 9,600킬로미터를 걸어서 탈출한 사건으로, 최초의 출발 인원 중 생존자는 7,000명에 지나지 않았다. 군사적으로만 보면 대패였다. 그러나 중국 전역에 공산주의 이념을 알려 곧 벌어진 일본과의 전쟁에서 공산당이 주도권을 잡을 수 있게 되었다는 점에서 정치적으로는 성공한 사건이었다.

대장정은 또한 대규모 무장 봉기라는 리리싼의 모험주의가 폐기되고 소규모 게릴라전을 택한 마오쩌둥, 저우언라이(周恩來), 주더, 펑더화이 등 새로운 지도부가 공산당을 장악하는 계기도 되었다.

대장정 중 벌어진 이 권력투쟁 과정에서 무정은 또 한 번 결정적인 공훈을 세운다.

홍군은 마오쩌둥을 중심으로 한 신진 세력과 장궈타오(張國燾)를 중심으로 한 구 세력으로 나뉘어 심각한 갈등을 벌였다. 나이는 마오쩌둥보다 4살 어리지만 중국공산당 초기부터 활동해온 구 세력인 장궈타오는 마오쩌둥 세력을 약화시키기 위해 무전암호를 거둬들여 린뱌오(林彪)와 녜룽전(聶榮臻)이 지휘하는 제1군단이 심각한 위험에 빠지게 되었다.

이에 마오쩌둥은 제3군단 전위서기인 펑더화이에게 새로운 무전암호를 만들어 수신기와 함께 제1군단에 전달하라고 지시했다. 펑더화이는 이 일을 무정에게 맡겼고, 무정은 혼자서 만년설 쌓인 설산을 넘고 초원을 달려 제1군단에 새로운 무전암호표를 전달하는 데 성공한다.

린뱌오, 녜룽전 : 행동 방침에 변동이 있으니 군단은 원지에서 대기할 것

중국공산당의 주도권이 마오쩌둥에게 넘어가는 결정적 역할을 하게 된 통신문이었다. 이 일로 무정은 중공 중앙의 절대적 신임을 얻었다.

홍군 제1종대 제3제대 사령원이라는 직함으로 대장정 중에도 가장 치열한 전투였던 상강나루터 점령 임무를 성공적으로 수행했을 때도 크게 찬사를 받는다.

이런 공로로 1937년 8월 25일 홍군이 팔로군으로 개편될 때는 팔로군 총사령부 작전과장으로 임명되었다. 이에 대해 『중국의 광활한 대지 우에』는 이렇게 기술한다. 성급하고 과격하다는 말이 이때 벌써 나온다.

무정은 팔로군 총부 작전과장으로 임명되었다. 그는 주더와 펑더화이의

사랑과 신임을 받았다. 그는 성급하고 과격했지만 군인으로서의 강인한 의지력도 갖고 있었다. 하늘이 무너지고 땅이 꺼진대도 뚫고 나간다는 강철 같은 의지가 있었기에 펑더화이는 그를 믿어주었던 것이다.

그해 연말, 중국공산당은 일본 침략군과 전면전을 선포하면서 포병대 건립을 결정했고, 무정에게 그 일을 맡긴다.

무정은 1938년 1월 28일 새로 건립된 팔로군 포병대 사령관으로 임명되었다. 6개 연대와 선전대 등 1,000여 명으로 구성된 부대로, 팔로군 최초의 포병단장이었다. 이는 조선인으로서뿐 아니라 공산당원으로서도 대단한 영광이었다. 하지만 진정으로 무정을 기쁘게 한 것은 마침내 일본군과 전면전을 벌일 수 있게 되었다는 점이었을 것이다.

무정은 휘하 군관들에게 매우 쉽고 효과적으로 포병 기술을 전수한 것으로도 유명하다. 증언에 따르면, 그는 엄지손가락을 '척' 꺼내 들고 알기 쉽게, 통속적으로 포 사격 원리와 포를 조정하는 요령을 가르쳐 항일전선 곳곳에서 승리를 거둔다.

특히 '백단대전(百團大戰)'이라 불리는 전투에서 무정은 적진과 근접한 거리에 포를 걸어놓고 직접 사격을 지휘, 일본군의 토치카를 백발백중시켜 팔로군의 승리에 결정적인 역할을 한다.

조선의용군 총사령

중국공산당 중앙은 1940년부터 중국 내 조선인 항일단체들을 결집시켜 대일전에 동참하도록 하는 공작을 지시한다. 백단대전의 영웅 무정은 그에 관련된 모든 단체의 책임자로 지명되었다. 소련이 김일성을 내세우고 미국이 이승만을 내세웠다면 중국은 무정을 내세운 셈이었다.

무정은 1941년 1월 중국 내륙 깊은 곳에 있는 태항산 대협곡에서 화

북조선청년연합회를 결성해 회장을 맡고, 이 단체를 기초로 중국 내 사회주의 계열 독립운동 단체들을 결합해나갔다. 그 결과 이듬해인 1942년 7월 조선독립동맹이 결성되었다. 무정은 태항산 대협곡 청장하 기슭에서 사흘에 걸쳐 열린 이 대회에 비행기를 타고 가서 참석한다. 같은 해 연말에는 독립동맹의 군대인 조선의용군이 결성되어 무정을 사령관으로 추대했다.

조선의용군의 본래 명칭은 조선의용대로, 1938년 김원봉이 장제스의 도움을 받아 만든 300여 명의 무장부대였다. 그런데 장제스가 일본과 타협하는 데 분개한 대다수가 김원봉의 양해에 따라 팔로군 진영으로 넘어와 항일전을 벌이고 있었다.

임시정부의 군대인 광복군이 훈련만 하다가 총 한 발 못 쏘고 해방을 맞이한 반면, 조선의용군은 1938년부터 해방된 그날까지 헤아릴 수 없이 많은 전투를 벌였다. 무정이 사령관이 된 후로는 박효삼과 박일우가 부사령을 맡았고 허정숙, 김명시 등 당대의 여걸들이 보좌했다.

조선의용군에 대한 중국공산당의 관심과 보호는 각별했다. 대장정에 참가한 조선인은 10명이었는데 다 죽고 무정과 양림만 살아 남았다. 그러나 양림마저 1936년에 전사해 무정이 유일한 생존자가 되어 있었다. 이 사실을 잘 아는 마오쩌둥은 조선의용군 출신이 장차 해방된 조선에 돌아가 나라를 이끌 수 있도록 일본군과의 근접전에 투입하지 못하도록 지시한다.

조선의용군은 직접적인 전투보다는 일본어를 잘하는 것을 이용해 일본군에 대한 선무작업을 맡았다. 이 활동은 상당한 효과가 있어서 강제로 징병되어 온 조선 청년 100여 명 이상이 탈영해 의용군에 가담하고 간간이 일본인 병사들까지 팔로군에 투항한다. 일본이 만주에 개척한 대농장인 백각장, 로태농장, 창례농장 등에 비밀공작원을 파견해 식량과 무기를 탈취해오고 조선 청년들을 대원으로 흡수하는 적후 사업도 활발했

태항산 황무지를 개간하고 있는 조선의용군 대원들.

다. 북경, 천진 같은 대도시까지 파고들어 조선인 청년들을 모집하는 일
도 중요한 사업이었다.

선무 활동이라고 해서 안전하지는 않았다. 스피커 시설도 없이 양철이
나 종이를 나팔처럼 말아 들고 육성으로 선전전을 하려면 일본군에게 최
대한 가까이 접근해야 했고, 자연히 인명 피해가 속출했다.

적 후방에 잠입해 공작하는 적후 사업도 대단히 위험했다. 농민으로
가장해 일본군 치하의 대농장에 잠입해 조선 청년들을 모집하다 체포되
어 즉결처분당한 적후 공작대원도 많았다. 대도시에 잠입한 대원들도 마
찬가지였다.

팔로군복을 입고 있는 것만도 위험했다. 온 사방에서 일본군과 교전이
벌어지니 의용군만 안전할 수는 없었다. 평상시에도 끊임없이 직접 교전
을 벌여야 했다. 해방될 무렵에는 초창기 대원의 절반 이상이 전사했다.
대신 새로운 대원들이 그 자리를 메워 애초의 300명이 1,000명으로 늘어
났으나 진광화(1911~1942), 윤세주(1901~1942) 등 탁월한 혁명가들의 죽음은
큰 손실이었다.

조선의용군은 중국 내륙 곳곳에 분포되어 있었는데 본부가 있는 태항

산 일대에 주둔한 숫자는 200~300명, 그중 40여 명은 여성이었다. 사람이 늘어나니 식량을 구하는 것도 쉬운 일이 아니었다. 무정은 군정학교를 세워 이들에게 군사훈련과 사상훈련을 하는 한편으로 식량의 자급자족에도 힘쓴다.

길이가 수백 리에 이르는 태항산 협곡 양쪽 험준한 절벽에 밭을 만들어 옥수수와 감자를 심고 채소를 기르는 것이 대원들의 중요한 일과였다. 남성 대원들이 돌밭을 매고 있으면 여성 대원들이 광주리에 점심을 해가지고 와서 먹이고는 이 골짝 저 등성이를 돌아다니며 도라지며 산나물을 캐고 밤이며 도토리를 줍는다. 나중에는 직영 상점과 병원까지 세운다.

대원들 중에 전투보다 농사일에 더 많이 투입된다고 투덜대는 이들도 있었다. 이에 무정이 한 연설이 남아 있다. 1945년 봄의 연설이다. 해방 1주년을 맞아 펴낸 「반일투사 연설집」의 한 쪽이다.

우리는 도토리 한 알을 우리 주머니에 집어넣는 것이 즉 우리의 적을 소멸하는 힘이 한 알 분량이 증가됨으로 알았다. 도라지 한 뿌리를 캐서 바구니에 넣으면 일본 제국주의자를 반항할 힘이 한 뿌리 분량이 증가됨으로 알았다. 고로 작년 봄에 양식 곤란이 우리를 포위하고 산면(山面)에서 들어온 왜적이 우리를 토벌하던 환경에 우리는 이 도라지와 도토리의 덕을 보았다.

이 소박한 연설은 훗날 남한의 지리산 빨치산들이 죽음을 이기기 위해 다짐하던 문구로 이어진다.

우리는 언제든지 어느 모퉁이에서든지 적에게 총을 맞아 죽을 각오를 하고, 얼어 죽을 각오를 하며 굶어 죽을 각오를 하여야 우리에게는 적을 소멸할 용기가 생길 것이고 방법이 생길 것이며 최후로 적을 이길 수 있을 것이다. …… 모든 것은 일본 제국주의자를 두드려 부수기 위하여! 모든 것을 일본 제국주의자를 반대하는 데 복종시키자! 모든 것을 우리 손으로 꾸려나가자!

지리산 빨치산을 이끌던 이현상은 산중에서 발행한 신문 「승리의 길」에 주요 사안이 벌어질 때마다 단편소설 분량은 될 장문의 정치 논설을 기고한다. 박헌영, 이강국, 정태식, 김태준, 박치우 등 조선공산당에는 쟁쟁한 이론가들이 널려 있었다. 그들의 논문들은 지금 읽어도 전혀 이질감을 느낄 수 없을 만큼 논리정연하고 이성적이면서 또한 현대어 그대로 썼다. 이에 비하면 무정이 남긴 거의 유일한 이 연설문은 투박하고 정겹다. 진정 그는 무장이었다.

심지어 그는 이른바 사상투쟁이라 불리는 공산주의자들 내부의 살상도 소박하게 풀어나간다.

인간의 선함과 이타성을 믿고 혁명을 했던 공산주의자들은 인간이 얼마나 이기적이고 개인의 자유를 갈망하는가에 놀라고 실망한 나머지 그것들이 자본주의가 심은 해독이라고 믿고 싶어 했다. 인간의 본성이 선하지 않다면 공산주의는 불가능한 꿈이 되어버리기 때문에, 인간의 본성을 이해하고 그에 맞는 체제를 만들기보다는 '선한 본성'을 오염시킨 '외부의 적'을 찾아 없애야겠다는 불가능한 신념에 사로잡혔다.

이렇게 시작된 스탈린의 대숙청이 수십만의 목숨을 앗아가고 있던 1930년대 후반, 중국공산당에도 정풍운동이라는 광기가 몰아쳤다. 그 총구는 먼저 혁명의 동지들에게 향했다. 조선의용군에 들어온 모든 대원들은 들어온 과정과 사상에 대한 재검토 대상이 되어 조사를 받게 된다.

일본은 중국의 조선인들 사이에 수많은 밀정을 뿌리고 있었다. 체계적인 훈련을 하거나 충분한 대가를 지불하는 전문적 밀정이 아니라 독립군

벽글씨를 쓰는 조선인 의용군.

하나를 잡는 데 10원, 김구나 김원봉을 잡는 데는 80원에서 100원을 주
겠다는 정도의 정보원 수준이었다. 이런 무차별 공작을 통해 조선인들의
단결을 와해시키는 효과가 더 컸을 것이다.

　무정은 이 문제에서도 상당한 융통성을 발휘한다. 일본군의 지시를 받
고 들어온 밀정임을 인정하더라도 본인이 진정으로 항일에 투신하겠다
는 의사를 밝히면 사상교육만 시켜서 의용군에 합류시킨다. 무정 덕분에
의용군 중에는 밀정이란 이유로 희생된 사람이 단 한 명도 없었다는 게
당시 생존자들의 증언이다.

　조선의용군 대원 김세민은 수기 『내가 찾은 항일부대』에서 증언한다.
1944년 7월부터 시작된 '반간첩 동원령' 때의 이야기다.

　　때마침 평서 일대의 사업시찰을 나왔던 무정 등 조선의용군 총부의 지
　　도 동지들은 반복적인 토론 끝에 회개 표현이 돌출하지 못한 김하구, 박
　　득복, 고경룡을 연안에 들여보내기로 결정지었다.

이밖에도 일본군 내에서 통역관으로 있다가 조선의용군 내에 파견된 우복현, 김성수, 차만철 등 여러 명의 특무들이 있었으나 그들은 내심 있는 교육 끝에 마침내 자기의 신분을 로실하게 탄백한 데서 조선의용군에 편입되었던 것이다.

밀정으로 들어온 이들에게도 관용을 베푸는 사람이니 부하 대원들에 대한 무정의 태도는 따뜻하고 자상했다는 이상으로 표현할 말이 없다. 많은 사례 중 한두 개만 골라보자. 먼저 의용군 대원 리섭의 증언이다. 전투를 하러 가고 싶어하는 그에게 옷 공장을 만들라는 지시가 내려오자 불평불만을 통하니 무정이 직접 찾아와 부드럽게 설득하는 장면이다.

태항산 근거지에 들어온 지 1년도 되지 않는 애송이에게 무정 동지는 말을 이으며 설복하였다.

"리섭 동무! 동무가 보다시피 지금 중국 인민은 겨떡을 먹으면서 우리에게 먹을 것과 입을 것을 공급해주고 있소. 우리는 자기의 조국을 일본 침략자에게 빼앗기고 수천리 타국에 와서 중국 인민의 신세를 지고 있소. 그러니 우리들은 될 수 있는 대로 자력갱생해서 그들의 부담을 다소라도 덜어주어야 하지 않겠소? 그래서 '대중병원'과 '3·1상점'을 우리 손으로 꾸린 것이오. 이번에 방직 공장을 하나 꾸려서 우리들의 군복을 다소라도 해결하자고 그러오."

무정 동지의 조리 있는 말을 들으니 더는 연안에 보내달라고 떼를 쓸 수가 없었다. …… 그저 묵묵히 앉아 있으니 무정 동지는 빙그레 웃으면서 물었다.

"어째서 대답이 없소, 응?"

"방직 공장을 꾸리는 건 좋은 일이지만 방직기가 어떻게 생긴 줄도 모르는 제가 어떻게 감당할 수 있겠습니까?"

"동무는 그전에 혁명을 배운 일이 있었소? 혁명같이 큰일도 하면서 배우는데 조그마한 베틀인 방직기와 물레를 만드는 것이 뭐 그리 어려운 일이겠소?"

결국 리섭은 방직기를 만들어 군복을 생산하고 무정은 아낌없이 칭찬을 한다. 과격하고 폭력적이라는 무정이지만 부하들에게는 항상 존댓말이나 하오체를 쓴다. 정신 상태가 썩어빠졌다느니, 반동 부르주아 사상에 절었다느니 하는 저급한 말들은 찾아볼 수 없다.

류동호라는 대원은 1942년 추석 전날 밤에 있던 소소한 일을 증언한다. 독립동맹 지도부 성원들이 밤늦게까지 회의를 하다가 배가 고프자 한 여성 대원에게 취사실에 가서 추석날 쓰려고 만들어놓은 음식을 가져오라고 시킨다. 여성 대원은 내일 쓸 음식이라며 단호하게 거부했다.

뱰이 꼬인 지도부의 성원은 "계집애가 갖고 오라면 갖고 올 것이지 무슨 잔소린가?" 하고 으름장을 놓았다. 그래도 그 여대원은 수그러들지 않고 끝내 취사실로 가지 않았다.

그해 가을 당 중앙과 팔로군 총부의 파견을 받고 연안에서 태항산으로 온 무정 동지는 추석 전날 밤에 있던 사실을 알게 되자 그 즉시로 지도부 내의 그 성원을 불러놓고 엄숙하게 비판하였다.

"동무는 그 문제를 사소한 일로 볼 수 있겠지만 이건 지난날 가난한 사람들을 깔보던 착취 계급들의 악습이 상기도 우리 대오 내에 남아 있다는 것을 설명해주고 있소. 10여 년이나 혁명했다는 사람이 혁명 대오 내의 동지를 그렇게 대한단 말이오? 그 여대원을 찾아가서 잘 반성하시오."

무정 동지의 올바른 지도 하에 조선의용군 지도부는 한결같이 단합되었고 조선의용군 내의 각항 사업이 생기발랄하게 전개되었다.

무정에 대한 대원들의 존경심과 지지는 대단했다. 류동호는 말한다.

조선의용군의 훌륭한 지도자인 무정 동지는 그 당시 광범한 대원들 속
에서 무척 존경을 받으신 분이었다. 그때 무정 동지에 대한 미담은 조선
의용군 내에서 널리 전해지고 있었다.

때문에 정풍운동 중에도 무정에 대한 대원들의 충성도가 너무 높은 것
이 소영웅주의라는 문제가 제기되기도 한다. 아마도 늘 그에게 반대해온
허정숙, 최창익 등의 제언이었을 것이다. 그런데 무정에 대한 비판이 일
자 100여 명이 대원들이 집단시위를 벌여 다시는 말도 꺼내지 못하게 했
다고 한다.

이 모든 영광과 고난의 시기를 넘기고 연안에 일본의 패망 소식이 전
해지던 날, 조선의용군은 밤새 횃불을 밝히고 축제를 벌인다. 아마도 무
정의 일생에 가장 행복한 날이었을 것이다.

해방이 되자 중국 전역에서 조선의용군에 입대하려는 조선 청년들이
몰려와 2,000명이던 대원이 순식간에 8만 명으로 늘어났다. 그러나 중국
공산당은 이들을 중국 땅에 붙잡아둔다. 장제스와의 내전을 계속하기 위
함이었다.

이 명령을 전달받지 못한 일부 의용군이 압록강을 넘어 북한으로 들어
가지만 이번에는 소련군이 이들의 무장을 해제해 중국으로 송환시킨다.
맨 처음에 1,000명을 이끌고 들어간 간부 한청은 평양까지 가서 김일성
을 면담해 장차 만들어질 인민의 군대로 편성해달라고 요청까지 하는데,
김일성은 냉정하게 거부하고 이들을 중국으로 돌려보낸다.

대원들을 중국 땅에 내버려둔 채, 무정을 포함한 조선의용군 대표들과
연안의 독립동맹 지도자들이 북한에 들어간 것은 1945년 11월 말이었다.
김구, 김원봉 등 해외투사들이 남한에 들어갈 때 그랬듯이 무장이 해제

된 맨 몸의, 개인 자격 입국이었다. 또한 남한 입국자들이 그랬듯이 변변한 환영식도 없는 초라한 귀국이었다.

남북의 정권을 차지한 이승만과 김일성의 박대는 그러나 사소한 문제였다. 진정한 비극은 같은 민족끼리 총을 겨눈 전쟁의 발발이었다.

전쟁과 숙청

> 만약 스탈린그라드 작전에서 무정 같은 장군이 있었더라면 2차대전이 조금은 빨리 끝났을 것이다.

한국전쟁 때 무정이 압록강 하구 용암포 앞바다에서 포격을 지휘해 백발백중시키는 것을 본 소련 군사고문관이 했다는 말이다.

무정의 전투 능력은 소련군에게 이미 널리 알려져 있었다. 1941년 독일군이 소련을 침공했을 때 스탈린이 특별기를 연안에 보내 무정을 소련으로 초청했다는 팔로군 보위과장 출신의 증언도 있다. 중국공산당이 이에 동의해 수속을 밟고 있을 때 장제스의 국민당이 극력 반대해 무산되고 말았다는 것이다. 어떤 이들은 마오쩌둥이 극력 반대해 보내지 않았던 것이라고도 한다.

무정은 정치가가 되기는 어려운 사람이었다. 북한에 들어간 그는 정치적으로 화합해야 할 대상들에게 자제력을 보이지 않고 감정적 충돌을 벌이곤 했다. 연안파라 불리던 독립동맹 출신들은 대부분 북한에 남았는데 이들이 결집되지 못한 이유가 무정의 성격 때문이라는 이야기가 나올 수밖에 없었다.

이런 진단은 그러나 부분적으로만 맞다. 1942년 코민테른마저 해체시켜버린 스탈린이 세계 공산주의운동을 독점하고 있던 시기였다. 중국공산당의 지원을 받는 무정의 입지는 소련으로부터 낙점을 받은 김일성과 비교할 수 없었다. 김일성이 돋보일 수밖에 없던 것은 하나의 국가를 세우는 데 필요한 수만 개의 직책을 나눠줄 권한을 독점했기 때문이었다. 아무것도 나눠줄 게 없는 무정은 동지들의 원망밖에 들을 게 없었다.

김무정 자신도 본인의 군사적 경륜에 한참 못 미치는 인민군 제2군단 장밖에 맡지 못했다. 총사령관이 김일성인 거야 어쩔 수 없다지만, 한국전쟁 당시 총참모장은 30대 초반의 강건이었다. 헤아릴 수 없이 많은 대규모 전투를 경험해온 47살의 노련한 무정을 제쳐두고 소련 시절 부하라는 이유로 강건을 총참모장에 임명한 것은 김일성의 종파주의를 보여주는 작은 사례에 지나지 않았다.

수십 명 단위의 빨치산 활동이 전투 경험의 전부였던 강건은 막강한 무력을 갖춘 데다 1, 2차대전에서 수십만 대군을 지휘했던 백전노장들이 즐비한 미군의 상대가 될 수 없었다. 겁을 먹은 그는 소련군 고문관들이 도와주지 않으면 전장에 나갈 수 없다고 버틴다. 김일성은 소련의 참전을 숨기려는 스탈린에게 긴급 호소해 고문관들을 붙여주는데 강건은 전선에 나가자마자 대포에 맞아 사망하고 말았다.

총사령관 김일성을 포함한 인민군 지휘부의 이 믿기 어려운 무능은 그러나 무정과 연안파들이 뒤집어쓰게 된다.

1950년 6월 25일, 무정이 이끄는 인민군 제2군단은 강원도 전선으로 남하했다. 넉 달 만에 미군이 평양을 점령할 때는 수도방위사령관을 맡았으나 연합군의 압도적인 무력 앞에 평양을 내주고 말았다. 그때 이미 만주로 피신해 있던 김일성은 펑더화이와 주더가 이끌고 온 팔로군이 평양을 재탈환한 후 수도 방위에 실패했다는 이유로 무정을 숙청해버린다.

낙동강 동부전선에 배치되었던 무정의 군단이 태백산맥을 따라 후퇴할 때 일체의 무전통신을 꺼버려 김일성 사령부와의 연락을 두절시킨 것이 격분을 샀다는 이야기도 있다. 무정으로서는 중국에서 항일전 때 하던 식으로 미군의 무전 감청을 차단함으로써 거의 피해를 입지 않고 성공리에 후퇴한 것인데, 그것조차 문제 삼은 것이다.

무정의 숙청 이유 중에는 인민군 군의관을 쏘아 죽인 죄도 있었다. 잘 알던 팔로군의 중국인 병사가 부상당하자 군의관에게 치료를 명했는데 군의관이 바쁘다고 거절하자 명령 불복종이라고 즉석에서 사살해버린 것이다. 조선의용군 시절 먹을 게 부족해 다들 고통받을 때인데도 총상을 입은 부하에게 몰래 양고기를 듬뿍 보내주었다는 일화처럼 무정의 의리를 보여주는 사건이었다. 전시 군단장에게 명령 불복종자를 즉결처분할 권한이 주어졌으니 불법이라고만 할 수도 없었다. 하지만 그가 조급한 성격에 함부로 처신한 것은 틀림없었다.

무정의 급하고 괄괄한 성격은 이때만이 아니었다. 북한에서 숙청을 피해 망명한 김창순은 1990년대 초 「중앙일보」와 대담을 통해 증언한다.

> 1946년 2월이 안 됐을 때지요. 노농적위대가 창설된 후 간부 연수가 있었는데 무정이 연사로 등장한 적이 있습니다. 그때 무정은 와이셔츠를 벗고, 난 이처럼 총을 맞아가며 혁명을 했는데 왜 나에 대한 선전은 않고 '어떤 사람'만 선전하느냐고 했습니다.

어떤 사람이란 물론 김일성이다. 비슷한 증언은 더 있다. 전쟁 전 평양사범대학에 다니다 월남한 이가 함께 하숙을 했던 무정의 친조카로부터 들었다는 이야기다. 1972년판 「남북의 대화」에 나온다.

> 그는 간혹 "삼촌은 원래는 공산주의자가 아닌데 독립운동하러 중국에 들어갔다가 어떻게 연안으로 들어가는 바람에 저렇게 됐다."고 변명하기도 했습니다. 그 친구 말에 의하면 무정은 김일성의 독재와 횡포를 몹시 미워해 술을 마시면 폭음을 하고 그렇게 취해서 들어오면 김일성 욕을 마구 퍼붓고 불평을 한다는 거예요. 무정은 그 후 한국전쟁의 패전 책

임을 그에게 뒤집어씌우는 바람에 1951년 숙청당합니다만.

비슷한 이야기는 최태환이란 인물의 수기에도 나온다.

> 당시 무정은 김일성과 앙숙이라는 소문이 나돌았다. 그러나 표면화되
> 어 나타난 권력의 갈등은 엿보이지 않았다. 무정은 호탕한 성격과 순수
> 한 군인의 기풍을 보여주고 있어서 초창기의 북한 사회에서 많은 사람
> 들에게 흠모를 받았던 인물이기도 했다. "무정 장군은 만주에서 많은 전
> 투를 치르는 동안 말을 너무 탔기 때문에 머리가 앞뒤로 움직이는 것이
> 야."라고 나름대로 추측을 하기도 했다. 그런 이야기는 무정의 과거 행적
> 을 높게 평가하는 것에서 연유된 것이었다.

후일 중국과 소련으로 망명한 북한 고위관리 출신들의 공통된 증언에
따르면, 평양형무소에 수감된 무정은 잡범들과 함께 미군 폭격으로 파괴
된 평양 시내 복구 공사장에서 일했다고 한다. 무정은 연안의 포병단장
시절부터 위장병을 앓고 있었는데 울분을 참을 수 없던 건지 병세가 급
속히 악화되었고, 이를 알게 된 주더와 펑더화이가 중국으로 데려가 치
료를 했으나 끝내 위독해졌다. 죽음을 예감한 무정은 죽어도 조선 땅에
서 죽겠다고 우겨서 평양으로 돌아왔으나 1951년 군관용이 아닌 사병용
천막 병상에서 숨을 거두었다고 한다. 망명가들의 간접 증언이라 다 믿
을 수는 없지만 여러 사람들의 증언이 비슷하다.

반면, 김일성은 장편 회고록 『세기와 더불어』에서 무정의 항일투쟁을
높이 사는 한편, 그가 죽자 성대한 장례식을 치러주었다고 썼다. 또 나중
에 조성된 평양 신미리 애국열사릉에 안치한다. 실제로 신미리에는 그의
묘가 있다.

무정 동지(1904. 5. 16-1951. 8. 9) 조선인민군 장령

망명자들의 말도, 김일성의 말도 다 맞을 것이다. 남로당 숙청 사건으로 처형된 사람은 공식 재판에서 사형선고를 받은 이들뿐 아니라 30명이 넘는다는 것, 그러나 죽지 않고 농장에 배치되었던 남로당 출신의 다수는 후에 복권되어 중하급 관리로 일한다는 것도 사실인 것처럼. 이현상의 모든 직책을 박탈하고 총까지 빼앗은 것도 사실이지만, 나중에 그를 성대하게 대접한 것도 사실인 것처럼 말이다.

참고로, 『세기와 더불어』는 회고록 형식을 빌렸을 뿐, 김정일의 명령을 받은 노동당역사연구소가 혁명소설이나 혁명시나리오를 쓰던 작가들을 모아 창작한 '대하소설'에 불과했다. 하지만 북한 주민들은 이 책에서 어떤 모순이나 거짓도 찾아낼 수 없었다. 왜냐하면 어려서부터 보아온 영화와 책들의 내용과 일치할 뿐 아니라 묘사 또한 흠잡을 데 없이 완벽했기 때문이다. 북한 주민들이 그 영화와 책자들 자체가 수십 년 간 창작한 허위였다는 것을 알게 되기까지는 또 얼마나 시간이 걸릴 것인가?

무정은 팔로군 포병사령관이던 1938년 중국공산당 간부의 중매로 산하 포병대 정치위원이던 중국 여성 등기(藤綺)와 결혼해 1남 1녀를 둔다. 등기는 성격이 대단했다는데, 그것 때문인지 아니면 무정과 김명시의 염문 때문인지 알 수 없으나 심한 갈등을 겪던 두 사람은 해방 무렵 이혼하는데 남매의 성도 어머니 성으로 바뀐다. 아들은 일찍 죽고 딸 등연려(藤延麗)는 1990년대까지 북경에 살아 있었다.

오빠 김형선과 함께 국내에 잠입해 조선공산당 재건운동을 하다 체포된 김명시는 7년 간의 감옥살이가 끝난 1939년 중국으로 건너가 해방되기까지 무정과 함께 항일 전투를 치른다. 김명시가 무정의 연인이었다는 증언은 곳곳에 등장하지만 남녀 간의 일을 타인이 어떻게 알겠는가? 김명시가 무정의 연인이라는 권위를 이용해 반대파들에게 횡포를 부렸다

는 주장도 있는데, 막상 무정이 김명시에 대해 했다는 말이 더 남는다.

"명시는 다 좋은데 너무 못생겨서 말이야."

이에 실망한 김명시가 한탄했다는 말이다.

"무정아, 무정아. 네가 정녕 무정(無精)하구나."

어떤 이들은 이 말이 무정의 중앙고보 시절부터 여학생들로부터 들은 말이라고도 하는데, 그때는 김병희라는 이름을 썼을 테니 맞지 않다. 어찌되었든 이 모든 것이 무정의 매력에 매료된 이들이 만들어낸 이야기일 것이다.

· 11 ·

조선공산당은 위조지폐를
발행하지 않았다

권오직

뭍에 던져진 물고기들

1949년 9월 22일, 미국의 경제협조처(ECA)에서 남한에 대여한 기선 〈스미스호〉가 북한으로 납치되는 사건이 일어난다. 한국인 선원들이 반란을 일으켜 배를 끌고 북으로 가버린 것이다. ECA는 마셜 플랜에 의해 만들어진 대외원조기구로, 유럽의 전후 복구를 위해 120억 달러를 지원하기도 하는데 남한으로 보낸 〈스미스호〉에는 미국인 2명이 타고 있었다.

북한은 미국인들을 두 달 동안 억류했다가 12월 13일 오후 북한 쪽 기차역인 여현역에 와서 데려가도록 했다. 이에 주한 미 대사 무초, 헤럴드 노블 등 3명이 여현역까지 마중을 나갔다.

여현역 전면에는 천연색 유화로 그린 스탈린의 커다란 초상화와 김일성의 초상화가 나란히 걸렸는데 미국인 일행이 들어간 역장실에도 역시 두 사람의 천연색 유화가 걸려 있었다. 김일성에 대한 우상화 작업은 해방된 지 서너 달도 채 되지 않았을 때부터 시작되었는데 이 무렵에는 모든 관공서와 주요 거리가 천연색 초상화로 도배되어 있었다.

북한 측 대표로 나온 이는 외무성 대표 권오직(1906~?)과 내무성 보안군 소령 김종기였다. 또한 대위 1명을 포함한 정사복 보안군들이 빙 둘러서 있었다. 그런데 헤럴드 노블이 보기에 북한 쪽 대표는 어떤 결정권도 가지지 않았다. 상부에서 지시받은 내용 이외에는 책임을 질 수 없으며 회담을 진행시킬 수 없다고 고집한 것이 가장 인상적이었다고 술회한다.

두 미국인의 인도는 4시간 반이나 걸렸다. 북쪽 대표 중 하나인 김종기가 자신을 '인민공화국 내무성 대표'라고 석방 조인문서에 미 대사가 직접 기입할 것을 요구했기 때문이었다. 무초는 미국은 북한 정권을 국가로 인정하지 않고 있는데 대사가 이를 인정하는 서명을 할 수는 없다고 거부한다. 김종기는 그렇다면 미국인을 석방할 수 없다고 버텼다.

이 문제로 3시간이나 논쟁이 벌어지는데 외무성 대표 권오직은 이 문제에 대해 별다른 발언을 하지 않는다. 노블도 김종기의 주장이 억지라고 지적할 뿐, 권오직에 대해서는 어떤 말도 하지 않는다. 무초가 강경하게 나가자 김종기는 결국 자기 이름만을 서명하는 선에서 물러나고 두 미국인을 보내준다. 이 과정에 대해 헤럴드 노블은 기자들에게 말한다.

> 우리 대표들은 하도 어이가 없어 나중에는 자리를 박차고 나오며 "오늘 일은 정치적인 문제도 아니며, 더구나 이북 정권 승인 문제 여부는 포함되어 있지 않다."고 말하였다. 그리고 "다만 두 사람의 몸을 한 쪽에서 내어주면 한 쪽에서 받을 뿐 문제는 해결되는 것이다."라고 주장하였다. 결국 이북 측 젊은 대표는 불쾌한 표정을 하면서 마지못하여 성명만 기입하기로 하고 최후의 서명을 하였던 것이다. 중책을 완수하고 보니 기분이 상쾌하여지며 어깨가 가벼워지는 듯하다.

이날 북한 외무성 대표로 나온 권오직은 내무성 대표인 김종기보다

20살이나 많은 역전의 항일투사였다. 조선공산당 중앙위원 서열 14위, 당 기관지인「해방일보」사장, 일제 치하 13년 간의 옥살이 등 경륜도 비교할 수 없었다. 월북 후에도 헝가리대사와 중국대사를 역임한다. 그런데 1926년생으로 23살밖에 안 되는 일개 소령 김종기가 협상의 전권을 쥐어흔들고 있던 정황이 뚜렷하다.

이날의 사례가 단지 강경파와 온건파의 역할 분담은 아니었음은 몇 년 지나지 않아 드러난다. 초대 내각 내무성의 제1부상이던 강상호의 1993년「중앙일보」증언이다.

> 내가 박창옥 동지의 방을 찾아간 것은 출세의 기회를 포착하기 위해 눈도장을 찍으러 간 것이 아니고 숨 막히게 돌아가고 있는 정국의 흐름을 읽기 위해서였다. 박창옥은 예고 없이 찾아온 나를 반갑게 맞아주었다. 그리고 그는 곧바로 남로당 간부들의 숙청 사업을 화제로 꺼냈다.
> "상호 동무, 주중대사 권오직이 왜 붙잡혀왔다고 생각하오?"
> "부장 동지, 한직에 있는 제가 중앙당에서 벌이고 있는 사업의 내막을 알 리가 있습니까."
> "권오직을 선두로 하는 외무성 내의 종파 분자 일당들이 당과 공화국에 대한 인민의 신뢰를 특정 개인에 대한 신뢰로 바꾸려고 했소. 따라서 이 자들의 개인 영웅주의적 활동은 당과 공화국에 크나큰 해독을 주었으니 인민의 이름으로 처단해야 하오. 이 종파 분자들 속에 주소대사 주영하도 들어 있소. 주영하도 즉시 조국으로 소환해 조사하도록 내무성에 지시를 해놓았소."
> 공화국의 두 주춧돌 격인 소련과 중국 주재 대사들에게 종파주의자라는 딱지를 붙여 소환, 조사한 후 구금한다는 사실은 진행 중인 숙청의 강도를 보여주는 확실한 메시지였다.
> 주중대사 권오직은 서울에서부터 박헌영의 핵심참모였고 주소대사 주

영하는 해방 전부터 박헌영과 함께 공산주의운동을 했던 국내파 토착 공산주의자였다. 따라서 이들은 부수상 겸 외무상 박헌영의 천거로 대사에 기용된 것이다.

남로당파, 정확히는 조선공산당 출신 간부들에 대한 검거, 숙청, 총살 등 실질적인 집행을 주도한 것은 내무상 방학세였다. 〈스미스호〉의 미국인 송환 자리에 형식상 선임자로 참석한 권오직이 내무성의 하찮은 소령만도 못했던 이유였다.

박헌영과 함께 월북한 조선공산당 출신들의 처지는 처음부터 뭍에 던져진 물고기처럼 맥없는 종말을 예고하고 있었다.

스탈린으로부터 북한의 모든 행정과 군사의 전권을 수임받은 김일성은 수만 명에 이르는 고위관료와 당 간부, 고위직 장교를 임명한다. 일제 때 그 자리에 있던 자들은 대부분 월남하거나 면직된 가운데 사실상 실무 경험이 전혀 없는 젊은이들이 영광스러운 부름을 받았다. 젊은 소령 김종기도 그중 한 명이었을 것이다.

뜻하지 않게 김일성으로부터 권력을 부여받은 이들의 충성심은 대단했다. 외부인의 눈으로 보면 도저히 유지될 수 없을 것 같은 어떤 사회 체제가 온존할 수 있는 것은 그 불합리한 체제에서도 무언가 혜택을 받는 다수 구성원이 존재하기 때문이다. 김일성에 의해 임명된 신진 관료들과 그 후손들이야말로 70년이 지난 지금까지도 북한 체제를 유지시키는 동력이 된다.

이런 상황에서 뒤늦게 올라온 남한 출신들이 끼어들 자리는 많지 않다. 김일성도 그걸 원치 않았다. 과거 일제 치하 조선공산당 운동의 주류 중 나름대로 고위직에 오른 이는 박헌영, 이승엽, 주영하, 권오직 등에 지나지 않았다. 그나마 그들의 유효기간은 몇 해 못 가 끝이 난다. 권오직과 함께 송환된 주영하의 운명에 대한 강상호의 증언이다.

북한 초대 주소대사였던 주영하. 주중대사였던 권오직과
함께 소환되어 숙청된다.

몇 해 전 역시 토착 공산주의자였던 오기섭을 '조선의 트로츠키'라 하여
우익화 경향을 비난하고 그의 숙청에 앞장섰던 주영하도 이제 김일성
수상의 남로당파 숙청의 제물로 떠올랐다. …… 주영하는 어느 날 밤 사
회안전원 2명에 의해 총살당했다는 소문이 들렸다. 그러나 필자가 평양
을 탈출한 1959년까지 주영하의 최후를 아는 사람은 한 사람도 없었다.

권오직의 최후에 대해서는 간부들 사이에 돌아다니는 소문을 뜻하는
비통(秘通)으로만 들었다고 한다.

주중대사 권오직도 같은 시기에 남로당파 간부들과 함께 깊은 산골 탄
광으로 보내져 총살됐다는 비통이 나돌았으나 정확히 확인되지 않았다.

남한에서도 언제든 고위직에서 해임될 수 있고 때로는 감방에도 가지
만, 정치가나 사업가로 재기할 수도 있고 대학교수라도 할 수 있었다. 그
러나 농장 인부부터 최상급 직책까지 모든 것을 국가가 배치하는 북한에
서의 숙청은 재기 불능의 몰락, 또는 죽음을 뜻했다.

공식적으로 박헌영 재판에 회부되어 사형 선고를 받은 이는 몇 명 안 되지만 실제로는 30명 넘게 재판도 없이 총살되었다는 증언이 있다. 권오직과 주영하뿐 아니라 경성콤그룹 섬유노조 책임자로서 한국전쟁 때는 서울시당위원장과 금강정치학원 원장을 맡았던 김응빈 등이 그들이었다. 설사 총살을 당하지 않았더라도 그들의 생은 끝난 것과 다름없다.

어떤 처분을 받았든 숙청이란 어느 정도 고위직일 때 의미를 갖는다. 월북했더라도 처음부터 하찮은 직책에 배치된 이들에게는 무의미한 일이다. 권오직은 그나마 주중대사라도 하다가 죽었으니 나은 편이라고나 할까?

감옥살이 13년

권오직, 하면 먼저 그보다 7살 많은 친형 권오설을 이야기하지 않을 수 없다.

1899생인 권오설은 조봉암, 박헌영과 같은 급의 공산주의운동 선배였다. 1925년 박헌영에 이어 고려공청 책임비서를 맡고 이듬해에는 조선공산당 중앙위원으로 6·10만세운동을 주도했다. 제2차 공산당 검거 사건으로 체포되어 징역 5년을 선고받고 복역 중 고문 후유증으로 폐렴에 걸려 고생하다가 1930년 4월 17일 옥사한 인물이다.

해방 후 동생 권오직이 사장을 맡은 조선공산당 기관지 「해방일보」 1946년 4월 17일자는 4면을 특별 증면해 일제 때 고문치사당한 조선공산당 간부들의 약력을 보도한다. '조선공산당 창립 21주년 기념 만세!'라는 제목 아래 22명의 명단을 적는데, 권오설은 1, 2차 당서기이던 김재봉과 강달영에 이어 세 번째 인물로 다뤄진다. 누구 하나 아깝지 않은 사람이 없지만 특히 권오설의 죽음은 좌익계 여러 매체에 소개된다.

시인 임화가 주필이던 「조선인민보」 1946년 6월 9일의 좌담 기사에는

6·10만세운동이 처음부터 권오설의 제안으로 시작되었음을 보여준다. 좌담 중 양재식의 말이다.

> 그때 권오설 동지는 공청 책임자로 신의주 사건에 관련이 있어서 해외로 망명하였다고 하고 숨어 있었는데 1926년 4월 5일 이왕(李王, 순종)의 서거를 계기로 여기 앉은 박래원 동지 외 몇 분과 연락하야 "이 시기에 절대로 이러서야 되것다. 일반 민중에 반제혁명 의식을 고취하는 절호의 기회이니 이때 궐기하는 것은 우리의 의무다." 하며 권 동지가 주장하야 실천에 옮기기로 하였든 것입니다.

권오설이 주동한 1926년 6·10만세운동 때 뿌려진 전단은 3·1만세운동의 그것과는 확실히 다른 기조를 가지고 있었다.

> 현재 세계 정세는 식민지 민중 대 제국주의 군벌의 투쟁과 무산자 계급 대 자본가 계급의 투쟁으로 전개되고 있다. 제국주의 군벌에 대한 식민지 민중의 투쟁은 민족적 정치적 해방을 목적으로 하는 것이며, 자본가 계급에 대한 무산자 계급의 투쟁은 계급적 경제적 해방을 목적으로 한 것이다.
> 그러므로 식민지에 있어서는 민족 해방이 곧 계급 해방이고 정치적 해방이 곧 경제적 해방이라는 것을 알지 않으면 안 된다. 식민지 민족이 총체적으로 무산자 계급이며 제국주의가 곧 자본주의이기 때문이다.
> 그러므로 현재 우리는 당면한 적인 침략국 일본으로부터 정치적 경제적인 모든 권리를 탈환하지 않으면 죽음의 땅을 탈출하는 것은 불가능하다.
> 형제여! 자매여! 눈물을 그치고 규탄하라! 전 세계의 피압박 민족과 무산자 대중은 모두 함께 정의의 깃발을 들고 우리와 함께 보조를 맞춰나

갈 것이며 붕괴하고 있는 제국주의의 하나인 일본 지배 계급도 운명이 다하고 있다는 것은 누구에게도 명백하다. 보라! 그들 관청의 기강은 혼란에 빠져가고 있지 않은가! 그들의 정당은 인간사냥의 도구로 되고 있지 않은가! 그들의 군대는 살아 있는 인간을 물고기처럼 죽이고 있지 않은가!

형제여! 자매여! 최후까지 싸워 완전 독립을 쟁취하자! 혁명적 민족운동자 단체 만세! 조선 독립 만세!

명백히 사회주의 혁명을 지향하고 있는 이 선언이 발표되었을 때, 동생 권오직의 나이는 21세, 고려공청에 가입해 모스크바의 동방노력자공산대학에 유학을 가 있었다.

코민테른에서 여비까지 제공한 공산대학 유학생의 상당수는 공산당 1차 집행부와 혈연 관계에 있었다. 권오설의 동생 권오직뿐 아니라 박헌영의 아내 주세죽, 김형선의 동생 김명시, 조봉암의 동생 조용암과 아내 김조이 등이었다. 이는 엄격한 비밀을 유지해야 하는 공산당의 특성이기도 했다. 이관술과 이순금 오누이는 워낙 유명했고 이주하의 여동생 이예분, 이재유의 칠촌조카 이인행 등 많은 형제자매가 운동에 동참한다.

권오직 형제는 경북 안동의 서당 훈장의 아들로 태어났다. 조선의 세도가 중 하나인 권씨 가문이지만 가세가 기운 지 오래여서 제대로 학교에 다니지 못했다. 형 권오설은 중앙고보를 중퇴한 게 전부였다. 조선에는 전문학교밖에 없던 시절인데 4년제 공산대학에 무료로 유학을 하게 된 것은 권오설에게는 큰 행운이랄 수 있었다.

공산대학은 러시아 내의 소수민족이 제일 많았는데 중국, 조선, 인도, 터키, 베트남 등 약소국가 젊은 혁명가들도 상당수 입학해 마치 인종전시장 같았다. 제대로 졸업을 못한 채 중도에 고국으로 파견이 되거나 사상불량으로 퇴학당하는 이도 많았다. 권오직은 1925년 겨울부터 1929년

일제 감옥에서의 권오직.

5월까지 3년 반을 공부하고 정식으로 졸업을 했으니 제대로 공부한 편이었다.

공산대학을 졸업했다고 해도 고국으로 돌아가 비밀 임무에 종사하는 경우는 많지 않았다. 조선인 유학생도 수년 간 200여 명에 이르는데 그 중 공산당 재건의 임무를 부여받아 귀국한 숫자는 수십 명에 지나지 않았다. 나머지는 소련에 남아 조선관계 업무를 보는 관리가 되거나 공장 노동자로 배치되었다. 때문에 월급까지 받아가며 공짜 공부를 해놓고는 국내 현장에 배치되는 사람은 거의 없다는 내부 비판도 있었다.

권오직은 졸업 후 모스크바의 공장에 배치되어 노동자로 3개월 정도 일하다가 고려공청 재건 임무를 받아 10월에 귀국한다. 결정 과정을 정확히 알 수는 없으나, 본인이 소련에 남겠다고 요청하면 받아들이고 있었으므로 국내 입국을 자원했을 것으로 보인다.

권오직은 입국하자마자 조선공산당 조직준비위원회를 결성하고 3개월 후에는 조선공산당 경성지구 조직위원회를 조직한다. 그러나 다른 대다수 귀국자들과 마찬가지로 불과 몇 달을 넘기지 못하고 체포되고 말았다. 1930년 2월에 3·1만세운동 11주년 기념일을 맞아 반일 격문을 제작해 전국의 청년동맹, 농민조합, 노동단체들에 배포했다가 검거된 것이다.

예심 1년 8개월 만인 1931년 10월에 징역 6년형을 선고받은 그는 거의 8년 동안 옥살이를 한다. 그러나 나오자마자 다시 경성콤그룹에 참가, 김삼룡과 함께 1940년 12월에 또다시 체포된다. 이번의 형량은 징역 8년이었다. 해방이 되면서 풀려나긴 했지만 거의 13년 세월을 감방에서 보낸 것이다.

우직스러운 중앙파

재건된 조선공산당의 중앙위원 서열 14위가 된 권오직은 당 정치국원 겸 기관지 「해방일보」 사장을 맡았다. 또한 해방 다음 달인 1945년 9월 6일 여운형이 주도해 결성한 조선인민공화국(인공)의 전국인민위원 후보위원에 오른다.

장차 국가의 모든 체계를 결정하게 될 인공의 최고의결기관인 전국인민위원은 55명으로 이승만, 여운형, 박헌영, 김일성, 이관술, 김구, 김규식, 김원봉, 김무정, 이승엽, 이순금 등 좌우를 막론한 대표적 항일운동가로 이뤄진다. 이승만, 김구, 김규식 등 아직 귀국하지 않은 우익계도 명단에 넣은 것은 대표성을 확보해야 한다는 여운형의 뜻이었다. 후보위원은 권오직을 비롯해 현준혁, 황태성 등 20명으로, 압도적 다수가 좌익계로 이뤄져 있었다.

인공은 미군이 들어오기 전에 조선인의 자치정부를 세움으로써 새로운 식민지 지배를 막겠다는 의도로 급조된 기구였다. 인천항으로 들어온 미군을 영접한 것도 여운형 등 인공 대표들이었다. 부산과 신의주를 통해 쏟아져 들어오는 귀환민들을 맞이한 것도 지역 인민위원회였다. 급조되었다지만 이미 해방 전부터 만들어진 건국준비위원회(건준)가 바탕이 되었기 때문에 중국과 일본으로 이주해 고생하다 돌아온 조선인들은 인민공화국이라는 국가가 생긴 걸로 착각했을 정도로 체계적으로 움직였다.

그러나 미국은 인공을 일언지하에 거부했다. 조선을 일본으로부터 빼앗은 자신의 새로운 식민지로 생각했기 때문이었다. 얼마 안 가 재래식 식민지 정책을 포기하고 정치 경제적 영향력만을 유지하는 신식민지 정책을 택하게 되는 것은 소련의 팽창에 대응한 전략일 뿐이었다.

미국과 중국에서 귀국한 이승만과 김구 등 민족주의 계열 역시 인공을 외면했다. 자신들이 귀국도 하기 전에, 어떠한 상의도 없이 좌익들이 제멋대로 만든 공산주의 기구라는 인식 때문이었고 이는 실제로 사실이기도 했다.

반대로 공산주의운동 비주류는 인공의 대통령으로 이승만을 내세운 것을 비판하고 나섰다. 좌우 양쪽으로부터 비난을 받게 된 인공은 몇 달 만에 흐지부지되고, 대신 민족주의민족전선(민전)이라는 이름의 전국적 정치 결사가 만들어졌다. 1946년 2월이었다. 권오직은 민전에서도 중앙위원을 맡는다.

이 무렵인 2월 19일부터 사흘 동안, 공산당 내에는 중요한 연석회의가 열린다. 박헌영이 자기 파벌들만을 요직에 기용했다는 불만이 터져 나오면서 중앙당과 지방당의 주요 간부 54명이 간담회를 연 것이다. 아직까지 공산당이 매우 민주적으로 운영되고 있음을 역설적으로 보여주듯이 누구나 자유롭게 박헌영을 비롯한 중앙당 간부들을 맹공격하는 모습은 이후 어떤 공산당 회의록에서도 볼 수 없는 진풍경이다.

훗날 북한의 밀사로 내려왔다가 박정희에게 처형당하는 황태성과 함께 공동의장을 맡은 권오직은 당당히 박헌영을 옹호한다. 이우적 등 반대파가 박헌영이 코민테른의 명령을 받고 와서 활동한 것을 인정할 수 없으며, 국제노선보다 국내노선이 더 중요하다고 주장하자 이렇게 반박한다.

국제당은 세계 혁명적 총본부이니까 일개인이 거기서 나와서 일할 제

그것은 국제노선이며 나만이 일한다는 주장은 아닌 것입니다. 그때의 시야는 사실상 박헌영 동무 중심인 경성콤그룹이 가장 우수했던 것입니다. 1932년에 나올 때 국제노선을 가지고 나왔습니다. 그때 많은 동무들은 브로커로, 또는 투기사로 많이 전락되어 있었습니다. …… 박헌영 동무가 10여 년 꾸준한 투쟁을 했는데 이것은 용이한 일이 아닙니다. 그 동무에게 계동서 일임하지 않았습니까? 현재 누구를 세우겠습니까? 지금은 적과 싸워나가야 할 때이지 당사(黨史)를 운위할 시기가 아닙니다. 동무들은 다 같이 역할을 했다고 주장하지만 나는 다 같은 역할을 했다고 말할 수 없습니다.

연석회의에서의 발언 이외에 권오직의 개인적 인품이나 성향을 알 수 있는 인상기나 회고는 찾기 힘들다. 권오직의 이름이 갑자기 신문에 도배되기 시작한 것은 연석회의 후 석 달도 지나지 않은 5월 7일부터였다. 정판사 위조지폐 사건의 주범으로 몰린 것이다. 45살 되던 해였다.

정판사 사건이 미 군정과 조선 경찰의 조작극임은 여러 모로 확인되고 있지만 권오직에게는 너무 중요한 일이니 다시 한 번 살펴보자.

5월 15일에 발표된 '조선경찰 제1관구 경찰청장' 장택상의 성명이다. '군정청 공보부 발표'라는 제목으로 「동아일보」에 실렸다. 일부 한자를 읽기 좋게 고쳤다.

일당이 위조지폐를 박게 된 동기는 8·15 이후 조선공산당의 재정난으로 말미암아 당 자금 선전운동비를 만들기 위하여 여러 가지로 궁리를 한 결과 정판사를 접수하였다. 그래서 이 기관을 접수한 박낙종은 동 공장에서 전부터 근무하는 공산당원 김창선에게 이관술과 권오직의 지령을 전한 다음 작년 10월 20일 하오 6시경 시내 장곡천정 74번지 근택빌딩 정판사 사장실에서 사장 박낙종(17), 서무과장 송언필(46), 재무과장

박필상(40), 기술과장 김창선(36), 평판기술공 정명환(30), 창고계 주임 박상근(43) 등이 비밀히 집합하여 위조지폐를 박을 계획을 세우고 또 공산당이 재정난이라는 것을 명시한 다음, 지폐를 위조 발행하여 이것을 공산당에게 제공할 것을 결의하였다. 그리고 곧 그날 20일 하오 7시경 공장 직공이 일을 마치고 돌아간 틈을 이용하여 김창선이 평판과장으로 있을 즈음 절취하여 보관하였던 100원 권 원판 4매 두 벌로서 먼저 200만 원을 박아내었던 것이다.

조선공산당 중앙위원회는 즉시 반박 성명을 발표한다. 5월 17일자 「동아일보」 보도다. 역시 일부 한자를 읽기 좋게 고쳤다.

1) 이 지폐 위조 사건에 조선공산당 중앙위원 이관술, 권오직 양인이 관련되었다고 발표하였는데 이상 양인은 이 사건에 전연 관계없음을 단호 성명함.

2) 이 사건은 관련되어 체포되었다는 14인을 모두 조선정판사에 근무하는 조선공산당원이라고 하였으나 발표가 사실과 상위가 있음을 지적함.

3) 동 발표에서 '위조지폐 300만원의 대부분은 근택빌딩 지하실에서 위조한 것이다'라 하였으나, 근택빌딩 지하실에서는 인쇄기를 설치한 일이 일차도 없으므로 이 발표는 전연 부당한 것을 지적함.

4) 동 발표에 이 사건의 범인이라는 명칭 하에 당 간부 및 당원이라는 칭호를 씌워 조선공산당이 이 사건과 무슨 관련이나 있는 듯이 발표한 것은 더욱 기괴천만이라 아니할 수 없다. 당은 단호히 이 사건과

관련이 없을 뿐 아니라 이러한 경제 혼란의 행위에 대하여는 가장 용감히 투쟁하였고 투쟁할 것을 다시 한 번 천하에 공포함.

5) 이 사건과 조선공산당 간부를 관련시킨 것은 어느 모략배의 고의적 날조와 중상으로 미소공동위원회 휴회의 틈을 타서 조선공산당의 위신을 국내 국외에 대하여 타락시키려는 계획적 행동임을 지적하는 동시 우리 당은 이 사건과 절대로 관계없으니만치 머지아니하여 이 사건의 진상이 폭로되고 우리 당의 위신은 이러한 허위적 중상이 있음에도 불구하고 조금도 동요, 미혹이 없을 것을 단언함.

권오직과 이관술은 공산당과 별도로 경찰의 발표는 전면적 허구라는 성명을 낸다. 본인들과 정판사 직원 14명은 이 사건과 전혀 관계가 없다는 것, 이 사건은 조선공산당의 위신을 추락시키려는 모략가의 행위라고 주장했다.

진짜 위조지폐 사건은 김구의 극우 단체인 대한독립촉성회 뚝섬 지부장에 의해 벌어졌으며, 공산당원도 아닌 정판사 직원 김창선이 일제 패망 때 숨겨놓았던 인쇄 원판을 그에게 판 것이 드러나자 정판사와 조선공산당을 연결시켜 누명을 씌운 거라고 주장했다.

하지만 어떤 호소나 시위도 소용없이, 권오직은 이관술, 박낙종과 함께 위조지폐범의 누명을 쓴다. 두 사람은 체포되고 권오직은 월북하는데, 결국 세 사람 모두 몇 년 안에 죽을 운명이었다.

권오직은 이마가 벗어져 올라가고 입술이 두껍고 검은 얼굴빛의 골격이 큼직큼직한 사람이었다. 경상도 사투리를 마구 써대는, 일견 둔중한 전형적인 경상도 사람으로 보였다. 같은 경상도 사람인데도 가냘프고 재사형인 이우적과는 달랐다.

권오직. 감옥에서 찍은 또다른 사진이다.

이병주의 장편소설 『남로당』에 나오는 권오직의 인상기다. 이 소설의 기초를 제공한 증언자 박갑동이 만난 권오직은 대범한 사람이었다.

이우적은 일제 시절부터 박헌영을 못 잡아먹어 안달이라고 할 정도로, 상상하기도 쉽지 않을 온갖 사소한 문제들로 꼬투리를 잡아 공산당 주류에 시비를 걸어온 사람이었다. 중앙당과 지방당의 연석회의에서도 처음부터 끝까지 주류파를 괴롭힌 주동자였다. 그런데 박갑동을 「해방일보」 기자로 추천한 이가 이우적이었다. 가까운 친척이라는 이유였다.

이우적이 박갑동을 사장실에 데리고 가서 권오직에게 소개하니 권오직은 별 관심을 보이지 않고 사무적인 말투로 "원고를 한 번 써가지고 오시오."라고만 한다. 냉랭한 태도에 기분이 상할 정도였다.

박갑동은 뒤늦게야 두 사람이 사이가 나쁘다는 것을 알게 되어 보나마나 떨어지겠다고 생각했으나 그래도 '조선 건국의 방향'이라는 제목의 논문을 써서 권오직에게 직접 제출한다. 권오직은 늘 사람들에게 둘러싸여 있어 별다른 대화도 없었다.

큰 기대 않고 신문사를 다시 방문한 박갑동은 깜짝 놀란다. 권오직이 자신이 제출한 논문을 「해방일보」에 전격 싣고, 박헌영에게 인재가 나왔다고 칭찬까지 해두었던 것이다. 다만 이름 대신 'P생'이라고만 기재했는데 특별한 저명인사가 아닌 이상, 필자를 보호하기 위해 'P생', 'K생', '백두산인', '지리산인' 같은 가명을 쓰는 게 당시 좌익계 신문의 통례였다.

> 둔감해 보이던 권오직이 뜻밖에 섬세한 신경의 소유자였던 모양으로, 그 원고를 끝까지 읽곤 어느 정도 인정해준 것이라고 생각하고 박갑동은 기쁨과 동시에 의욕이 솟아오름을 느꼈다.

권오직은 확실히 대범하고 공명정대한 인물이었던 듯하다. 자신이 기자 임명의 전권을 가지고 있던 당 기관지 편집국에 박헌영 주류파 간부라고는 권오직 자신과 조두원, 정태식의 3명뿐이었다. 그런데도 정적 이우적이 추천한 박갑동을 논문만 보고 선뜻 취직을 시킨 것이다.

박갑동이 겪은 권오직은 어떤 파벌 의식도 없이, 누구의 말이라도 좋은 제안은 선선히 받아들이고 잔소리나 신경질적인 모습은 보이지 않는 사람이었다. 매사 까다롭게 불평불만과 파벌적 언행만 일삼는 이우적 등 비주류들과는 달랐다. 박갑동은 자연스럽게 권오직 계열, 더 나아가 박헌영 계열이 될 수밖에 없었다. 그에게 권오직은 우직한 사람, 믿을 수 있는 사람이었다. 이 충직한 공산주의자가 소련이 만들어준 공화국에서 종파주의 반당 분자로 몰려 죽게 될 줄은, 갓 혁명가가 된 젊은이는 상상도 하지 못한다. 박갑동 비슷한 많은 사람들이 철저히 반공 또는 반북주의자가 된 데는 이성적인 설명으로는 이해시키기 불가능한, 이러한 감정적 경험이 있음을 무시해서는 안 될 것이다.

북한까지 올라가서도 끝내 오명을 쓰고 죽고 죽었으나, 남한에서라도 권오직과 이관술에게 씌운 위조지폐범의 오명을 벗겨주는 날이 오기를 기대한다.

1946년 9월 1일자 「자유신보」에 실린 정판사 재판 장면으로, 체포된 인쇄공 김우용에 대한 재판장 양원일의 질문이다.

"피고는 김창선의 제의로 작년 10월 하순부터 3회에 걸쳐 위폐 인쇄를
하였다는데?"

"그런 일 없습니다."

"그러나 현재로는 증인과 증거품이 있으며 관계 혐의 있는 권오직이 도
주하였는데?"

"증인 증거가 어떠한 것인지는 모르나 그런 사실은 없습니다."

"제1회는 부인하고 그 후는 전부 자백하였는데?"

"그렇습니다."

"진심으로 자백하였다면 이것도 증거가 되는데?"

"제 1, 2, 3회 조서 받을 때는 고문을 받았으며 그 후는 이미 고문으로 허
위 진술한 것이 있는 만큼 전과 같이 진술하였습니다."

현재까지 진술한 모든 피고는 이구동성으로 경찰에서는 악독한 고문을
받았다고 하였는데 00 역시 조서는 경찰의 고문으로 허위진술된 것이라
강조하였다.

이어서 증거품 제시가 있은 후 재판장으로부터 현재 상태로는 피고에게
불리하니 결백함을 증명할 만한 진술이나 증거품을 내놓으라는 데 대하
여 피고로부터,

· 검속 시 만일 우리에게 그런 사실이 있다면 도망하였을 텐데 도리어
  우리는 태연히 먼저 잡혀간 동지의 일까지 하고 있던 것이며

· 징크판은 몇 달 동안 오래 두고 박을 수 없다고 생각하며

· 도장판은 김창선과 정명환이 새겼다고 하나 피고 중에는 그만한 기술
  자가 없다.

화폐의 원판이 아닌 징크판으로는 몇 달에 걸쳐 몇 차례나 인쇄를 할

수 없다는 기술적인 증언도 매우 의미심장하다. 인쇄공 김우용이 차후라도 증거가 될 만한 것이 발견되면 진술하겠다고 하자 재판장 양원일은 지금의 심정을 묻는다. 김우용은 말한다.

단지 억울할 뿐이며 가장 양심적 인쇄소로 믿은 만큼 정판사로 들어간 것이고 또한 근로대중을 위하여는 공산당인 만큼 입당하였는데 피고의 상식으로는 이 당과 정판사에서 위폐를 박았다고는 생각할 수 없다. 그 이유는 위폐 발행으로 인하여 제일 희생되는 사람이 결국 우리 인민 근로대중인 까닭이다.

· 12 ·

소비에트의 대나무

홍덕유

사회주의 「조선중앙일보」

잡지 「삼천리」 1936년 4월호 '춘추전국시대 같은 삼대 신문전'이란 제목의 기사다.

> 나로 하여금 세 신문의 사상적 계열을 평하라면 동아는 민족주의, 조선은 자유주의, 중앙은 사회주의계라고 할 것이다. 물론 이 말은 엄격한 의미에서가 아니고 그저 가벼운 의미에서 그 태도도 행로가 총총한 석양과객(夕陽過客)이 도선풍광(沿道風光)을 한두 마디 지적하고 가듯이 그러한 의미에서 하는 것이다.

대부분 기사를 가명으로 쓰던 시절이라 필자가 누구인지는 알 수 없지만, 필자는 「동아」, 「조선」, 「중앙」의 세 신문을 사회주의, 민족주의, 자유주의로 나눈 이유를 이렇게 부가한다. 참고로, 이 글에 나오는 「중앙」의

1936년 당시 정확한 사명은 「조선중앙일보」로, 오늘의 「중앙일보」와는 근원이 다른 신문이다.

> 중앙을 좌익계라 함은 여운형, 배성룡, 임원근, 안병주, 이천진, 홍덕유, 김복진 등 과거의 색채가 그러하였던 분이 여럿인 점으로도 수긍되며 조선은 간부층에 아주 강렬한 '사회주의 아니면 못 산다' 하는 이도 많지 못한 대신, '민족주의 아니면 못 산다' 하는 식의 굳센 민족의식 가진 이도 많지 못하다. 그래서 한마디로 요약하면 가벼운 의미의 자유주의 경향이 농후하다 할 것이다. 그에 반하여 동아는 창간 초의 사시에도 '20,000,000 민중의 표현기관'이라 공언하야 비교적 순일한 민족주의계 인물이 중추신경이 되어 회사가 움직이고 있다.

재미있는 것은 「조선일보」가 신문전쟁을 선도한다는 내용이다. 이 무렵 「조선일보」 사장 방응모는 금광 하나를 100만 원에 팔아서 그 절반을 신문사에 투자한다. 광화문통에 5층 사옥을 짓고 최초로 비행기를 사고 신문을 12면으로 증면하여 다른 두 신문을 압박한다. 끊임없이 증면과 무가지 살포로 신문 무한경쟁을 선도하는 오늘날 「조선일보」의 유년 시절을 보는 듯하다.

기사의 필자는 「조선일보」 방응모를 "성격이 적극적이고 독재적이며 담이 크고 퇴각을 모르는 이"라고 묘사한다. 그러나 대범함으로 말하자면 「중앙일보」 여운형도 조선 팔도의 호걸들을 압도하는 인물이다.

여운형은 이 기사의 표현대로 "천하를 너 혼자 먹겠느냐."며 충남제지 사장인 호남갑부 성완경 등 3명의 자산가로부터 20만 원의 거액을 투자받아 쌍엽 비행기를 사서 백두산을 항공 촬영하는 등 기염을 토한다. 그러다가 올림픽 마라톤에서 우승한 손기정의 일장기를 지워 보도하는 바람에 강제 폐간되고 신문사 재산을 몰수당하고 만다.

올림픽 마라톤에서 우승한 손기정 선수의 일장기를 지우고 보도한 1936년 8월 13일자 「조선중앙일보」 기사.

아무튼 이 기사에 썼듯이 당시 「중앙일보」는 사장 여운형을 비롯해 사회주의자들이 대거 들어가 있었고, 거기에는 홍덕유(1882~1947)라는 탁월한 인물이 버티고 있었다. 홍덕유는 광산재벌 방응모에게 넘어가기 전의 「조선일보」에서 영업부장 등을 했던 인물로, 「중앙일보」에서는 사회부장, 영업부장, 경리부장, 공무국장 등 신문사 전체를 관리하는 실무 전문가라 할 만했다.

이 기사가 실리던 때 홍덕유의 나이는 54세, 여운형보다도 여러 살 많은 원로였다. 의병투쟁부터 시작된 민족주의 계열에는 그 나이가 흔했지만 30대 초반이 지도부를 이루던 당시 사회주의 운동권에는 드문 연령대였다.

해방 전 조선공산당에서는 검사위원회 책임비서 겸 당중앙 후보위원, 경성부 책임자였고 재건된 후에는 중앙위원 서열 22위, 인민공화국 중앙위원 후보, 민전 상임위원 겸임 조직부장, 남로당 중앙감찰위원이라는, 좌익 계열의 최상급 지도자 집단에 속했던 홍덕유. 그는 어떤 인물일까?

소비에트의 대나무

홍덕유는 1882년 수원군 서신면 전곡리 55번지 출생이다. 조선이 식민지가 되었을 때 20대 후반이었다. 김구와 이승만보다 6, 7살 어린 나이로, 의병투쟁에 가담할 연령대이다.

실제로 홍덕유는 1916년 시베리아와 만주 일대에서 무장독립투쟁을 하다가 1919년에 귀국한다. 러시아혁명이 성공하기 이전부터 시베리아에 있던 그는 일찍부터 사회주의를 알게 되었던 듯하다. 호를 소련의 대나무라는 뜻의 소죽(蘇竹)으로 지은 것도 그런 의미일 것이다. 의역하면 오로지 공산주의의 절개를 지키겠다는 뜻이었을까?

귀국 이듬해인 1920년 「조선일보」 영업국장, 공무국장을 지내면서 1923년 7월 신사상연구회에 가입한다. 신사상연구회는 '소련, 일본, 중국 등지에서 홍수와 같이 팽배하게 몰려오는 신사상을 연구해 조리 있는 갈피를 찾아보려는 목적'을 표방한 사상단체로 명백히 사회주의를 지향하고 있었다. 이듬해인 1924년 11월 19일에는 '화요회'로 이름을 바꾸는데 마르크스가 태어난 11월 19일이 화요일인 데서 착안한 것이었다.

화요회는 홍덕유를 포함해 홍명희, 홍증식, 조봉암, 구연흠, 김재봉, 박헌영, 김단야, 박일병 등 당대의 대표적인 공산주의자 모임이었다. 이듬해 4월 17일 결성된 조선공산당의 주력이 화요회 회원들이어서 여러 반대 파벌들로부터 '화요파 공산당'이라는 비난을 받을 정도였다.

조선의 공산주의운동에 여러 파벌이 존재했던 것은 사실이었다. 크게 화요파와 서울파로 나뉘는 이 대립은 해방 후까지도 계속된다. 그러나 아이들 싸움처럼 단순한 패거리 다툼은 아니었다. 인물로 분류해보자면, 화요파의 다수가 적극적인 투사들로 이뤄진 반면 서울청년회 계열은 대다수가 활동력이 떨어지거나 변절을 거듭한 사람들이었고, 그러면서도 자기 파벌의 이해관계에는 대단히 민감한 이들이었다.

모스크바의 동방노력자공산대학에 유학 중이던 조선인들과 일본인들은 1929년 12월 13일부터 19일까지 1주일에 걸쳐 대대적인 토론회를 연다. 여러 주제가 논의되었으나 특히 종파주의에 대한 논쟁이 길었는데 유학생 김광은의 발언은 서울파가 어떤 사람들인가를 보여준다. 소련 국립문서보관소에 남아 있던 녹취록이다.

> 이른바 치안유지법이 발표된 이후 우리는 서울파의 항고를 관찰합니다. 예를 들면 중앙위원회 위원 ○○○을 들 수 있습니다. 공산주의를 어떻게 보느냐는 질문에 그는 다음과 같이 답변했습니다.
> "나는 모르겠다. 나는 단지 그에 대한 지식을 갖고 있을 뿐이다."
> 공산주의 사회가 실현되기를 바라느냐는 질문에 대해 그는 말할 수 없다고 답변했습니다. 이런 동무들로 공산당을 건설할 수 있다는 말입니까? 선고에 앞서 한 동무가 다음과 같이 말했다고 들었습니다.
> "동쪽에서 해가 떠오르는 광경은 매우 아름답다. 그렇기 때문에 사람들은 그 태양을 붙잡으려 한다. 그러나 이는 실현시킬 수 없는 환상이다. 공산주의도 좋다. 그러나 이 또한 실현될 수 없는 환상이다."
> 공산주의자가 이렇게 말했습니다. 이런 동무들로 공산당을 건설할 수 있단 말입니까?

김광은이 이 말을 꺼낸 이유는 화요파의 수장인 박헌영을 비난하기 위함이었다. 박헌영이 감옥에 들어 있는 운동가들을 당에 영입시키자고 한 것에 대한 트집이었는데 결과적으로는 서울파의 본질을 보여주는 꼴이 되었다. 실제로 이영과 함께 서울파의 양대 수장이던 정백은 여러 차례 변절을 거듭한 끝에 한국전쟁 때 인민군에게 처형된다.

화요파라고 해서 종파주의의 혐의에서 자유로운 건 아니지만, 서울파를 비롯한 비주류 파벌들의 종파주의는 대단했다. 공산당이 결성된 직후,

서울파와 만주 지역의 해외파들은 모스크바까지 밀사를 보내 화요파 공산당을 인정해서는 안 된다는 상신을 올린다. 조선공산당 집행부가 화요파만으로 이뤄진 것도 아니고 처음부터 코민테른의 지시, 협력 아래 결성되었음에도 이에 반발한 것이다.

자기 파벌의 이익을 위해서는 어렵게 만든 당의 해산과 어떤 국제적 망신도 감수하겠다는 서울파의 상식을 초월한 종파주의를 누른 것은 조봉암이었다. 조선공산당 대표로 모스크바에 파견된 조봉암은 특유의 외교술로 여러 파벌의 항의를 반박해 코민테른으로부터 조선 최초로 공산당을 인정받는 데 성공한다.

홍덕유는 해방 이듬해인 1946년 4월 17일자 「조선인민보」 특집 기사에 그날의 감동을 술회한다.

> 21년 전 일입니다. 그때 일을 생각하면 이 늙은 몸에 열혈이 끓어오르는 듯합니다. 지금 반도호텔 옆에 있는 〈아서원〉에 각 도당 대표들이 극비밀리에 참집하여 역사적인 조선공산당 제1차 대회가 열렸던 것입니다. 오늘날을 당하야 그 대회에 참가하고 이미 세상을 떠난 김재봉, 주종건, 진병기 세 동무를 생각하면 강개함을 금할 수 없습니다.

홍덕유는 자신보다 한참 어린 김재봉과 박헌영에 대한 신뢰와 존중심을 아낌없이 표현한다.

> 그때 그 대회에 참집한 사람은 일생을 조선 민족 해방운동에 바치겠다는 강철 같은 의지의 혁명가들이었습니다. 그 대회가 서울서 개최하게 된 것은 김재봉, 박헌영 동무들의 피눈물 나는 노력과 희생적 투쟁의 결정입니다.
> 표면으로는 4월 15, 16 양일에 전조선기자대회를 소집하고 기자대회를

件事社結密秘의有初鮮朝後以動運末已
禁解部一日二昨──容內會年青產共麗高·黨產共鮮朝

조선공산당에 관련된 수많은 기사 중 하나.

이용하여 지방 당원을 상경케 하고 4월 19일에는 전조선민중운동자대회
를 개최한다 하여 경찰의 혈안을 이상 양 대회에 총집중시킨 다음, 예정
하였던 4월 17일에는 전기 기자대회로 하여금 동대문 외 상춘원에 화유
회(花遊會)를 개최케 하여 장안 전 경찰의 신경을 상춘원으로 총집중시
키고 그 틈을 타서 우리는 당 제1차 대회를 백주에 장안 복판 〈아서원〉
에서 열었던 것입니다. 일경의 압박과 감시가 혹심하였던 만치 우리의
기술공작 역(亦) 혈루의 노력이 필요하였고 따라서 그 공작을 우리는 언
제나 자랑거리로 생각하고 있습니다.

당시 「조선일보」 지방부장이던 홍덕유 자신을 포함해 공산당 지도부
에는 언론인이 많았다. 1차 책임비서 김재봉은 「조선일보」 기자였고 2차
집행부 책임비서 강달영은 「조선일보」 진주지국장이었다. 홍남표는 「시
대일보」 비서부장, 구연흠은 「시대일보」 논설부장이었다. 박헌영, 김단야,
임원근, 김재봉, 조동호, 주종건도 「조선」과 「동아」를 오가던 신문기자였

고 유진희, 송봉우, 김찬, 김두전 등은 잡지기자들이었다. 대표적인 여성 사회주의자인 허정숙도 최초의 여성 신문기자로 유명했다.

이처럼 기자들이 많았던 이유는 당대 최고의 지식인 집단이었기 때문인데 지방의 지국장들 역시 그 지역의 저명한 지식인이자 항일운동가인 경우가 대다수였다.

공산당 지도부의 대다수가 지식인이란 점은 1928년 코민테른이 조선공산당을 해소하라고 결정하는 원인까지 된다. 코민테른에서 조선공산당을 맡고 있던 쿠시넨(Otto Ville Kuusinen, 1881~1964)은 "조선공산당에서 노동자는 눈 씻고 찾으려야 찾을 수 없다."고 했을 정도였다.

어쨌거나 홍덕유는 김재봉의 1차 집행부가 1925년 12월의 신의주사건으로 붕괴된 후 「조선일보」 진주지국장이던 강달영을 2차 집행부 책임비서로 추천하는 중요한 역할을 한다. 역사학자 임경석은 일제의 재판 기록을 토대로 쓴 『잊을 수 없는 혁명가들에 대한 기록』(2008)에서 홍덕유와 강달영의 관계를 묘사한다.

> 그즈음 경상남도 도청 소재지인 진주에서 조선일보 지국을 경영하던 강달영은 '지급상경' 전보를 받았다. 조선일보사 지방부장에 재임 중인 홍덕유가 보낸 것이었다. 신문사 간부가 자기네 신문사 지방 지국장에게 보낸 것이니 만큼 누가 보더라도 극히 자연스러운 업무상의 연락으로 보였을 것이다. 그러나 실제로는 두 사람 다 창당 이래 공산당원이었고, 서로 공산당원임을 인지하고 있었다. 홍덕유는 공산당 고급간부였다. 그는 얼마 안 있어 공산당 중앙후보위원, 조선일보사 내 당 야체이카 책임자, 서울시당 책임비서 등을 역임할 정도로 중요한 인물이었다.

이렇게 조직된 2차 공산당은 당원 146명에 후보당원이 119명이었는데 역시 노동자는 10명 중 하나밖에 되지 않았다. 게다가 2차 집행부 역시 석 달 만에 터진 1926년 6·10만세운동으로 붕괴된다.

6·10만세운동의 주동자였던 홍덕유는 1946년 6월 9일 「조선인민보」가 주최한 토론회에서 그 의의를 이렇게 말한다.

끝까지 타협하지 않고 꾸준히 반제투쟁을 하고 독립운동을 계속한 것은 공산주의자 및 그 영도 하에 있는 진보적 학생 소시민 노동자들입니다. 1925년 12월에 일어난 제1차 공산당사건으로 공산당의 대부분 간부가 피검되었으나 이에도 굴하지 않고 나머지 사람들은 다시 진영을 정돈확대하여 가지고 운동을 전개하고 있던 중 1926년 4월 25일 이조 최후의 왕 이척이 서거하였던 것입니다.

이에 조선공산당 중앙위원회에서는 왜놈들한테 눌려서 신음하는 조선 민족에게 반일적 감정을 고취하는 절호의 기회라고 생각하였기 때문에 6월 10일을 기하여 반일 대시위를 결행하기로 결정하고 각 단체와 연락하야 운동을 계획한 것이 그만 미숙에 발각된 것입니다.

주동자들은 체포되었으나 만세운동은 전국 주요 도시에서 성공해 연행자만 5,000명에 이르렀다. 3·1만세운동 다음으로 큰 사건이었다.

일찍 체포된 홍덕유는 징역 3년을 채우고 나온 1930년 「중앙일보」에 들어가 경리국장과 공무국장 등 신문사 전반을 이끄는 한 사람으로, 1937년 「조선중앙일보」로 폐간 때까지 일한다.

신문사를 나온 이후 무엇을 하고 살았는가는 확인되지 않았는데 그의 이름이 다시 등장하는 것은 1943년이다. '화요파 공산주의자 그룹' 결성에 참여한다는 기록이다.

태평양전쟁으로 일제의 전시통제가 극에 달하던 시기로, 박헌영이 전남 광주로 내려가 있을 때였다. 경성콤그룹의 일원인 김태준의 수기 『연안행』에는 그 무렵 공산주의자들이 박헌영을 애타게 찾았다는 이야기와 함께 '화요파 공산주의자 그룹'에 대한 언급이 나온다.

이승엽이 주도한 화요파 그룹에는 조동호, 정재달, 김태준, 홍덕유 등이 합류하는데, 박헌영과는 연락이 되지 않았던 듯하다. 이들은 노동운동을 이끌고 있던 '자유와 독립' 그룹 및 여운형이 주도하고 있던 건국동맹과 교류하며 조선의 독립을 준비한다.

김태준의 수기에는 이승엽이 보내온 「자유의 길」을 읽고 토론했다는 부분이 있다. 화요파 그룹은 중국 내륙에서 무장 투쟁을 하고 있던 김무정을 만나 국내 진공을 상의하기 위해 김태준과 박진홍을 연안으로 파견한다. 또한 이승엽은 일본의 패전이 임박한 1945년 봄, 화요파 그룹의 대표로 건국동맹과 함께 군사위원회를 공동 조직한다.

홍덕유가 화요파 그룹에서 구체적으로 어떤 활동을 했는지는 확실치 않다. 체포되어 재판을 받아야 기록에 남는데 화요파 그룹과 건국동맹은 곧바로 해방을 맞이하기 때문이다.

해방 당시 홍덕유의 나이 63살, 당대의 평균연령을 이미 넘어서버린 노인이었다.

늙은 공산주의자

화요파의 중진이던 홍덕유는 해방 3주 후에 재건된 조선공산당에서 중앙위원 28명 중 1명이자 중앙검열위원 4명 중 하나로 이름을 올린다. 공산당 지도부 중 가장 나이가 많았다.

다른 공산주의자들과 마찬가지로, 홍덕유도 항일운동에서의 공산주의자들의 업적에 큰 자부심과 희망을 갖고 있었다. 1946년 6월 9일 「조선인민보」 편집국에서 이뤄진 6·10만세기념 대담의 한토막이다. 신문사에서는 주필 임화와 편집주간 고재두가 나오고 토론자로는 양재식, 박래원, 이천진, 조두원이 나왔다. 홍덕유의 말이다.

합병 후 조선에서는 일제의 폭압으로 말미암아 꼼짝할 수 없게 되어 특별한 조직적인 운동이 없었습니다. 그러다가 3·1만세운동을 계기로 무단정치가 이른바 문화정치라는 일종의 회유정책으로 전환하여 언론이라든지 출판 또는 집회 등에 대해서 다소의 자유는 허용하여 민족자본가들은 회사 조직 기타 기업의 자유를 얻게 되어 3·1만세운동으로부터 6·10운동까지의 사이에 벌써 민족주의적 정치운동가들은 전향하야 왜놈들 앞에 무릎을 꿇고 일제의 품안에 들어가고 또는 탈락하여버렸던 것입니다.

자칭 민족주의자 중 홍덕유의 지적에서 자유로운 사람은 그리 많지 않았다. 적어도 해방 직후 몇 달 동안, 정확히는 신탁통치 문제와 정판사위폐 사건으로 공산당이 박해를 받기 전까지 민족주의라는 이름으로 친일을 했던 이들의 입지는 매우 좁았다. 선전물을 하나 내려 해도 종이를 파는 곳도 없고, 인쇄를 해줄 노동자도 없다는 푸념이 나올 지경이었다.

홍덕유는 1945년 9월에는 여운형이 주도한 인공의 중앙인민위원회 후보위원으로 선출된다. 11월에는 전국인민대표자대회 준비위원장과 중앙위원이 되었다. 1946년 2월에는 민주주의민족전선 상임위원 및 조직부장으로 선출되었고 같은 해 12월에 결성된 남로당에서는 중앙감찰위원을 맡았다. 그리고 이듬해인 1947년 6월 25일 사망한다. 66세, 당시로서는 노환으로 사망했다고 해도 충분할 나이였다.

역설적으로, 홍덕유는 조선공산당 지도부 중 가장 행운을 누린 사람이라고 할 만하다. 감옥살이도 3년밖에 하지 않았고, 「조선」과 「중앙」의 양대 신문사 간부로 10년이나 공개적으로 일했다. 해방을 두 눈으로 볼 수도 있었고 좌익 계열에서 누릴 수 있는 고위직들도 두루 섭렵했다. 그러나 그가 진정 행운이었던 것은 저 끔찍한 한국전쟁과 조선공산당 주류에 대한 숙청을 보지 않은 채 죽었다는 것, 남한에서도 아직 좌익의 기세가

드세던 1947년에 죽을 수 있었다는 사실이다.

어쩌면 그래서 오늘날 홍덕유를 기억하는 사람이 거의 없는지도 모른다. 늘 역사의 격랑 한가운데 있었으면서도 품위를 지키고 존중받을 수 있었던 인물이었기에. 비극적 인물에게 매력을 느끼는 것이 후세인들이기 때문에.

· 13 ·

'10년 후 대통령감'으로
손꼽힌 엘리트

이강국

10년 후 대통령감

박헌영이 주로 공산주의자를 상대로 한 논설에서 기량을 발휘한 이론 가라면, 이강국(1906~1955)은 일반 지식인을 상대로 한 글과 대중 연설에 탁월한 인물이었다.

군정 당국은 실정에 눈을 가려, 일터를 찾아 방황하는 노동자를 파업한 다 하고, 잠도 못 자고 쉬지도 못한 채 추수에 여념 없는 농민을 태업한 다고 하며, 자기 식량도 미처 거두지 못하는 가난한 농민에게 곡물 판매 를 거부한다고 책망하였다. 그리고 이것을 선동하여 경제를 혼란케 하는 책임이 인민위원회에 있다고 주장하였다. …… 아침과 모략을 능사로 하 는 친일파, 민족 반역자, 반동 세력에 둘러싸여 포위되어 있는 군정 당국 은 그 본래의 사명을 망각하고 민주주의의 발전을 억압하는 반동 세력 의 대두를 조장하고 있다.

해방 넉 달 만인 1945년 12월 23일에 발표한 '미국에의 메모랜덤(me-morandum)'이란 제목의 성명서로, 이강국이 미국 국민에게 보내는 성명서 형식이다. 미 군정과의 1단계 탐색전을 요약한 것으로, 이강국의 논설집 『민주주의 조선의 건설』에 실렸다.

1946년 2월까지 이강국이 쓴 글이나 연설문을 모은 『민주주의 조선의 건설』은 어느 쪽, 어떤 문단을 무작위 선택해도 감탄스럽도록 유려한 문장으로 이뤄져 있다. 오늘의 현실에 꿰맞춰 보아도 어색하지 않은, 민주주의에 대한 깊은 고찰이 들어 있다. 같은 책 중 1946년 1월 5일자 「인민과학」 창간호의 한 부분을 뽑아보자.

> 국수주의자는 대중 앞에 가장 열렬한 애국자로 등장하여 가장 공정한 초계급적 존재로서 가장하면서 지배 계급과 뒷방에서 야합하는 존재이다. 외래 세력과는 일견 모순되는 것 같으면서도 긴밀한 연결을 갖는다. 그들의 표방은 조선 국가요 민족이며, 구호는 반소 반공이다. 신성한 민족적 감정은 그들에게 악용되어 호전적이 되며 따뜻한 동포애는 골육상쟁으로 변하는 것이다. 세계 평화도 국제적 예의도 그들에게는 폐리(낡은 신발)와 같다.

이 책을 엮은 정진태는 서문에서 이강국을 이렇게 평한다.

> 실로 씨는 8·15 이후 민주주의 조선의 건설을 위하여 전 심신을 바치었고 여하한 위기와 곤란에도 굴함이 없이 과감하게 민주주의를 수호한 전사의 한 사람이라고 하여 틀림이 없을 것이다. 그렇다. 씨는 정력이 넘치는 실천활동가일 뿐만 아니라 우수한 이론가이다. 모든 문제는 실천을 통하여 이론적으로 정리되었고 필봉 그 자체가 또한 일종의 무기였다. 해결이 곤란한 문제가 생길 때마다 씨의 붓이 요구되었고 또 씨는 꾸준

히 이에 응하였던 것이다.

충주 출신 사회주의자로 장기간 옥살이를 했던 이구영은 심지연이 녹취, 정리한 자서전『산정에 배를 매고』에서 이강국의 지적 능력에 대해 증언한다.

나는 이강국과는 해방 전에 한 번 인사를 나눈 적이 있고, 해방 후 사석에서는 두 번인가 만났다. 그는 이승만에게 보내는 편지를 작성해서 나를 포함한 몇 사람이 있는 자리에서 그것을 읽어주면서 논평을 구했다. 그것은 인공 서기장 자격으로 이승만에게 보내는 공개 서한이었다.

하룻밤에 썼다는데 엄청나게 긴 만리장서였다. 이 박사가 인공 주석 취임을 거절하고 독자적으로 독립촉성중앙협의회를 조직한 것을 비난하는 내용으로, 이 박사의 노선이 무원칙하며 유아독존적이고 비민주주의적이라고 비난하는 내용이었다. 그것을 조원영, 박승방, 최문용, 그리고 나를 포함하여 10여 명 가까이 있는 자리에서 다 읽고 나더니 어떠냐고 물었는데, 나는 들을 만하다고 느꼈다.

1906년 경기도 양주의 가난한 양반가에서 태어난 이강국이 최초로 언론에 등장한 것은 20살 되던 1925년 3월 6일자「동아일보」다. 보성고보 제3회 졸업생 59명 중 수석졸업자로서 경성제대 예과가 목표라는 짧은 소개글과 함께 까까머리 이강국의 사진이 실려 있다.

졸업뿐 아니라 고보입학 때도 수석이었던 이강국은 조선 최고의 학교인 경성제대 예과를 거쳐 법문학부에 입학하면서 유진오, 허달과 함께 '경성제대 3대 천재'로 불린다. 졸업 후에는 대학원에 진학해 법문학부 조수로 있다가 1932년 독일로 유학, 베를린대학에서 공부한다.

일본이 아닌 유럽으로의 유학은 희귀하던 시절이었다. 문필과 언변이

보성고보 수석졸업으로 신문에 실린 이강국.

모두 뛰어난 데다 풍채도 좋고 상대방에게 믿음과 신뢰를 주는 진실성을 갖춘 이강국은 해방이 되자 '10년 후 대통령'이라 불렸다. 무엇보다도 그 탁월한 정치적 식견 때문이었다. 김오성의 『지도자 군상』에도 나온다.

> 우리들은 한낱 희담(戱談)으로서 이강국을 '10년 후 대통령'이라고 부른다. 그가 10년 후에 대통령이 될는지, 또 좀 더 후에 될는지, 아주 안 될는지는 누구나 예단할 수 없는 일일 것이다. 그러나 이 희담 속에 씨에 대한 우리들의 기대와 선망이 깃들어 있음을 씨는 알아야 할 것이다. 씨는 이 희담에 언제나 미소를 섞어서 "그놈의 10년 후가 언제나 계속되면 어떻게 되나?"고 대답한다. '언제나 10년'이 아니라, 매년 줄어갈 수 있게 하는 데는 씨의 노력 여하에 있을 것이다.

남쪽에서는 여운형과 이강국, 북쪽에서는 주영하가 정치가다운 정치가라는 말을 들을 때였다. 여운형만큼이나 사람을 좋아하고 베풀기를 좋아하는 대범한 인물이던 이강국은 1946년 가을에 월북한 이후에도 남쪽에서 올라온 이들의 구심점이 되었다. 박갑동의 증언이다.

> 서울에 있던 많은 공산주의자들이 경찰의 수사망을 피해 평양에 있었는

데, 오갈 데 없는 그들이 찾아가는 곳은 이강국밖에 없었다. 그것은 이강국이 사람이 좋아 자기를 찾아오는 사람은 모르는 사람이라도 거절하지 못하는 성격이라고 소문이 났었기 때문이었다. 그래서 그의 집이나 사무실 주변에는 언제나 사람이 떨어지는 경우가 없었다.

이강국의 인기가 높자 김일성이 "리강국 동무레 나왔으면 안 가가서."라고 우스갯소리를 했다는 말도 있다. 같은 자리에 있으면 사람들이 이강국 주변으로만 모인다는 이 말은 몇 년 안 가 진짜 뼈있는 농담으로 변하고 만다.

전체주의와 개인주의

이강국을 사회주의로 인도한 첫 인물은 경성제대의 일본인 교수 '미야케 시카노스케(三宅鹿之助, 1899~1982)'였다. 흔히 '삼택 교수'라 불리던 미야케는 훗날 조공 재건 책임자였던 이재유를 자기 관사의 마루 밑을 파고 38일이나 숨겨주었다가 체포되는 헌신적인 사회주의자였다. 갸름한 얼굴에 깐깐한 학자풍이던 그는 이강국, 최용달, 박문규 등의 제자들과 학습 소모임을 만들어 사회주의의 길로 인도한다. 김오성은 『지도자 군상』에서 이 과정을 자못 문학적으로 그린다.

> 이강국 씨가 오늘의 정치적 방향을 취하게 된 것은 아마도 1927년 경성제국대학의 법과생으로서 저 삼택 사건으로 유명한 삼택 교수를 만난 데서 결정된 것이리라. 씨는 사족의 후예로 태어났으나 가빈(家貧)으로 보성고보와 성대(경성제대) 예과를 간신히 마쳤으며, 어려운 집 자식이 흔히 갖기 쉬운 자멸감이 없이 한낱 귀공자와 같은 소년 시절을 지내온 것이 씨의 인간적인 타고난 특성이라 할 것이다. 그러다가 이 온실 속에

경성제대 강사 시절로 추정되는 무렵의 이강국. 훤칠한 외모
가 두드러진다.

서 자라난 무색의 화초에 세계사적인 색채가 감염되자, 그는 그 강렬한
감수성을 가지고 이 세계사적인 조류를 마음껏 흡수하였던 것이다. 그리
하여 삼택 중심의 성대 학생 독서회에서 그는 오늘의 정치가적 소지를
닦기 시작했던 것이다.

물론 선택은 이강국의 몫이었다. 경성제대야말로 식민지를 대리 지배
할 조선인을 양성하는 학교였다. 조선인 졸업생의 다수가 친일파가 되어
보수우익의 대변자가 될 사람들이었다. 같은 책을 읽고 같은 사람을 만
나도 어디로 갈 것인가는 자신이 선택하는 법이다. 이강국은 평범한 학
자로 이름 없이 살기보다는 동료의 손에 죽는 비극적인 혁명가로 후세에
이름을 남기는 길을 택한다.

이강국은 1930년에 대학원에 진학해 최용달, 박문규 등과 함께 '조선
사회사정연구소'를 조직했다. 조선의 정치, 경제, 문화의 각 부분에 관한
과학적인 연구를 목표로 한 모임이었는데 상아탑 안의 학술 모임을 넘어
다양한 대중 활동에 관여한다.

이강국이 독일 유학을 갈 수 있었던 것은 처남인 조준호 덕분이었다.
조준호는 당시 미두회사라 불리던 증권회사를 소유하고 있었는데 사장으로 앉힌 인물이 대원군의 외손자일 정도로 정치, 경제적 영향력이 큰 부자였다. 이강국은 처남 덕에 엄청난 비용이 드는 독일 유학도 갈 수 있었고, 경찰에 체포될 때마다 번번이 처남의 도움으로 일찍 석방된다.

이강국은 1932년 5월 독일 베를린대학에 입학하자마자 '프롤레타리아 과학동맹'과 '혁명적 아시아인회'에 가입해 공산당 활동을 시작, 10월에는 정식으로 독일공산당에 입당한다. 입당 후에는 일본인 그룹의 책임자를 맡았다.

당시 독일에는 히틀러의 나치당이 준동하고 있었다. 공산주의자들에겐 공포의 살인마였던 히틀러야말로 공산주의의 부정적인 측면이 낳은 아류라고 할 수 있었다. 나치즘이란 집단주의와 전체주의를 최고의 가치로 숭배하여 개인주의와 자유주의를 배격하면서 여기에 민족주의를 접목시킨, 게다가 지도자 우상화까지 동원한 최악의 전근대적인 정치사상이었다. 이런 사상이 젊은 시절 공산주의자 위원회와 독일노동자당에서 일했고, 스스로 국가사회주의자라고 천명한 히틀러에게서 나왔다는 것은 스탈린의 소련을 생각해보면 그리 놀라운 일도 아니다. 이탈리아의 독재자 무솔리니나 한국의 박정희 역시 한때 공산주의운동에 몸 담았다는 점도 해석이 된다.

공산주의와는 상관없지만 일본 군국주의 사상에서도 동질성을 엿볼 수 있다. 단지 자본주의냐 사회주의냐의 선택이 달랐을 뿐, 전체주의와 민족주의, 지도자 신격화는 독재자들에게 공동으로 필요한 자양분이었던 것이다. 개인과 자유를 가장 미워했다는 것도 같았다.

히틀러는 이강국이 베를린대학에 다니고 있던 1933년에 독일 수상이 되었고 이듬해에는 스스로 총통이 되어 온 나라가 히틀러의 사진과 나치 깃발로 뒤덮이게 된다. 독일공산당원들은 도처에서 학살당하고 노동조합들은 파괴되었다. 이강국의 독일공산당 활동은 다소 자유롭고 낭만적으로 보일 수도 있는 유럽 공산주의운동이 아니었다. 조선보다 더 직접적이고 위험한, 테러 위협에 시달리는 고생스런 투쟁이었다.

이강국은 외국인이라는 특전을 이용해 독일공산당과 다른 나라 공산당 사이의 연락과 문서 교환의 임무를 맡아 국경을 넘나드는 위험을 감수하면서도 한 차례도 걸리지 않았다. 또 이 과정에서 시리아 출신 여성 사회주의자와 '격렬한' 연애도 한다.

중요한 것은 이강국이 반파시즘 투쟁을 하면서 갖게 된 이념이다. 장차 해방될 조선은 사회주의 국가가 되어야 한다는 기본적인 생각에는 변함이 없지만 개인의 자유가 통제되고 말살되는 사회주의는 바른 길이 아니라는 생각을 갖게 된 것이 아닐까 추측된다. 스탈린의 억압 장치들과 대숙청에 실망한 많은 유럽의 사회주의자들처럼 말이다.

이강국은 이런 생각을 직접 표현하지는 않았다. 대신 유학 전부터 발행인을 맡고 있던 이론잡지 「비판」을 통해 여러 차례 자유와 개인을 중시하는 글을 싣는다. 초창기 공산주의자였던 영국 작가 오스카 와일드(Oscar Wilde, 1854~ 1900)가 오래전에 쓴 산문이나 나중에 박헌영의 이론진이 되는 박치우와 신남철의 논문들이 그 사례였다. 특히 오스카 와일드의 글은 '개인의 자유를 억압하고 전체주의를 내세우는 공산주의는 필연이 실패한다'는 논지를 담고 있었다.

굳이 머릿속을 분해해보자면, 이강국은 사회민주주의자이던 대중정치인 조봉암과 여운형에 더 가까운 생각을 갖게 된 듯하다. 실제로 이강국은 해방 후에도 조선공산당 간부를 맡지 않는다. 그래서 공식적인 공산당 서열에 들어 있지 않다.

여운형이 좌우합작을 설득한다는 이유로 '흔들리는 배'로 불리며 좌우 양쪽에서 협공을 당할 때도, 이강국은 그를 극찬하며 보호한다. 1946년 4월 10일자 「조선인민보」에 실린 그의 '여운형론'이다. 여운형과의 동질감이 숨김없이 표현되고 있다.

선생의 위대한 점을 나는 무엇보다도 그 광활한 포용력에서 찾고자 한다. 지도자에게는 언제나 이것이 절대로 요청되는 조건이지만 현 단계에 있어서는 그 요청이 더욱 통절한 바 있다. 이곳에서 오히려 선생의 장점이면서도 단점이라는 논평을 끌어내는 경향이 간혹 있으나 그것은 지도자로서의 요건과 조선 현 단계의 다단성을 충분히 이해하지 못하는 것이다.

이강국의 사상을 보여주는 또 다른 단초는 이재유와 이관술의 '경성트로이카' 활동에서도 나타난다. 두 사람이 경기도 양주군 공덕리에 은거하면서 제작한 기관지 「적기」에 나오는 '당면 혁명계급의 중심 강령과 행동 슬로건'에 나열된 투쟁 목표들이다. 수십 개나 되는 데다 긴 것이 많아 몇 가지만 정리, 요약해보자.

- 하루 7시간 노동제, 주 40시간 노동 실시
- 농가부채 탕감 및 소작료 금지
- 모든 사형제 폐지
- 부인의 완전한 평등권, 호주제 폐지
- 동일노동 동일임금, 외국인 차별대우 금지
- 1년 단위 계약제의 반대
- 소득에 따른 누진세 확립
- 부르주아적 산업합리화 반대
- 주 1회, 연 2주의 유급휴가
- 최저생활비 기준에 의한 최저임금 확립
- 실업보험, 질병보험, 재해보험, 노약자보험, 사망보험의 즉시 실시

세부적인 항목의 상위에는 조선의 절대독립과 노동자 농민에 의한 소

비에트 수립, 집회와 결사 및 언론의 자유 같은 정치적 요구가 있었다. 또한 일본인 회사와 관공서 및 이씨 왕조 소유 토지, 교회 및 절의 소유 토지를 무상으로 몰수해 농경지가 부족한 농민에게 분배하라는 요구도 있었다.

하지만 이 요구들은 다분히 사회민주주의적인 것들로, 소련에서 실시하고 있던 모든 공장과 토지의 국유화, 무상교육, 무상의료 등과는 확연히 달랐다. 노농소비에트라는 것도 일종의 의회 개념이지 소련식 권력기구라고 보기는 어려웠다. 무엇보다도 소련정치의 기초이던 공산당 일당독재를 주장하지 않는다.

물론 이는 조선과 같은 식민지 반봉건 사회는 즉각적인 사회주의로의 이행에 앞서 부르주아민주주의, 곧 자본주의를 거쳐야 한다는 스탈린과 코민테른의 결정에 따른 것이기도 했다. 농민이 대다수인 경제적 상황과 전근대적 계급의식이 온존하고 있는 문화적 기반을 먼저 바꿔야 한다는 논지였다.

국내에서 이 노선에 반대하고 나선 것은 이영 등의 서울파였다. 서울파는 일제시대는 물론 해방 직후에도 즉각적인 소련식 사회주의 실현을 주장한다. 현실에서는 가장 기회주의적인 세력이 이론으로는 극단적인 강경노선을 주장한다는 점이 의미심장하다.

반대로 동시대에 가장 열심히 투쟁한 한 인물인 이재유는 오히려 '자본성 민주주의'라는 이름으로 사실상 부르주아민주주의를 주장한다. 단 공산주의자들이 주도권을 갖는 조건이었다.

그렇다면 이재유의 「적기」와 이강국은 무슨 관계였을까? 이재유는 「적기」를 발행하기 2년 전, 미야케 시카노스케 및 이강국의 경성제대 법문학부 후배인 정태식과 셋이서 여러 차례 토론을 벌인다. 미야케의 관사 마루 밑에서 38일 간 숨어 있을 때도 그와 많은 대화를 나눈다.

이때 미야케와 정태식은 독일의 이강국으로부터 들어온 문건들을 통해 서구 사회주의의 동향을 전달한 듯하다. 궁극적으로는 소련과 같은 사회주의를 지향하지만 식민지 조선에는 우선 서구식 사민주의를 도입하자는 점에서 이강국과 이재유의 생각이 일치했을 것으로 짐작된다. 물론 스탈린과 코민테른의 결정을 전제로 한 일치였을 것이다.

이강국은 정치사상뿐 아니라 문화적으로도 진보적이고 개방적인 인물이었던 듯하다. 김일성이 질투를 했다는 여담이 생길 만큼 여자들에게 인기가 좋았고, 아내와 자식이 있으면서도 굳이 자신의 외도를 감추지도 않았다. 독일 유학 중 시리아 출신 여성 혁명가와 사랑에 빠졌던 이야기뿐 아니라 이대 영문과 출신의 미녀 김수임(1911~1950)과의 비극적인 연애담도 이강국을 기억하게 하는 흥밋거리 소재 중 하나가 된다. 그러나 막상 월북 길에는 본처와 가족들을 대동해 가족까지 비극에 휘말리게 만들고 만다.

원산 공산주의자 그룹

이강국이 귀국한 것은 1935년 11월, 정태식과 미야케 시카노스케는 구속되고 이재유는 지하에 잠적해 있을 때였다. 귀국 자체가 위험한 일이었으나 독일에서도 견딜 수가 없는 상황이었다. 나치의 공산당 탄압은 물론, 일본 영사관이 그를 조선으로 송환하려 압박을 가했기 때문이다. 미야케 시카노스케가 조서에 '국제관계 연락은 모두 이강국이 맡았다'고 써놓은 탓이었다.

귀국한 이강국은 곧바로 체포되었으나 증거불충분으로 기소유예가 되어 나온다. 증권회사를 운영하는 부자 처남 조준호 덕분이었다. 그 대가였을까, 석방된 이강국은 잠시 처남의 증권회사 사무원으로 취업해 경찰의 감시를 누그러뜨린다. 그러나 불과 여섯 달 만인 1936년 4월, 경성제대 동지들인 최용달, 김재갑과 함께 원산 지역 노동운동을 시작했다.

이강국이 증권회사 사무원으로 일했던 시간은 짧았다. 귀국 후 6개월 중 감옥에서 기소유예를 받기까지 시간을 제외하면 두세 달도 채 안 되었다. 그럼에도 이것이 계속 변절의 증거로 공박당하자 김오성은 『지도자 군상』을 통해 반박한다.

> 씨가 주식시장에 관계하였음을 비난하는 이들이 간혹 없지 않은 모양이나, 그는 이것을 간판으로 하고 자기의 지하공작을 캄프라치(카무플라주, 위장)할 수 있었으며, 더욱이 상인을 가식하고서 총독 당국의 일체의 유혹을 피해 있어 혁명가적 절개를 지켜온 것이니, 도무지 비난거리가 못 되는 것이다.

그러나 나중에 북한 법정은 이강국을 "타락한 증권 브로커"로 내몰 뿐 아니라 그를 옹호했던 김오성까지 숙청한다.

이강국 일행이 원산 노동운동에 관여하기 시작한 때는 이주하가 5년 감옥살이를 하고 나온 직후였다. 아마도 이주하의 요청이었을 것이다. 제일의 지도자요 이론가이던 박헌영이 감옥에 갇힌 상황에서, 다음가는 이론가 그룹이랄 수 있는 경성제대 출신들이 원산에 역량을 집중한 것은 의미 있는 사건이었다.

이주하와 함께 원산 지역 적색노조 준비위원회를 결성한 이강국 일행은 먼저 철도 노동자들을 조직해나간다. 나중에 '원산철도국 사건'으로 발각되는 지하적색노조였다. 여러 사업장의 조직을 확보한 1937년 6월에는 '원산 공산주의자 그룹'을 결성하고 1938년 4월에는 '적색노조 원산 좌익위원회'를 조직하기에 이른다.

이 조직 과정에서 결정적인 역할을 한 것은 지하신문인 「노동자신문」이었다. 동네 제일의 부잣집에서나 신문을 볼까, 방송도 전화도 접하기 어려운 시대였다. 인터넷 매체만 3,000개가 넘는 오늘날과 달리 지하에

조선공산당 인장.

서 발행되는 기관지는 조직을 관리하고 확장하는 데 결정적인 역할을 했다. 이강국은 38호까지 발행된 이 신문에 많은 글을 썼을 텐데 지하신문이라 필자를 기재하지 않으니 어떤 글인지는 알 수 없다.

원산 공산주의자 그룹이 붕괴된 것은 1938년 12월이었다. 이주하는 평안도 지방으로 도피하는 데 성공하지만 이강국 등은 체포되어 혹독한 고문을 당해야 했다. 이강국은 몸이 극도로 쇠약해진 상태에서 1941년 5월 예심을 맞자 전향서를 쓰고 병보석 된다. 전향서 내용은 간단했다.

공산주의 실천운동에서는 손을 떼겠다. 그러나 이상사회로 가기 위한 인류의 애타는 비원(悲願)인 마르크스주의는 결코 포기할 수 없다.

실제로 그는 나오자마자 또다시 공산당 재건운동에 나섰다가 체포됨으로써 명백히 위장전향이었음을 드러낸다. 그러나 나중에 북한 법정은 이때 쓴 전향서야말로 이강국이 일제의 간첩으로 고용되었다는 근거라고 매도한다.

이강국은 분명, 형식적으로조차도 전향서나 반성문을 쓰지 않은 채 장기간 옥살이를 감수하는 지사적 운동가들과는 달랐다. 그러나 그것이 변절의 근거가 될 수는 없었다. 정절, 정조, 절개 같은 개념은 봉건적 민족주의자들이라면 몰라도 사회주의자의 조건일 수는 없었다. 레닌처럼 적국인 독일과 손잡고 그들의 기관차를 타고 귀국할 수도 있고, 노조나 협동조합 또는 법정에서도 자신은 사회주의자가 아니라거나 자신이 실제로 한 일을 숨길 수도 있어야 했다. 문제는 석방된 이후에 계속 운동을 하느냐 마느냐이지, '적'들에게 자기 사상을 솔직히 보여주는 게 사회주의자의 도덕 기준이 될 수는 없었다.

마르크스주의는 포기할 수 없다는 정도로 절충을 한 덕에 1942년 5월의 재판에서 징역 2년, 집행유예 5년을 선고받고 석방된 이강국은 이후에는 여운형이 주도한 '조선건국준비위원회'에 참여해 해방되는 그날까지 활동을 멈추지 않은 사람이었다.

산정에 배를 매고

이구영은 『산정에 배를 매고』에서 해방 직후 좌익운동의 숨겨진 이면사를 술회한다. 그중에는 인공, 곧 '조선인민공화국'이 온전히 이강국의 작품으로, 여운형이 총독부와 교섭해 시작했고 대표도 맡았으나 실제적인 일은 박헌영 계열, 특히 이강국이 좌지우지했다는 내용이 있다.

> '조선건국준비위원회(건준)'가 인공을 수립할 때 몽양과 이강국이 중심이 되었지만 일 자체는 몽양보다는 주로 이강국이 한 것으로 나는 알고 있다. 이강국은 건준의 조직을 장악하고 있었고, 이를 바탕으로 해서 인공의 선포에 결정적인 역할을 한 것이다. 그는 인공의 서기장으로 발표되었는데, 나머지 주석이니 부장이니 하는 것은 다 일없는 허수아비인 셈이었다.

인공에 이어 만든 인민위원회 이름으로 나간 성명문과 논설은 모두 이강국이 쓴 것이었다. 그것들을 모아놓은 책이 『민주주의 조선의 건설』이었다.

박헌영의 글과 연설이 상대방을 조롱하고 직설적으로 비난하는 편이라면 이강국의 그것은 합리적인 논리로 상대방의 기분을 크게 상하게 하지 않으면서도 설득력이 있었다.

예를 들어 박헌영이 1946년 3월 27일 「UP통신」 기자 호이트와 나눈 문답은 다분히 전투적이고 조롱조다. 김구의 임시정부에 대해 어떻게 보느냐는 질문에 이렇게 대답한다. 2백 56년이란 단어는 25, 6년의 오기로 보인다.

> 김구 정부는 일개 유맹(流氓) 정치 브로커의 집단으로 상해, 중경 등지에서 무원칙한 파벌 싸움으로 세월을 보내다가 어느덧 2백 56년을 경과하였다. 실제 반일투쟁에 참가하였다거나 조선 인민과 연락이 있었던 것도 아니므로 권력도 가진 적이 없었고 위신을 보존한 적이 없다. 따라서 조선 인민의 지지를 받지 못하였고 인민 속에 토대를 갖지도 못하였다. 김구의 임시정부가 왜 이러한 신세가 되었는지는 잘 모르겠으나, 아마도 그 정책이 옳지 못하였던 것이요, 시대에 뒤떨어진 완고한 보수적 반민주주의자들로 지도되었기 때문이 아닐까, 김구는 반동적 테러단 수령으로 유명하다.

김구를 '떠돌이 정치 브로커', '반동적 테러단의 수령'이라고 직설적으로 비난하는 박헌영은 이승만에 대해서도 '늙은 파시스트'라고 맹공을 퍼붓는다. 1945년 12월 26일 조선공산당 대표 자격으로 발표한 '노(老)파시스트 이 박사를 폭로함'이란 제목의 성명이다.

> 조선에서 불행히 졸렬하고 변변치 못한 노파시스트가 출현하였으니, 이가 2개월 전 미국에서 돌연 귀래한 박사 이승만이다.
> 이 노파시스트는 실로 졸렬하고 변변치 못하다. 그러나 불행하게도 이것

이 조선에서 일어난 것인 만큼 우리로서는 묵과키 곤란하다. 우리는 원래 '박사' 이승만의 그 사이의 모든 죄과를 그의 40년 간 해외 유랑생활을 동정하여 만반의 용허를 주었다. 그러나 그가 세계 민주주의에 용서할 수 없는 반역을 도모하는 이상, 조선의 민주주의 건설 과정에 일대 모욕을 감위(敢爲)하는 이상, 우리는 일방으로 세계 민주주의의 명의로써 타방으로 진실한 조선의 애국자의 이름으로써 그의 정체를 천하에 선명하지 아니할 수 없다.

이승만이 소련을 비판하며 공산주의자들과는 손을 잡을 수 없다는 내용의 강경한 성명을 발표한 데 따른 반박문이지만 민족해방운동의 상징적 인물로, 박헌영 스스로 인민공화국 주석으로 추천까지 했던 이승만을 이처럼 사납게 물어뜯는 모습은 공산주의자들의 속은 후련하게 했을지 몰라도 일반 대중들에게는 생소했다.

반면 이강국은 같은 주장이라도 상당히 논리적으로, 말재간이라고만 할 수는 없는 진지한 서구식 어법을 동원해 상대방의 적대감을 누그러뜨리며 설득한다. 1945년 12월 7일 잡지 「인민」에 발표한 '무원칙 통일론의 말로'라는 제목의 글이다.

박사의 국제적 시야는 몹시도 협애하다. 반소, 반공에 대한 근본적 태도는 그로 하여금 조선 해방의 국제성을 잘못 인식토록 하여 조선 문제의 해결을 고립적으로 기도하게끔 하였다. 38선의 존재를 반소 데마에 역이용하며 원자탄의 위력을 빌려 이것으로 해결할 수 있을 것 같은 어투의 국제 정세 관찰은 상식 이하의 우론(愚論)에서 한걸음도 더 나아가지 못하는 정도였다. 그의 미·소 이간은 평화를 교란하는 무서운 귀결을 짓게 된다.

국내 정세에 대한 문제의 제기와 판단 역시 극도로 편파적이며 독선적

이강국의 월북을 도운 옛 연인 김수임. 이화여전 출신의 지성적인 여성이었다. 병원 근무 시 미국 치과의사와 함께.

이었다. …… 굽히지 않고 굴하지 않은 반제, 반전의 혈투를 계속하여온 국내의 혁명을 단연 무시하고 유아독존적 법통론을 주장하는 것은 그 정치적 식견이 깊지 않음을 표명하는 것이며 독재적 경향의 싹을 드러낸 것에 불과하다.

아울러 그의 무원칙한 통일론은 일본 제국주의의 연장을 초래하는 결과에 이르며 민족의 분열을 확대재생산하는 민족적 자멸책이라는 것을 박사는 인식하지 못하는 모양이다.

이강국이 월북한 것은 1946년 9월 말이었다. 미 군정이 조선공산당 지도부 전원에 체포령을 내리자 미군 헌병 대령의 승용차에 타고 당당히 38선을 넘는다.

이 사연은 영화나 드라마로 여러 차례 재현되는데, 이강국을 도운 사람은 옛 연인 김수임이었다. 이강국보다 5살 어린 김수임은 이화여전 영문과 출신으로, 학창 시절 시인 모윤숙의 소개로 이강국과 한동안 연애를 했던 사이였다. 드라마들은 김수임이 대단히 뛰어난 미모를 가진 듯 선정적으로 묘사하지만 외모는 그다지 볼 것 없는 평범한 지식인 여성이었다.

해방 후 김수임은 미군 헌병대장 존 베어드 대령과 동거를 하고 있었는데 조선공산당 간부들에 대한 체포령이 떨어졌음을 알고 이강국을 통해 피신들을 하도록 알린다. 그리고 베어드에게는 개성 사는 어머니가 위독하니 의사를 데리고 가야 한다고 사정해 승용차를 빌린 다음, 이강국은 의사로, 아버지가 다른 동생 최만용은 조수로 변장시켜 38선을 넘게 해준다.

이 일로 김수임은 남한 경찰에 의해 간첩으로 몰려 처형되었다. 반대로 이강국은 북한 정권에 의해 베어드 대령에게 정보를 팔아넘긴 간첩으로 몰려 처형된다. 두 정인을 양쪽에서 서로 간첩이라며 죽이는 모순이 발생한 것이다.

만일 미국이 이강국을 북한에 스파이로 보냈다면, 가족이라도 남쪽에 남겨 돈을 주든가, 연인이라도 보호해주어야 맞다. 연인을 처형해놓고 정보를 보내라고 한다는 게 전혀 말이 되질 않는다.

근래에는 김수임은 이강국의 정인이었을 뿐, 조선공산당의 간첩이 아니었다는 새로운 연구 결과도 발표되었다. 박헌영, 이승엽과 마찬가지로 이강국 간첩설은 논쟁할 가치도 없는, 구 사회주의의 상투적인 숙청 방식에 불과하다.

아버지를 좌익 활동으로 잃은 소설가 김성동은 평생 남로당 문제를 파고든 사람이다. 그는 『꽃다발도 무덤도 없는 혁명가들』(2014)에서 말한다.

숨 막히게 조여오는 미제와 그 앞잡이들 정치공작을 뚫어내기 위하여 많은 '정보'를 얻어야 하였던 이강국이었다. 더구나 베어드라는 미군은 정보와는 십만 팔천 리 자리인 헌병 주특기였다. 소년 박헌영이 영어 공부를 하려고 언더우드라는 미국 사람을 만나고, 최대 정당 당수 박헌영이 마땅한 정치 활동으로 하지 중장을 만났던 것을 가지고 '미제 첩자'라고 올가미 씌운 것과 마찬가지 정치적 올가미질인 것이다.

월북한 이강국은 1947년 2월 북조선인민위원회 사무국장을 맡더니 1948년 9월에는 상업성 법규국장으로 대폭 내려앉았다. 전쟁 중인 1950년 12월에는 인민군 병원 중 한 곳에서 병원장을 하다가 1951년 11월부터는 무역성 일반제품 수입상사 사장으로 일했다. 그의 명성과 직책에 비하면 지나치리만큼 하찮은 자리들이었다. 박갑동은 증언한다.

> 내가 이강국을 마지막으로 본 것은 1951년 가을 평양에서 내가 건강이 나빠져 시설이 좋다는 속칭 웽그리아 병원(헝가리 의사들이 있는 병원으로 정식 이름은 인민군 제58호 병원)에 찾아갔을 때였다. 병원장실로 그를 찾아가니 이강국은 당장 나를 입원시켜주었다. 그곳은 군병원이기에 나 같은 민간인이 입원하기는 어려운 일이었으나 쾌히 자기 책임 아래 입원시켜준 것이었다.
>
> 그때 보니까 이강국은 매일 밤 12시 가까이 책을 읽거나 독일어 타이프를 치곤 했다. 그 2년 뒤 이강국이 미국의 간첩으로 몰렸을 때, 북한 당국은 이강국이 밤늦게까지 타이프를 치고 있었던 것은 미국에 보낼 간첩 자료였고, 간첩인 그가 병원장직을 맡고 있었기 때문에 미군이 그 병원을 폭격하지 않았다고 억지를 썼다.

1953년 3월 체포되고 1955년 12월 사형선고를 받아 처형되었다고 한다. 이강국의 아내는 함께 처형된 임화의 아내 지하련과 함께 남편의 구명운동을 하려고 평양 거리를 헤매고 다녔는데 재산까지 몰수당한 두 여자는 남은 옷가지를 팔아 빈대떡 장사를 시작했으나 그것도 탄압으로 못하게 되어 거지가 되었다고 한다.

박치우가 발행하던 「현대일보」 1946년 4월 4일자에 실린 이강국의 '봄'이란 수필이다. 그는 희망 넘쳐야 할 해방의 봄에 자루와 양재기를 끼고 날마다 시청 앞에 줄을 서 있는 부녀자들을 안타까워하며 쓴다.

부인에 대한 예의는 문명인의 자랑이다. '레이디 퍼스트'는 남자의 아첨도 비굴도 아니다. 문명인이 당연히 지켜야 할 예의에 불과한 것이다. 부인에게 대하여는 그 외투도 벗겨주고 그 구두도 신겨주는 것이 서양에서는 어디까지나 볼 수 있는 광경이며 누구나 행하고 있는 것이다. '페미니스트'만이 그러한 것이 아니라 숙녀에 대한 신사의 당연한 예의로 통하고 있다.

그러므로 여자에게 손을 댄다는 것은 미개인의 악습으로 되어 있다. 여자를 나체로 고문대에 올려놓는 것은 잔학 일본 제국주의만이 행할 수 있으며 행하던 노릇이다.

1990년대의 유행어가 될 페미니즘이란 단어를 벌써 반세기 전에 쓰던 당대의 지식인이자 식량 부족의 문제에서 여성 학대를 발견하는 점잖은 신사의 모습이 따뜻하다.

베레모를 쓴 모던보이에서
카프문학의 전사로

임화

파시즘 대 파시즘

문학이란 떠돌이 광대나 손자를 안은 노인들이 들려주는 '옛날이야기'로부터 시작된 소소한 오락이라 해도 과히 모욕적인 말은 아닐 것이다. 그것을 통해 몰랐던 정보를 얻거나 교훈을 깨우치는 일은 부차적인 소득에 불과하다고 해도 마찬가지다.

본래 작가란 사람 사이에 일어난 흥미로운 사건을 다른 사람들에게 재미있게 전달해주고 그 대가로 독자의 사랑을 갈구하는, 다소 품위 있는 광대일 뿐이라는 말에도 모욕 주지 말라고 흥분할 필요가 없다.

문학이 독자를 즐겁게 해주고 위로해주는 천한 역할을 넘어서 계몽가의 역할을 시작한 것은 근대에 들어서였다. 계몽주의 문학의 등장은 작가들을 존경과 선망의 대상으로 올려놓는다. 광대에서 선생으로 신분 상승한 것이다.

사회적 지위에는 대가가 따른다. 20세기 작가들은 창작의 고통과 빈곤에 시달리면서도 시대가 요구하는 역할을 강요당하기 시작한다. 특히 종합대학 하나 없던 식민지 조선의 문인은 최고의 지식인이자 상당한 사회적 영향력을 갖고 있었다. 이들은 총독부와 반일운동의 양쪽으로부터 압박을 받았다.

> 지금 우리 조선 사람들에게는 단지 문학이나 예술뿐이 아니라 모든 문화 그것도 우리의 당면한 이익의 획득을 위한 존재이어야 할 것이다. 그것은 현재에 있어서의 우리 조선인의 행동의 일체는 우리의 이익을 위하여 즉 그 효용을 위하여 활동하고 활용되는 것이므로 현재 우리의 효용이란 건 우리의 이익이라는 한 표적 하에다 모든 특수적이고 개별적인 효용의 문제를 전 조선 이익의 획득이란 그 앞으로 몰수하고 그 역량을 집중하는 것이다.
> 그러므로 우리 조선이 지금 가져야 할 문학이란 어떠한 것일까?
> 우리는 여기서 먼저 말한 문화 발전의 그것과 같이 우리 조선인 전체의 이익을 위한 문학이어야 할 것을 정확히 알게 된다. 그러므로 우리의 문학은 0000 효용의 가치를 중심으로 제작되지 아니하면 아니 될 것이다. 바꾸어 말하면 우리의 운동의 당면의 제 문제, 즉 조직이라든지 기타 문제를 위하여 우리의 활동의 일부로 이른바 문단이란 외면에 나타나야 할 것이다. 이러한 효용의 가치를 중심으로 제작되지 않는 작품은 우리 조선에 필요치 않은 것이다. 오직 효용을 위한 문학이어야 조선의 문학이 될 것이다.

문장이 난잡해 이해하기 어렵지만, 대충 조선의 이익에 효용 되지 않은 문학은 필요 없다는, 오직 효용을 위한 문학이어야 한다는 내용이다.

각자가 하나의 세계임을 자처하며 자유로운 상상력을 구사하는 작가들의 입장에서 보면 가히 폭언에 가까운 이 글을 쓴 이는 누구일까? 갓

젊은 시절의 임화.

시인으로 등단한 22살 앳된 청년 임화(1908~1953)였다. '효용을 위한 문학'
이란 제목으로 잡지 「조선지광」 1928년 1월호에 투고한 글이다.

아마도 검열관에 의해 삭제된 0000는 '계급투쟁' 또는 '혁명운동' 아니
면 '사회주의'였을 것이다. 그런데 만일 0000의 자리에 '내선일체' 또는
'팔굉일우' 같은 일제가 추구하던 이념을 넣으면 어떻게 될까? 아마 일
제의 동양 정복 정책에 적극 동참하자는 내용으로 해석하는 데 별다른
모순을 느끼지 못할 것이다. 일제 관리들은 조선을 자기 나라로 인식하
고 있었기 때문에 조선의 발전에 나름대로 사명감을 갖고 열심히 일했다
는 사실까지 알고 나면 말이다.

나아가, 북한에서 현재까지도 추구하고 있는 '사회주의 리얼리즘'이란
기준에 맞춰서 0000 칸에 '계급투쟁' 또는 '민족해방' 같은 단어를 넣는
다 해도 크게 모순을 느끼기 어려울 것이다. 북한이야말로 공화국과 당
과 수령이 일체가 된 국가이고, 이 국가에 효용 되지 않는 문학은 존재
자체가 불가능한 나라이기 때문이다.

문학을 혁명운동의 유용한 도구가 아니면 가치가 없다고 보는 이 용감
무쌍한 폭언의 주인공 임화는 어떤 사람인가? 일제 강점기 국내 사회주

의 문학의 집결체이던 '카프'의 선봉이었고 해방 후 월북해 작가동맹 간부로 활동한 대표적인 좌익 작가였다.

그러나 북한에서 쓴 그의 시들도 결국은 '효용성'을 의심받아 철퇴를 맞는다. 작곡가 김순남은 1946년에 임화의 시를 기초로 '인민항쟁가'를 작곡하는데 공식적으로 국가(國歌)가 제정되기 전까지 북한의 국가처럼 애창되었다. 전쟁이 터지기 전부터 좌익 집회나 빨치산들 사이에 불리기 시작하여 널리 알려진 이 노래는, 그러나 임화가 숙청될 시간이 되자 돌연 사악한 반동의 노래로 지목된다.

원수와 더불어 싸워서 죽은 우리의 죽음을 슬퍼 말아라
깃발을 덮어다오 우리의 깃발을 그 밑에 전사를 맹세한 깃발

더운 피 흘리며 말하는 동무 쟁쟁히 가슴속 울려온다
동무야 잘 가거라 원한의 길을 복수의 끓는 피 용솟음친다

혁명적 결기로 끓어오르는 이 노래가 금지된 결정적인 사유는 "베토벤처럼 6도 이상의 비약을 쓰고 있어서 부르주아적 방법이며 이는 조선 음악을 멸시한 것이고 인민의 무지를 선전"했다는 것이었다. 물론 김순남도 숙청되어 작곡 행위가 금지된다.

임화는 월북할 때 서울에 남겨둔 첫 부인 이귀례와 딸 혜란을 무척이나 그리워한다. 한국전쟁이 터져 인민군이 서울을 점령했으나 끝끝내 아내와 딸을 찾지 못하고 후퇴하는 인민군을 따라 북쪽 끝 자강도 피난지에서 겨울을 맞은 그는 딸 혜란을 그리워하는 시 '너 어디에 있느냐'를 쓴다.

너 어디에 있느냐

아직도 이마를 가려
귀밑머리를 땋기
수줍어 얼굴을 붉히던
너는 지금 이
바람 찬 눈보라 속에

무엇을 생각하며
어느 곳에 있느냐

머리가 절반 흰
아버지를 생각하며
바람 부는 산정에 있느냐
가슴이 종이처럼 얇아
항상 마음 아프던
엄마를 생각하며
해 저무는 들길에 섰느냐

그렇지 않으면
아침마다 손길 잡고 문을 나서던
너의 어린 동생과
모란꽃 향그럽던 우리 고향집과
이야기 소리 귀에 쟁쟁한
그리운 동무들을 생각하여
어느 먼 곳 하늘을 바라보고 있느냐

사랑하는 나의 아이야

벌써 무성하던

나뭇잎은 떨어져

매운 바람은

마른 가지에 울고

낯익은 길들은

모두 다 눈 속에 묻혀

귀 기우리면 어디선가

들려오는 얼음장 터지는 소리

아버지는 지금 물소리 맑던 낙동강에서

악독한 원쑤들의 손으로

불타고 허물어진

숱한 마을과 도시를 지나

우리들의 사랑하던

서울과 평양을 거쳐

절벽으로 첩첩한 한과

천리 장강이 여울마다 우는

자강도 깊은 산골에 와서

어데 메에 잇는가 모를

너를 생각하며

이 노래를 부른다 ……

'악독한 원쑤'라는 단어만 빼면 어느 시대 누가 읽어도 가슴 저려올 서정시다. 실제 이 시는 전쟁 중이던 1951년 초에 발표 당시만 해도 "완숙한 금자탑적 작품"이라는 평가를 받았다.

월북 문인들을 숙청하는 데 앞장섰던 한설야. 결국 그 자신도 숙청된다.

하지만 2년 후 그가 숙청 대상에 오르자 '영웅적 투쟁에 궐기한 후방 인민들을 모욕하고 그들에게 패배주의적 감정과 투항주의 사상을 설교하였다'며 맹비난을 받는다.

평론가 엄호석은 임화가 전쟁 현실을 비관적으로 노래하면서 인민에게 비통, 연민, 향수라는 독소를 주입하여 장병들의 전의를 상실시키고 염전사상을 고취시키는 작품이라고 맹비판했다. 월북 문인들 대다수를 숙청하는 일에 앞장섰던 엄호석은 현재까지도 북한 문학사 최고의 평론가로는 꼽히는 인물이다.

카프의 선배였으나 줄곧 임화와 대립했던 한설야 역시 감상적인 화자의 목소리가 애국주의를 파렴치하게 왜곡하고 영웅적으로 투쟁하는 어머니, 아버지를 모욕했다고 맹공을 퍼부었다. 한설야는 당시 북한 작가동맹의 실질적 위원장으로서, 월북 문인들에 대한 비판과 숙청의 총책임자였다.

인간의 감정을 집단에 필요한 것만 남기고 모두 제거해야 한다는 이 무지막지한 전체주의 파시즘이 반파쇼 투쟁의 원조인 사회주의의 이름으로 자행된 것은 역사적 희극이자 비극이었다.

누구보다 그 일에 앞장서 홍위병의 깃발을 들었던 임화가 북한 최초의 희생양이 되어 처형된 것도, 한설야 역시 얼마 못 가 반공화국 범죄자로 지목받아 숙청되고 그의 모든 책이 수거되어 작가동맹 뒷마당에서 불태워진 것 역시 희극이자 비극이었다.

누구는 민족을 위한 것이니 옳다 하고, 누구는 동양 평화를 위한 것이라서, 또 누구는 피억압 계급의 해방을 위한 것이라서 정의로운 것이라고 선전했지만, 전체주의 파시즘의 본질은 전혀 다르지 않았다. 그로 인한 혜택은 언제나 소수 지배 계급들만의 것이었다는 점에서도 같았다.

어쨌든 모든 것이 우익 파시즘 대 좌익 파시즘이 대결하던 시대의 '옛날이야기'다. 다만 아까운 것은 이 20세기의 야만에 희생되어버린 천재들이다. 임화도 그 명단에 올린다 해서 욕되지는 않으리라. 넋이라도 위로하고픈 마음이다.

조선의 르네상스

헤어진 딸을 그리는 시 '너 어디에 있느냐'에서 느낄 수 있듯이, 임화는 견결한 혁명가라기보다 감수성 예민한 시인이었다. 나아가 자극적이고 변화무쌍한 것을 좋아하는 자유분방한 개성파이자 아름다움을 좋아하는 탐미주의자였다.

이런 성품은 타고나기도 했겠지만 가히 '조선의 르네상스'라고 불러도 좋을 만큼 온갖 사조와 문화가 만발하던 1920년대 서울에서 자란 영향일지도 모르겠다. 그의 본명은 임인식, 1908년 서울 종로 가회동에서 태어나 동대문 옆 창신동 산동네에서 자라난 서울 토박이였다.

서울 인구가 영등포, 아현리, 청량리 등 주변까지 합쳐도 수십 만에 지나지 않던 시절이었다. 정치사상적으로는 20세기를 뒤흔든 공산주의부터 무정부주의에 극우 파시즘까지, 문화적으로는 다다이즘 같은 전위예술이며 동성애까지 온갖 다양한 풍조들이 비좁은 종로 바닥과 명동에 넘쳐났다. 당대 작가 대다수가 농촌에서 자라나 특유의 김치 냄새를 풍긴다면, 처음부터 도시에서 모더니즘의 세례를 받으며 성장한 임화는 빵과 버터 향을 풍기는 모던보이였다.

빈농 출신으로 서울에 올라온 임화의 아버지는 작은 사업을 하여 한동안 유복한 가정을 만든다. 임화는 적어도 어린 시절에는 경제적으로 여유 있고 자상한 부모 밑에서 행복하게 자란 소년이었다.

보성고보에 입학한 것은 15살이 되던 1922년, 훗날 저명인사가 될 천재급 소년들이 같은 반이었다. 시인 이상, 평론가 이헌구, 정치인 이강국과 유진산 등이 그들이었다.

임화에게 보성고보 시절은 근현대 세계명작들을 두루 읽으며 시인의 꿈을 다지는 시간이었다. 빅토르 위고, 베를렌, 칼 부세, 니체, 크로포트킨, 고리키, 톨스토이 등 세계문학에다 일본의 탐미적 소설까지 손에 잡히는 대로 읽었다.

또한 여학생들과의 무수한 염문의 시간이었다. 서로 편지만 주고받아도 연애라고 표현하던 나이요, 시대였다. 임화는 커다란 눈에 길고 반듯하니 긴 얼굴, 광채 나는 하얀 피부를 가진 미소년이었다. 보성과 이웃한 숙명여고보 여학생들은 그를 아이노코(혼혈아를 뜻하는 일본어) 같다며 선망했다. 화려한 문장력까지 가졌으니 자연히 유명한 '연애박사'가 될 수밖에 없었다. 김남천, 안막 등 친구들은 그 시절 임화를 "반들반들하게 면도를 하고 보성고보 모자를 쓰고 휘파람을 불며" 다니던 아이로 기억한다.

타고난 문학적 재능은 어디 가지 않았다. 4학년이 된 1924년 12월에 「동아일보」 문예란에 성아라는 필명으로 '연주대', '해녀가' 등 감상적 연애시를 6편이나 연재해 문명을 떨치기 시작한다. 겨우 17살 때였다.

졸업반인 5학년 때 아버지의 소규모 사업이 완전히 망해버리고 어머니까지 사망한다. 학비를 낼 수 없어 중퇴한 임화는 교과서를 헌책방에

임화를 카프로 이끈 박영희.

내다 팔아 산 조타모(베레모)를 쓰고 돌아와 "문학을 하겠다."고 선언하고 가출한다.

이때부터 '성아'라는 필명으로 「매일신보」와 「조선일보」 등에 시와 수필, 평론을 잇달아 발표하는 한편 다다이즘, 사회주의 등 최신 유행 사조를 닥치는 대로 흡수한다.

특히 임화를 매료시킨 것은 다다이즘이었다. 허무주의적이고 반합리주의적인 사회비판, 예술의 형식 파괴를 바탕으로 한 초현실주의로 요약되는 다다이즘과 사회주의 리얼리즘은 꽤 먼 거리에 있었지만 용광로처럼 자극적이고 남다른 것은 무엇이든 흡수하는 소영웅주의적인 임화에게는 딱 맞았을 것이다.

여러 신문에 글이 실리면서 글재주를 인정받은 임화가 잡지 「학예사」의 주간으로 취직한 것이 1926년이니 겨우 19살 때였다.

같은 해 12월에는 카프에도 가입했다. 1925년 조선공산당 결성과 함께 조직된 카프는 사회주의 리얼리즘을 추구하는 투쟁적 문예단체였다. 반면 임화는 다다이즘에 빠져 해석도 어려운 관념적인 시들을 발표해온 문학청년이었다. 정신분석학을 기초로 계급 문학을 비판하기까지 했던 임화가 정반대 경향이라고 할 수 있는 카프에 들어간 것은 문단의 관심을 끌 만한 일이었다.

나중에 김팔봉으로 필명을 바꾸는 소설가 김기진은 자서전에서 이렇게 말한다.

임화는 본래 신경향파에 따라오던 문학청년이 아니고 당시 세계적으로 퍼지던 다다이즘을 좇아가던 시 쓰는 문학청년이었다. 박영희를 좋아해 그를 따라다니다 프로예맹이 조직된 뒤에 그의 집에서 먹고 자고 했다.

단순히 박영희와 친해서 카프에 들어간 건 아니었다. 스스로 더 적극적이었다.

임화는 1927년에 발행된 잡지 「예술운동」 창간호에 계급투쟁의 의지를 표방한 시 '담'을 발표해 카프 진영과 문단 안팎의 주목을 받는다. 1928년에는 카프의 중앙위원으로 피선까지 되었고 카프의 영화부인 청복키노가 제작한 영화 「유랑」, 「혼가」 등의 주연도 맡았다.

또한 카프 내에서 벌어진 '내용과 형식 논쟁'에서도 강경파 입장에 선다. 박영희와 김기진 사이에 벌어진 논쟁이었다. 박영희는 작품의 내용을 강조한 반면 김기진은 형식, 곧 문학적 완결성을 중시했는데 임화는 박영희 편에 서서 김기진을 '유화주의, 도피 경향의 소유자'라고 맹공한다. 이 논쟁으로 김기진은 카프 지도자에서 밀려나고 말았다.

이어서 벌어진 '아나키스트 논쟁'에서도 김화산 등 무정부주의자들에 대해 "좌익 문예가의 가면을 쓰고 대중에게 부르주아 이데올로기를 주입시키고자 하는 예술파적인 소시민 근성 발현 이외에는 아무 것도 아니다."라고 맹공한다. 김화산에 대해서는 좌익 진영에 침투해 혼란을 획책하는 것 아니냐고까지 비난해 카프 내부의 무정부주의적인 경향을 일시에 잠재워버린다.

임화의 발언에 힘을 실어준 것은 그 스스로 이룬 문학적 성취였다. 1929년에 발표한 '우리 오빠와 화로', '네거리의 순이', '우산 받은 요코하마의 부두' 등 단편 서사시들은 사회 현실을 서정적으로 녹여내 찬사를 받았다. 이 시들이 널리 애송되면서 약관 22살 청년 시인을 카프의 지도적 위치로 올려버린 것이다.

생활은 반 거지나 다름없었다. 김기진 말대로, 이 무렵 임화는 박영희 집에 식객으로 얹혀살았다. 임화보다 7살 많은 박영희는 주요 논쟁 때마다 전위대처럼 나서서 자신의 주장을 옹호해준 임화를 무척 아꼈다. 임화도 그를 형처럼, 아버지처럼 여기고 따랐다.

타고난 기질이 변할 리는 없었다. 남의집살이를 하는 알거지치고는 뻔뻔하고 게을렀다. 그의 나태하고 제멋대로인 생활태도에 대해 박영희는 김기진에게 하소연한다.

어떻게 임화를 떼버려야겠는데, 귀찮아 죽겠단 말야. 글쎄 밥상에다 담뱃재를 그냥 털어놓지 않나, 밥상 한번 들고 일어나서 안으로 갖다주는 법이 없단 말야……. 그러니까 어머님도 이맛살을 찌푸리시고 아버님은 화를 막 내시지 뭐야……. 일본이나 갔으면 좋겠다고 하니까, 어떻게든 노자를 만들어줘야겠는데…….

함께 사는 사람의 생활습관에 대한 불평은 당연한 일이기 때문에 확대 해석할 필요는 없을 듯하다. 너무 어린 나이에 촉망받는 시인으로 등장한 데다, 어려서부터도 주위 사람들로부터 사랑만 받고 자란, 단단히 왕자병에 걸려버린 '거지왕자'의 모습이 재미있다.

서울에서 도쿄까지 한 장의 표로 갈 수 있었는데 편도 차비만 20원이었다. 경성역에서 부산까지는 기차로, 부산에서 관부연락선을 타고 시모노세키에서 다시 기차를 타고 도쿄까지 가는 먼 길이었다. 박영희는 남

임화와 절친했던 소설가 김남천.

에게 돈까지 빌려 임화를 일본에 보낸다. 귀찮은 식객을 치워버린 뜻도 있겠지만 일본에서 보다 심오한 사회주의 문예이론을 배워 장차 카프의 지도자로 만들 생각이었다.

박영희가 소개해준 숙소는 카프 도쿄지부장인 이북만의 집이었다. 새로운 식객 생활의 시작이었다.

임화와 동갑인 이북만은 사회주의 잡지 「무산자」를 발행하고 있었다. 임화는 '무산자파'라 불리던 소설가 김남천, 극작가 안막, 시인 권환 등과 잡지 만드는 일을 하는 한편, 일본 좌파 학자들이 쓴 사회주의 이론 서적들을 읽고 강연과 토론회에 참석하면서 이론적 깊이를 넓혀나간다.

도쿄 생활에서는 첫 아내도 만났다. 다름 아닌 이북만의 여동생 이귀남이었다. 임화보다 5살 어린 17살 처녀로, 당돌함과 미모를 갖춘 재능꾼이었다. 이귀남 역시 카프 회원으로 영화 「지하촌」의 여주인공을 하기도 했다. 귀남이라는 이름이 촌스럽다 해서 이귀례로 고친 후 일본에서 임화와 동거한다.

두 사람은 1930년 말 서울로 돌아와 혜화동에 살림을 차리는데 혼인식은 치르지 않았다. 이유를 묻는 기자에게 18살 이귀례는 당당히 대답한다.

"프롤레타리아 입장에서 혼인식이란 형식적 허례를 갖출 필요가 없다는 견지에서 그만두었습니다."

카프의 새로운 시대가 시작되었다. 임화는 자신의 신혼집 대문에 김남천과 함께 '집단'이라는 간판을 붙이고 본격적으로 카프 정화운동을 시작한다.

이데올로기와 예술

임화를 비롯해 일본에서 돌아온 권환, 김남천 등 '무산자파'가 내세운 깃발은 '카프의 볼셰비키화'였다. 카프문학은 공산당의 문학으로서 공산당의 지령에 따라 전투하는 계급 의식을 그려야 한다는 주장이었다.

코민테른의 좌경화에 따라 공산주의자들이 주도해 신간회와 근우회를 해산하던 무렵이었다. 문단 내 좌경화의 선봉이 된 임화, 권환, 김남천, 안막 등이 내세운 새로운 구호는 먼저 카프 선배들을 겨냥했다. 첫 번째 타격 대상은 이번에도 김기진이었다. 김기진이 "이데올로기의 간접 표현이 극도로 재미없는 정세의 타결책이 될 수 있다."고 주장하자 "후퇴주의자이자 프로 문학을 포기하는 패배주의자"라 맹공하고 나선 것이다.

이기영, 한설야, 이북명 등 카프 결성 초기에 강경론을 주도했던 선배들도 직격탄을 맞았다. 자신의 소설이 토속적 정서에 매여 있다거나 계급성이 부족하다거나 하는 황당한 비판에 직면한 그들은 분개했으나 유치한 토론에서는 언제나 강경파가 승리하기 마련이다.

선배들을 주저앉힌 임화는 1932년 윤기정의 후임으로 카프의 서기장이 되는 데 성공한다. 이를 권력투쟁으로 해석할 필요는 없었다. 일제에 누가 더 강력히 저항하느냐 논쟁을 한 것뿐, 주어지는 것은 먼저 감옥에 갈 권리에 불과했기 때문이다. 김기진, 이기영 등 선배들도 탈퇴하는 이는 없었다.

1933년에는 강경 소장파 내부에서도 논쟁이 벌어지기도 했다. 임화가 김남천의 소설 「물」을 비판하면서 유명한 '물 논쟁'이 일어난 것이다. 일제의 탄압 아래 주눅 든 작가들이 스스로 소시민화 되어 소시민적인 작품을 쓰는 데 대해 작가의식을 회복하여 당파성을 살리는 투쟁적 작품을 써야 한다는 임화의 주문은 파벌과는 상관없이 쏟아진 것이다.

신문학이 시작된 지 채 20년도 안 된 시절이었다. 오랜 문학적 역량이 축적된 서구인들이 본다면 유치하기 짝이 없는 논쟁이겠지만, 수백 가지 검색어로 작품을 난도질하는 일제 경찰 아래 글을 써서 먹고 살아야 하는 식민지 작가들에게는 절박한 문제였다. 소시민화 되는 작품들을 비판하여 보다 직접적으로 투쟁을 선동하는 작품을 써야 한다는 임화의 볼셰비키론은 많은 작가들을 곤혹스럽게 했을 것이다.

카프의 역사는 논쟁의 역사라 해도 좋을 만큼 치열한 논쟁이 벌어졌으나 이것을 분열이나 대립으로 볼 수는 없었다. 절친했던 사이끼리도 잡지 지면까지 동원해 맹비판을 주고받지만 여전히 절친한 사이였다. 누구를 조직에서 몰아내거나 매장시키는 것도 아니었고, 작가 개인의 성향이나 사생활을 들추어 인신공격하는 일은 더더욱 없었다. 임화의 밥이던 김기진도, 이기영과 한설야 같은 선배들도 카프에서 탈퇴하거나 서로 탈퇴시키려 밀어내지는 않았다.

이는 훗날 북한에서 벌어진 잔혹극 같은 비평과는 달랐다. 북한에서 벌어진 것은 '논쟁'이 아니라 '비난'이었고 개인의 본질적 성향과 사생활까지 들춰내는 잔인한 난도질이었다. 반면, 일제 치하의 논쟁은 내용은 다소 유치하다 해도 권력과 공포는 개입되지 않았다. 설사 집단주의, 전체주의 같은 파시즘적인 생각을 가졌더라도 감옥에 갈 권리 외에는 줄게 없었기 때문에 파시스트가 될 수는 없었다. 그러나 북한에서의 비평은 생사가 오가는 공포 속에 이뤄진 생존투쟁이었다. 가해자는 권력을 쥘 수 있었고, 파시스트가 될 수 있었다.

일제에 저항하는 문학을 하되 직설적으로 표현할 것인가, 간접적으로 할 것인가를 두고 다투는 이 건전한 논쟁은 그러나 오래가지 못했다.

카프는 회원이 200명에 이르렀는데 조선 문단의 총집결체라거나 대표 단체라고 할 수는 없었다. 발표 지면도 거의 없고 단행본 출판도 대단히 어려웠던 당시 문단은 소설가, 시인, 평론가를 합쳐도 50명 정도의 작가가 차지하고 있다고 할 정도로 좁았다. 그중 이태준, 염상섭 등 대중적 명성을 누리고 있던 소설가의 다수는 카프에 들어오지 않았다. 카프는 시인이나 평론가가 다수로 이기영, 한설야, 이북명 정도가 유명 작가라 할 수 있는 정도였다. 그러나 카프 회원들은 지하신문과 유인물, 강연회와 비밀소모임 교육 등에 유용한 자원들이었다.

전체주의 독재 체제일수록 선전 능력을 가진 문인들에게 관심이 높은 법이다. 더구나 1931년 만주 침공으로 본격적으로 제국주의 침략전쟁을 시작한 일제에게 카프의 존재는 군화 바닥에 튀어 올라온 못이었을 것이다. '조선의 르네상스'라 불리던 1920년대는 끝나고, 일제 경찰은 카프에 대한 지속적인 탄압에 들어갔다.

경찰은 1931년 8월, 조선공산당 재건 사건에 연루된 박영희, 김기진, 이기영, 윤기정, 고경흠 등 70여 명을 연행해 수사하는데 임화는 석 달 만에 석방된다. 제1차 카프 사건이었다.

제2차 카프 사건이 터진 것은 2년 뒤인 1933년이었다. 다시 80여 명이 연행되어 이동규, 권환 등 23명이 구속되었다. 임화는 이번에도 지병인 폐병으로 구속을 면하고 나와 요양을 하는데 자신의 주장과 사뭇 배치되는 '난해한 시와 추상적인 평론'을 씀으로써 한풀 꺾인 모습을 보인다.

여기에 임화의 정신적 지도자였던 박영희가 "다만 얻은 것은 이데올로기요, 잃은 것은 예술이다."라는 유명한 전향문을 쓰고 카프를 탈퇴하는 결정적 사건이 터졌다. 카프의 핵심 이론가였던 백철, 시인 신석정 등과 함께였다.

카프는 큰 혼란에 빠져버리고 말았다. 임화는 서기장으로서 박영희의 탈퇴서가 일제 경찰에 의해 강요된 것으로 보고 이를 무효로 선언해 사태를 수습하려 했으나 역부족이었다.

이데올로기냐 예술이냐의 논쟁은 단순히 일제의 압박 때문에 생긴 것이라기보다 예술에 대한 본질적인 고민이라고 할 수 있었다. 계급투쟁을 형상화해야 한다는 이론적 원칙과 실제로 창작을 어떻게 해야 대중에게 감동을 줄 것인가 하는 현실에서 오는 괴리는 이미 카프 초기부터 있었다. 임화가 박영희의 편을 들어줌으로써 김기진을 눌렀던 1926년의 논쟁으로 돌아가 보자. 김기진은 당시 「조선지광」에 기고한 글에서 이렇게 말한다.

신소설이란 한 개의 건축이다. 기둥도 없이 서까래에 붉은 지붕만 얹어 놓은 건축이 어디 있는가? 프롤레타리아 문학이 너무 형식을 무시하고 정치투쟁에 몰두하고 있다.

이에 박영희는 강력히 그를 비판하고 반박했다. 물론 임화도 적극 동조했다.

프롤레타리아 문예 작품은 독립된 건축물을 만들려는 게 아니라 사회주의 혁명이라는 큰 기계의 한 톱니바퀴 역할을 하는 것이다.

당시 박영희의 주장은 임화를 중심으로 한 소장파들의 지지를 얻어 일방적인 승리로 끝났다. 그런데 이제 박영희가 거꾸로 김기진의 주장을 자신의 것으로 들고 나온 것이다. 전향을 위한 변명이기도 하지만 작가로서의 고민이 반영되기도 했을 것이다.

박영희의 전향은 카프의 기둥뿌리를 흔들었으나 신진세력과 사이가 좋지 않았던 이기영, 한설야 등은 앞장서 수습할 의지가 없었다. 결국 임화, 김남천, 김기림 등 카프 지도부는 일제의 종용을 이기지 못하고 제2차 검거로 구속된 회원들에게 서면질의 형태로 의견을 모아 해산을 결의한다. 1935년 5월 20일, 임화가 동대문서 고등계에 해산계를 제출함으로써 카프는 공식적으로 해산되었다.

임화의 작가 생활 10년은 곧 카프의 10년이라고 말할 수 있었다. 더구나 항상 가장 강경한 이론을 선도해온 그가 스스로 해산계를 제출하는 굴욕을 감수한 순간, 인생의 전반기가 끝난 기분이었을 것이다.

임화 이상으로 충격을 받은 이는 아내 이귀례였다. 자유분방한 임화와는 달리, 견결한 계급투쟁의 전사였던 그녀는 분개해 곧바로 이혼장을 제출하고 딸 혜란과 사라져버렸다. 임화는 폐결핵까지 악화되어 신설동 탑골승방에서 홀로 기거하다가 8월에 마산으로 요양하러 내려간다.

파시즘의 시대

그런데 마산에서 임화의 인생 제2막이 시작되었다고 할 만하다.

폐결핵이 흔하던 시절이었으나 아직 치료약이 발달하지 않아 공기 맑은 곳에서 편히 쉬고 잘 먹는 게 치료법이었다. 마산요양원은 1920년대부터 전국에서 요양 치료를 하러 오는 곳이었다. '글쟁이들의 직업병'이라 불릴 정도로 많은 문인이 결핵으로 고생했는데 나도향, 권환 등도 마산요양원 신세를 졌다.

임화가 요양 갔을 때는 이현욱이라는 소설가 지망생 처녀가 역시 폐병으로 입원해 있었다. 임화보다 4살 어린 24살 이현욱은 거창 출신으로 일본 유학을 다녀온 신여성이었는데 상당한 미인이었다. '길쭉한 얼굴에 시원한 검은 눈을 가졌고 콧날은 날카로운 편에 키는 호리호리했다. 늘 치마저고리에 성격은 적극적이었다'는 게 당시 문인들의 표현이었다.

문장력이 뛰어났던 그녀는 몇 년 후인 1940년 「문장」 12월호에 단편

임화의 두 번째 부인 지하연.

소설 「결별」을 발표하면서 등단하는데, 지하연이라는 필명을 쓴다. 지하연은 자신도 환자임에도 임화에게 반해 극진히 병간호를 했고, 조촐한 혼인식까지 치러 정식으로 부부가 되었다.

새로운 아내를 얻어 돌아온 서울에서 임화는 카프문학에도 새로운 출구를 만들어보려고 노력한다. 해외문학파나 예술지상주의 문학에 대한 비판은 계속하는 한편으로, 바로 자기 자신이 선봉이었던 기계론적이고 속류적인 유물론에서 탈피하려 시도한다.

이런 고민은 「세태소설론」, 「본격소설론」, 「개설 신문학사」 등의 평론과 1936년에 발표한 장시 '현해탄' 등을 통해 나타나는데 논리적으로는 갈팡질팡한다. 기계론적이고 관념적인 글쓰기에서 벗어나자는 '낭만주의론'을 내세웠다가 이를 반성하고 '사실주의론'으로 돌아가더니 1937년 중일전쟁이 일어나 군국주의 파시즘이 압도하자 다시 사실주의론에서 이탈했다고 평가받는다.

저항적인 문학은 물론, 한글을 쓰는 일조차 어려워지기 시작한 1938년 들어서 임화는 첫 시집 『현해탄』을 출간하는 한편, 잡지 「학예사」를 운영하며 유파를 초월해 폭넓은 교제를 해나간다.

언제나 강경파 사회주의 문인으로 분류되던 임화가 유파를 가리지 않고 작가들을 포용하게 되었다는 것은 그 자신의 흠결 역시 크다는 걸 인식했다는 의미일까?

총독부 학무국에서조차 관심을 갖지 않을 정도의 무명작가라면 모를까, 어느 정도 지명도가 있는 작가들은 누구라도 생존의 압박을 받던 시기였다. 이에 대응하는 방법은 여러 가지였다.

이광수, 서정주, 모윤숙, 김동인, 최재서 등은 친일이 조선 민족을 위한 일이라고 합리화하며 자진해서 적극적으로 친일을 한다. 괴산의 대지주라 생계 걱정 없던 홍명희처럼 끝까지 어떤 협조도 하지 않은 이도 있었다. 이태준이나 이기영처럼 총독부에서 만든 어용문인단체인 '조선문인보국회'에 간부로 이름만 올려놓고 지방에 은둔해버린 작가도 있었다.

나머지 대다수 유명 작가들은 반일 감정을 버리지 않았음에도 일제가 마련해준 생계수단에 매달려 지조를 버렸다. 임화도 그중 한 명이었다. 그는 조선문인보국회에 가입해 총독부가 요구하는 친일 성향의 글들을 다수 집필한다. 1940년 고려영화사 문예부에 취직하고 1943년에는 조선영화문화연구소에 근무하며 영화 분야의 글도 많이 썼다.

일제 말기의 친일협력 문제는 거의 모든 유명 작가들에게 평생 벗지 못할 굴레가 된다. 자진해서 앞장섰든, 생존을 위해 몇 편 안 되는 친일 글을 썼든, 후대의 냉정한 평가에서 벗어나지 못한다. 임화 역시 마찬가지였다.

다만 임화의 심정을 알 수 있는 기록이 있다. 1940년 총독부 학무국장이 주도한 한 좌담회다. 이태준, 백철, 유진오, 최재서, 정지용 등이 참석한 좌담의 목적은 앞으로 조선어로 작품을 쓰지 말고 일본어로 쓰라는 지시를 전달하기 위함이었다.

총독부의 요구에 한때 카프 이론의 선봉이었던 백철과 보성전문 교수이자 소설가인 유진오는 적극 찬동한다. 백철의 발언부터 보자.

"새로운 국민문학의 목표는 개인주의적인 입장을 부정하고 전체적인 입장을 국책에 부가하는 문학을 길러내는 것입니다. 그곳에서 국책을 민

중에게 선전하고 그들을 계몽해가는 것이 새로운 국민문학의 과제이고
또 새로운 가치이기도 합니다."

얼핏, 임화가 1928년 기세등등하게 발표했던 '문학의 효용성론'과 문
장 자체는 거의 다르지 않다. 다만 국민이냐 인민이냐가 다를 뿐이다.

백철의 발언에 고무된 총독부 학무국장은 일본인과 조선인은 국민이
라는 새로운 개념으로 하나가 되었다고 말하며 국가와 민족이라는 위대
한 존재 안에 하나가 되어야 한다고 강변한다.

"국가는 민족과 권력을 뛰어넘는, 최고의 권위와 도덕을 가진 존재입
니다. 도저히 통일할 수 없을 것만 같던 내지인과 외지인을 나누던 이분
법 구조의 핵심인 피의 순수성을 단번에 넘어서는 것이 이 국가요, 국민
이라는 새로운 개념입니다. 국가와 국민이라는 위대한 새 역사 앞에 우
리는 오직 단결과 통일만을 외쳐야 합니다."

그런데 돌연 이태준이 나서서 일본어로 소설을 쓰라는 것은 창작열을
꺾는 일이라고 반박한다.

"1939년 우리 조선 문단에는 240편의 조선어 창작물이 발표되었습니
다. 그런데 올해 들어서는 겨우 40편 정도만이 발표되었습니다. 그 이유
는 총독부에서 일본어로 창작하라고 강권하기 때문입니다. 하나의 국민
이 되어야 한다는 것이 사실상 조선인의 창작열을 꺾고 발표를 제한하는
결과를 낳은 것입니다. 이에 대해서는 어떻게 생각하십니까?"

학무국장의 답변은 강경했다.

"그렇습니다! 일본어 문제는 매우 중요하다고 봅니다. 우리로서는 조
선 작가 제군에게 말하거니와, 작품은 모두 일본어로 써주기를 강력히
바랍니다."

다른 작가들은 이에 대해 아무런 반응도 보이지 못한다. 유일하게 이
태준을 지원한 이는 임화였다.

"나는 문학도 다른 모든 학문처럼 정치적으로 자유롭지 않다고 생각

이태준. 카프문학에 대해 비판적이었으나 일본어로 창작하라는 조선총독부의 강권에 임화와 함께 강력히 반발한다.

하는 사람입니다. 그렇지만 그 창작 기법에 있어서는 문학 고유의 특성이 있다고 봅니다. 즉, 한 작가가 날 때부터 듣고 말해왔던 말, 일상살이에서 불편과 부자연스러움이 없이 할 수 있는 말이야말로 가장 아름다운 창작물을 생산하는 기본이라고 봅니다. 이것은 도덕상의 의무나 윤리의식에서가 아니라 오로지 장인의 심리에서 나온 결론입니다. 날 때부터 조선말을 써온 조선인이 어떻게 낯선 일본어로 글을 쓸 수 있겠습니까?"

임화의 반박은 그러나 철저히 무시된다. 최재서는 오히려 일본어로 써야 우리 작품을 일본인들에게도 쉽게 읽힐 수 있으며 나아가 동양 전체가 일본어권이 될 테니 조선어는 더 이상 쓸 필요가 없다고 주장한다.

"이제부터는 더 이상 시인도 소설가도 소재 문제로 어려움을 겪거나 집필 태도에 관해서 괴로워할 일이 없습니다. 단지 우리들은 의용봉공의 정신만을 가지면 됩니다. 국가의 존망이 걸려 있는 비상시에 문학이 쾌락의 수단에 머물러 있으면 되겠습니까? 문학 본래의 윤리적 사명으로 되돌아오는 것은 너무도 당연한 이야기입니다."

이 끔찍한 집단주의 논리에 함께 맞섰던 이태준과 임화는 문단 내에서 보면 앙숙이나 다름없었다.

이태준은 카프문학을 비예술적이라 하여 매우 못마땅하게 보아온 인물이었다. 이태준 자신은 조선인의 애환을 그린 사실주의적인 작품을 써왔으나 그가 만든 구인회에는 이상, 정지용 등 예술지상주의적인 작가들이 여럿 있었다. 때문에 김태준 등 카프 평론가들은 기회 있을 때마다 구인회의 회장 격인 이태준의 소설을 맹비판해왔다.

그런데 이날 토론의 영향이었을까? 이태준은 한글을 고수하려는 임화를 퍽 좋게 보게 되었던 듯하다. 이후 두 사람은 절친해졌고, 이태준은 해방 바로 다음 날 임화가 만든 문인 단체인 '조선문학건설본부'에 기꺼이 가담한다. 1년 후 벌어진 이태준의 돌연한 월북도 온전히 임화의 영향이었을 것이다.

너 어디 있느냐

해방과 동시에 생겨난 북한이라는 권력은 좌파계 문학판을 새로운 국면에 접어들게 만들었다. 임화가 주축이 되어 조선문학건설본부를 만든 지 꼭 한 달 만인 1945년 9월 17일, 카프의 구 집행부 출신들인 이기영, 한설야, 한효, 권환, 이동규 등이 따로 '조선프롤레타리아문학동맹'을 결성한 것이다.

임화의 건설본부가 아직 서울에 있던 박헌영과 직결되어 있다면 한설야가 주축이 된 문학동맹은 북한의 김일성을 바라보고 있었다고 보아도 좋았다. 이기영, 한설야 등 문학동맹 지도부는 11월에 바로 평양으로 올라가기 때문이다. 권력이 없을 때는 사이가 나빠도 하나로 뭉쳐 있던 카프가 두 개의 권력이 생기자마자 분열해버린 것이었다.

아직은 박헌영이 조선공산당의 책임자였다. 박헌영의 강력한 요구로 두 단체는 중국집 〈아서원〉과 〈봉황각〉에서 두 차례 만나 통합을 위한 협상을 벌인다. 이 자리에서는 이태준도 참석하는데 이태준과 김사량 등의 친일 행위에 대한 자기반성이 있은 후 12월 3일 '문학가동맹'으로 합쳐진다. 임화는 서기장으로 피선되어 실권을 잡았다.

하지만 남쪽에서의 영화는 짧았다. 미 군정의 탄압과 우익 테러가 극성을 부리면서 작가들은 하나씩 북행에 오른다. 이태준은 1946년 6월에, 임화는 1947년 11월에 월북했다.

월북자 중 이영 등 과거 박헌영의 반대파들은 대개 평양으로 들어간다. 그러나 박헌영 계열은 38선 바로 위의 도시인 해주에 집결해 대남 혁명사업에 종사한다. 임화도 박치우, 이태준, 권오직, 이원조 등과 남한에 보내는 다량의 잡지, 선전물을 제작하는 데 투입된다. 북한에서 받은 공식 직책은 '조소(朝蘇)문화협회' 부위원장이라는, 사실상 무의미한 자리였다.

1950년 6월 28일 인민군 탱크를 따라 서울에 돌아온 임화는 겨우 두 달 남짓한 기간이지만, '조선문화총동맹'을 조직해 부위원장을 맡는다. 피난을 못 가고 서울에 남았던 백철이 임화를 보았던 느낌이다.

> 불과 2~3년 간에 임화의 모습은 많이 변한 것 같았다. 무엇보다 머리가 반백에 가깝게 흰머리가 많이 생겨난 일이다. 임화와 나는 나이가 동갑이니까 그때 아마 마흔다섯 정도였을 터인데 얼른 보면 오십이 넘은 노신사의 풍모였으니 거기 가서 그렇게 팔자가 좋았던 것 같지는 않다는 생각이 들었다.

실제 이 무렵 찍은 임화의 얼굴은 왕자병에 걸릴 정도로 해사하던 젊은 시절과는 너무 다르다. 기질적으로 전혀 맞지 않는 전체주의 체제에 적응하기가 그리 힘들었던 것일까? 어쩌면 '너 어디 있느냐'를 쓸 때 이미 깊은 허무주의에 빠져 모든 것을 포기하고 있었는지도 모른다.

중년이 되어 초라해진 임화.

임화가 전쟁 끝 무렵 체포되어 반역 음모로 조사받을 때 이야기가 남아 있다. 조선노동당 중앙위원으로 평양시당 위원장이었던 고봉기의 수기에 나오는 이야기다.

"박헌영, 이승엽 반역도당과 함께 공화국 정권을 전복할 음모를 꾸몄다는 자백만 하면 김일성 수상 동지가 용서해준다고 했소. 자백하시오."

심문관의 설득에 임화는 허탈한 표정으로 답한다.

"수상 동지가 쓰라 하시면 써야겠지요. 하지만 나는 쓸 것이 없으니 당신들이 쓰시오. 수표(서명)는 내가 하리다."

꼭 김일성을 불신해서가 아니라, 이상의 나라로 여겼던 북한의 현실이 그의 숨통을 조였을 것이다. 북한은 38선이 갈린 직후부터 이미 여행의 목적지와 사유, 귀환 일시를 보고해 허가를 받은 여행증이 없으면 기차로 한 정거장도 갈 수 없고 이사나 취직도 마음대로 할 수 없는 통제사회가 되어 있었다. 또한 인간에 대한 연민을 자양분으로 하는 작가들로서는 견디기 힘든 전쟁의 슬픔이 그를 포기하게 만들었으리라 짐작이 될 뿐이다.

임화는 45살이 되던 1953년 8월 6일 총살당했다고 알려져왔는데 처형되기 전 감옥에서 폐결핵으로 숨졌다는 말도 있다. 임화가 죽기 전에 유서 대신 '저주하노라 붉은 독재'라는 시를 썼으며 북한 검찰기관에 증거물로 보존되어 있다는 말도 있다. 어디까지가 진실인가는 알 수 없으나 중요치 않은 이야기들이다.

아내 지하연은 만주로 피난 가 있다가 뒤늦게 소식을 듣고 평양으로 달려온다. 이강국의 아내와 구명운동을 벌이던 그녀는 나중에는 거의 실성 상태가 되어 치마끈도 제대로 매지 못한 반미치광이 모습으로 평양의 노동당 기관과 관공서를 찾아다니며 "내 남편 임화를 살려내라!"고 울부짖었다고 한다. 결국 내무서원에게 붙잡혀 평북 희천의 교화소로 끌려가 1960년에 병사했다는 이야기가 전한다.

· 15 ·

10년 감옥생활 빼면
이제 겨우 스물셋

박진홍

문학소녀와 여성주의

네 차례에 걸쳐 10년의 감옥살이를 한 여성혁명가 박진홍(1914~?).

경성트로이카와 경성콤그룹의 주력이었고 해방 후에는 조선부녀총동맹 문교부장 겸 서울지부위원장을 지냈으며 월북 후에는 제1기 최고인민회의 대의원이자 사법재판소 판사를 맡은 당찬 여성이다.

이 경력으로만 보면 날카롭고 전투적인 여성 투사가 연상된다. 그러나 그녀의 말과 글에는 보통의 문학소녀들보다도 훨씬 따사롭고 풍요로운 감수성이 흐른다. 1946년 11월 15일자 「독립신보」 인터뷰 기사다.

부부가 이러고 다니느라고 가정적인 단란한 맛은 통 없어요. 동덕 때부터 난 문학소녀였고 사회생활이란 그리 오래되지 못했어요. 10년의 감옥생활을 빼면 이제 겨우 23살이라니까요. 그래서 이따금씩 꿈을 그리다가 현실 앞에 깜짝 놀라곤 해요.

'여류 혁명가를 찾아서'라는 큰 제목 아래 '부부가 단결하여 혁명의 기초를 세우자'는 소제목이 달린 기사인데, 10년의 감옥살이를 빼면 아직도 스물셋 청춘이라는 말이 신선하다.

이 무렵 박진홍의 직책은 조선부녀총동맹 서울지부 위원장이었다. 그렇다고 해서 여성운동가들이 흔히 드러내는 남성에 대한 적개심의 흔적은 찾기 어렵다.

> 가정은 민주주의적이긴 합니다. 서로 다 혁명운동에 이해가 있지요. 그러나 집사람도 봉건의식이 조금은 남아 있어요. 내가 무얼 쓰면 여자가 저런 걸 쓴다고 퍽 신기하게 여겨요, 호호호. 우리 부녀운동이 물론 봉건도덕에 얽매여버리는 극우적인 현상도 잘못이지마는 너무 가정을 경멸, 파괴하고 남편을 투쟁 대상으로 삼는 것은 극좌적인 오류예요. 현 계단에 있어서는 부부가 단결해서 혁명의 기초가 되어야 할 줄 압니다.

남편은 경성콤그룹의 일원으로 감옥살이를 했던 경성제대 교수 김태준이었다. 당대 지식인으로는 가장 좌측에 선 편이지만 1905년생이니 요즘 신세대에게는 증조나 고조할아버지뻘이다. 아내가 서정적인 수필을 쓰는 것까지는 이해하지만 여성문제와 정치문제를 다룬 논설을 쓰면 신기해하며 들여다본다는 표현이 재미있다.

더 재미있는 것은 박진홍이 남편을 '집사람'이라 부른다는 점이다. 일제 때까지도 여동생이 언니를 '형'이라 부르기도 하고, 남동생이 누나를 '언니'라 부르는 등 호칭이 어지럽기는 했으나 '집사람' 또는 '안사람'이란 말은 바깥일을 하는 남편이 집을 지키는 아내를 칭하는 말로 통일되어 있었다. 남편을 두고 '집사람'이라 칭하는 경우는 박진홍 외에는 찾지 못했다. 여성주의자의 배짱이었을까?

1946년 9월에 나온 『민주주의 12강』이란 책이 있었다. 이강국, 박치우,

동덕여고 시절의 박진홍.

정태식, 박문규 등 당대의 지식인 12명이 민주주의에 대해 쓴 글을 모은 책이다. 박진홍은 그 다섯 번째 강의록 '민주주의와 부인'에서 말한다.

눈 멀어 3년, 귀 먹어 3년, 벙어리 3년의 시집살이의 설움이 얼마나 컸던 가는 세간에 흔히 도는 속담에서도 그 자취를 볼 수 있다. 부인이 자기 의사를 표시할 수 있었다면 그 부인은 가정에서 내쫓겼고 마을에서, 친척에서 내쫓겼던 것이며 부인 자신의 살 길은 복종의 길 이외는 없었던 것이다. 오늘날까지 부인의 미덕으로 쳐오는 인형같이 온순하고 감정의 자유로운 표현까지도 용서하지 않는 부인 자신의 도덕관념은 부인의 과거생활의 인습이 맹목적으로 이어 내려온 증거라 볼 수 있다.
가정에 있어서 부인은 부엌에서 아기를 데리고 밥 짓고 빨래하기에 일생을 보내니 남편은 이 부인의 인격을 어떻게 높이 평가할 수 있었을까? 부인의 무지와 몽매와 편협한 감정과 남편에게 의뢰하려고 매달리는 근성이 그 어디서 오는 것일까를 의식하고 이것을 해결하도록 책임지는 남편을 어디서 볼 수 있었으며, 가령 그러한 남편이 있다 하여도 부인의 지위를 높여주기 위하여 그에게 시간의 여유와 배움의 자유, 살림의 여유를 줄 물질적인 힘을 갖지 못하였을 것이다.

농촌에 있어서 부인의 생활이 봉건적 인습에서 벗어나지 못하고 강제혼, 매매혼, 조혼의 폐습은 일제가 조선 인민의 토지를 빼앗고 남부여대하여 해외로 유랑하게 할 때 더욱 더 보급되어 인습의 폐해를 알면서도 굶주림에 자기 딸을 팔아먹은 예가 얼마나 많았던가?

민며느리를 데려다 부려먹겠다는 관념은 농촌이 피폐하면서 더욱 조장되었으며 남편의 억압에서 또는 이혼을 원하면서도 애정 없는 부부생활이 의무적으로 계속되다가 참지 못하여 지은 살인, 방화의 부인범죄인이 얼마나 많았던가? 학교 갈 나이의 아이들을 학교에 보낼 수 없고, 할머니의 고통은 어머니가 이어가고 어머니의 고통을 딸이 이어가면서 북데기 속에서 살아온 것이 농촌 부인의 생활이었다.

　남편 김태준은 그녀를 어떻게 보았을까? 해방 후 김태준이 조선문학가동맹 기관지「문학」에 연재한 '연안행'은 두 사람이 김무정의 조선의용군을 찾아 중국 내륙 연안까지 몇 달이나 걸어가는 이야기다. 날아오는 일본군 총탄을 등지고 달리기도 하고 몇날 며칠 굶어가면서도 무장투쟁을 하러 가는 두 남녀의 천신만고 속에는 박진홍의 여성스러움이 곳곳에 드러난다. 김태준은 그녀를 P라고 쓴다.

　이날 나귀에 서툰 P는 몇 차례나 나귀에서 떨어졌다. 어떤 때는 혼절해서 실신할 때도 있었다.
　이날 또 한 가지 불행은 나와 P 사이에 일대 전쟁이 일어난 것이다. 논쟁의 경과는 이렇다.
　P가 영국황제의 심슨 부인을 사랑한 것을 극단으로 예찬한 나머지, 그것을 마치 P는 내가 너무도 이지적이어서 애정의 세계를 이해 못한다고 무시하는 것 같이 들렸기 때문에 나는 P의 연애지상주의에 일침을 가하자 P는 나에게 적당한 비례로 00와 격정이 그리고 도덕과 애정이 계급적으

박진홍의 두 번째 남편 김태준. 경성제대 강사 시절 모습이다.

로 통일된 부부생활이 아니면 참다운 부부생활이라고 할 수 없다는 것
이고, 적어도 P가 요구하는 나는 좀 더 풍부한 정서가 없으면 안 된다는
것이다. 그러면서 나의 봉건적 이념에 사로잡힌 생활과 표정의 결함이 P
에게 접수되지 않는다는 것을 말했다.

논쟁이야 있건 말건, 아무것도 모르는 나귀는 진찰기 정부의 소재지 천
가구에 도착하였다.

점잖은 선비형 지식인의 10살 어린 연인에 대한 애정이 오글거리는
이 글에 등장하는 박진홍과 '조선부녀총동맹 서울위원장' 박진홍 사이에
모순은 없다. 문학소녀적인 섬세한 감성과 천대받는 여성들에 대한 동정
심, 조국을 잃은 민족에 대한 사랑은 서로 다르지 않은 하나의 영역이기
때문이다.

두 남자, 두 죽음

박진홍은 1914년 함경도 명천군 하가면 화엄리 75번지의 극빈한 농가
에서 태어났다. 보통학교는 나왔으나 진학할 여건이 못 되자 그녀의 뛰

어난 두뇌와 밝은 성품을 아까워한 교사가 서울의 아는 교사 집에 가정교사로 보내주어 동덕여고에 입학할 수 있었다고 한다.

당대의 쟁쟁한 여성 사회주의자들의 산실이던 동덕여고에서 박진홍은 단연 우등생이었다. 한 학년 40여 명 중 독보적인 1등을 도맡아 나중에 그녀의 체포와 재판 소식을 알리는 신문에 '동덕여고 개교 이래 최고의 재원'이라고 묘사된다.

일제 치하에서 가장 많은 사회주의 항일운동가를 배출한 지역이 함경도였다. 명천 시절에 어떤 영향을 받았는지 알 수 없으나, 박진홍은 동덕여고의 좌파적 분위기에 휩쓸렸다기보다는 반대로 앞장서서 친구들을 이끈 인물이었다.

중앙고보 남학생들과의 독서모임을 조직한 것도 박진홍이었고, 1929년 11월 3일의 광주학생시위부터 시작되어 전국으로 퍼져나간 학생시위를 맨 먼저 발의하고 선동가로 나선 이도 박진홍이었다. 4학년에 재학 중이던 1931년 6월, 또다시 동맹휴학을 주동한 박진홍은 졸업을 반년 앞두고 퇴학당하고 말았다.

박진홍의 가족은 서울로 이주해 경기도 경성부 청엽정(오늘날 청파동)에 살고 있었는데 어머니는 교북정(오늘날 교북동) 방면에서 허름한 술집을 하면서 어렵게 학비를 대고 있었다. 억척스러운 함경도 여자였던 그녀는 집안의 희망이던 딸이 퇴학을 당하자 실망과 분노를 감추지 못했다. 졸지에 구박덩이가 되어버린 박진홍은 따로 방을 한 칸 얻어 자취하면서 공장에 다니기 시작한다. 동급생이자 가장 절친한 벗이던 이효정은 추억한다.

어느 날 집에서 김치를 담가 가지고 진홍이 방에 찾아갔더니 진홍이가 저를 동네 주막에 데리고 가는 거예요. 가서는 막걸리를 시켜서 마시라고 해요. 자기도 마시고요.

여염집 여자가 주막에서 술을 마시는 장면은 상상도 하기 힘든 시대였다. 게다가 갓 스물을 넘긴 처녀들이라니. 이효정이 쭈뼛거리자 박진홍은 "어서 마셔! 노동자가 되기 위해서는 노동자처럼 살아야 하는 거야." 하고 재촉한다.

박진홍이 공장에 들어간 것은 어머니의 잔소리를 피하기 위해서만이 아니라 코민테른 12월 테제에 따른 것이었다. 그녀는 여러 공장을 옮겨 다니며 노동자를 조직하는데, 나중에 경찰에 체포되었을 때는 먹고 살기 위해 여공으로 취업했다가 친구의 영향을 받았을 뿐이라고 시치미를 뗀다. 1938년 경찰 조서다.

피고인 박진홍은 본적지의 공립보통학교에 입학했지만 제4학년 재학 중 퇴학 처분을 받고 그 후 경성부 내 '조선제면회사', '대창직물' 등에서 여공으로 근무해오다가 친구의 감화를 받아 공산주의 사상에 공명한 결과 소화 11년(1936) 7월 30일 경성지방법원에서 치안유지법 위반으로 인하여 징역 1년 6개월에 처해져 당시 그 형의 집행을 마쳤던 자로, 조선을 일본 제국의 굴레로부터 이탈시키고 또 조선 내에서 사유재산제도를 부인할 목적으로 피고인 공원회의 범죄 사실 제1항 기재의 일시, 장소에서 동 피고인으로부터 동항에 써 있는 것과 같은 종용을 받고 그것을 승낙하여 그 목적하는 사항의 실행에 관하여 협의했다.

체포된 운동가들은 경찰 조사에서 최대한 엉터리 정보를 제공하기 마련이다. 이 조서에도 박진홍은 동덕여고에 다닌 사실조차 숨기고 있다. 박진홍을 지도한 것처럼 되어 있는 공원회는 서울파 출신으로, 재판정에 나가자 천황에게 충성을 다하겠노라고 공개적으로 전향을 선언하고 운동판에서 사라지는 인물로 박진홍보다 한결 하수였다.

이효정은 박진홍이 '그다지 볼 것 없는 얼굴'을 가졌다고 기억한다. 실

경성트로이카 그룹이 주도한 1933년 9월의 종연방직 파업 현장.

제로 사진관에서 책을 무릎에 올리고 찍은 기획사진만 보면 단아하고 영민해 보이지만, 감옥에 들어갈 때마다 붉은 벽을 등지고 찍은 사진들을 보면 작고 볼품없는 원래 모습이 잘 드러난다.

그럼에도 이 똑똑하고 당당한 여걸에게는 늘 남자들이 따랐다. 공원회도 그중 한 명이었다. 그러나 박진홍은 그의 나약한 본성을 파악한 듯 단호히 거절한다.

또 다른 거절 상대는 인정식이었다. 일본 호세대학 출신의 농업학자이던 인정식은 고려공청 일본총국 책임비서를 역임하는 등 좌익계의 유명한 젊은이였다. 그러나 1938년 체포되자 바로 전향을 공개천명하고 나와 시국강연회에서 연설하며 적극적인 친일 활동을 벌인다. 해방이 되자 다시 좌익에 가담하는데 미 군정 경찰에 체포되자 또다시 전향을 하고 나와 서울파의 거두 정백과 함께 보도연맹 중앙조직에서 반공 활동을 한다. 그러다가 전쟁이 터져 인민군이 내려오자 또다시 인민군 편에 서서 인민위원으로 일하다가 월북해 북한의 고위직을 역임한다. 도합 네 차례의 전향 기록이었다.

박진홍은 인정식이 조직을 만들자며 접근해오자 몇 번 만나본 후 '의도가 불순하다'며 거부한다. 문학적 감수성인가, 아직 한 번도 전향하지 않았던 때임에도 그의 본성을 간파한 것이다.

대신 박진홍은 다른 두 남자를 선택한다. 하나는 이재유요, 다른 하나는 김태준이었다.

1933년 봄부터 경성트로이카를 조직해 활동하던 이재유가 아지트키퍼를 구한다고 하자 자진해서 그 일을 맡은 것이 22살 되던 1934년 8월이었다. 동거 생활 다섯 달 만에 먼저 체포된 박진홍의 뱃속에는 아들이 들어 있었다.

1936년 옥중에서 태어난 아기에게 그녀는 '철창의 한'이라는 뜻으로 '이철한'이라는 이름을 지어준다. 감옥 밖으로 내보내진 철한은 그러나 첫돌도 되기 전에 죽는다. 엄마 뱃속에서 혹독한 고문을 당한 아이가 제대로 성장할 리가 없었다.

1937년 5월에 출옥한 박진홍은 이순금, 이관술과 함께 공산당 재건에 나섰다가 두 달 만에 다시 감옥에 들어가고 1939년 여름에 석방되자마자 다시 이관술과 함께 경성콤그룹을 조직하다가 겨울에 체포되었다. 이번의 형기는 5년, 끝없는 감옥생활이었다.

다섯 번째, 총 10년의 옥살이를 하고 나온 것은 1944년 10월, 해방되기 불과 열 달 전이었다. 그녀가 석방된 시각, 첫 남자 이재유는 공주감호소에서 고문 후유증으로 사망한다.

한두 달만 감옥살이를 해도 다리 근육이 풀려 걷기 힘든 법인데, 5년이나 옥살이를 하고 나온 박진홍의 몸은 퉁퉁 붓고 다리는 절뚝거리는 상태였다. 이런 몸을 이끌고도 석방되자마자 이관술과 박헌영을 찾아다닌다. 그러다 만난 이가 경성콤그룹 사건으로 이관술과 함께 구속되었다가 병보석으로 나와 있던 김태준이었다.

박진홍의 첫 남자 이재유의 체포를 알리는 호외. 이 기사를 본 박진홍의 마음은 어땠을까.

김태준은 3년이 못 되는 첫 감옥살이 동안 아내와 어머니를 병으로 잃고 경성제대 강사에서도 해임되어 살 길이 막막한 상태였다. 일본 경찰은 그에게 시국 강연과 친일논문을 쓰지 않으면 식량을 배급하지 않을 뿐더러 보석을 취하해 재구속시키겠다고 협박하는 중이었다.

이런 상황에서도 이승엽이 조직한 공산주의자 그룹에 가담해 기관지 「자유의 길」을 배포하는 등 활동을 하고 있던 김태준은 퉁퉁 부은 얼굴에 다리를 절뚝거리며 항일운동을 하겠다고 찾아온 박진홍에게 한눈에 반해버리고 말았다.

마침 경찰이 김태준을 재수감하기로 결정했다는 사실이 알려지면서, 박진홍은 그를 자기 방에 데려와 숨겨준다. 미혼모가 된 딸 이야기가 신문마다 보도되어 집안망신이었는데, 외간 남자를 데려와 동숙하다니, 당대가 아니라 현대의 어머니라도 용납할 수 없을 것이다. 박진홍의 어머니는 난리를 치며 내보내라고 야단쳤지만, 차마 신고는 하지 못한다.

숨어 있던 며칠 사이, 온 가족의 구박 속에서도 두 사람은 사랑을 이룬다. 그리고 중국 내륙 깊숙한 연안에 주둔하고 있던 무정의 조선의용군에 합류하기로 결정했다. 이승엽의 공산주의자 그룹과 상의한 결과였다. 돈이 없던 김태준은 엄청난 양의 책을 몽땅 팔고, 보건 계통 관리로 일하고 있던 사위로부터 신분증을 도용해 수천 킬로 장도에 오른다. 1944년 11월 23일이었다.

장장 다섯 달에 걸친 연안행 모험담은 따로 책 한 권이다. 마침내 1945년 4월 연안에 도착한 두 사람은 그러나, 일제의 첩자로 의심받아 장시간 조사를 받았다는 증언이 있다. 특무라 불리던 일본 밀정을 찾기 위한 '반간첩 동원령'이 떨어져 있을 때였다. 뜨겁게 반겨준 이는 조공 재건운동을 함께 했던 김명시 정도뿐, 계속 불려가 일본군이 장악한 수천 킬로를 무사히 통과해온 게 일제의 특무라는 증거가 아니냐고 추궁당했다는 것이다.

두 사람에 대한 의심이 오래가지는 않은 듯하다. 김학철 등 조선의용군 출신들은 저명한 학자 김태준과 역시 저명한 여성혁명가 박진홍이 연안에 왔던 사실을 여러 군데서 자랑스럽게 기록해놓기 때문이다.

해방이 된 것은 두 사람이 연안에 들어간 지 9개월 만이었다. 중국공산당 제7차 당 대회가 해방구의 무장 인민을 총동원해 일본군에 전면적인 반격을 가하기로 결의한 직후였다. 박진홍의 기록은 아니지만, 연안에서 겪은 해방의 날을 조선의용군 여성대원이던 윤재덕의 증언으로 들어보자.

8월 중순의 어느 날 밤이었다. 우리 군정학교 학생들이 숙사 뜨락에 앉아서 즐겁게 노래 부르며 휴식의 한때를 보낼 때였다.

신화사에서 사업하는 조선 동무들이 느닷없이 우리들 속에 뛰어들면서 일제 놈들이 이제 곧 항복서에 조인한다는 소식을 전해주었다.

인심을 흥분시키는 특대 희소식은 삽시에 군정학교 전체 교원과 학생들

속에 퍼졌다. 하여 라가평 언덕은 조선군정학교 교원과 학생들의 열광적인 만세소리와 환호소리로 들끓었다.

군정학교 교원과 학생들은 이 기꺼운 소식을 부근 백성들에게 알리려고 저마다 횃불을 추켜들고 시위 행렬을 지었다. 숙사 언덕을 내려선 시위 행렬은 라가평 마을을 오르내리면서 "항일전쟁 승리 만세!", "중국공산당 만세!", "모 주석 만세!"를 높이높이 외쳤다.

한없이 격동된 마을의 백성들도 횃불을 추켜들고 군정학교 교원과 학생들의 시위 행렬 속에 뛰어들었다. 환희와 격정으로 충만한 여름밤 횃불시위는 샐녘까지 계속되었다.

해방된 조국으로 돌아오는 길도 대부분 도보였다. 가는 데 다섯 달이넘게 걸렸다면 두 달 정도 단축된 게 다를 뿐, 끔찍하게 힘든 길이었다.

두 사람이 열하성 란핀을 지날 때, 박진홍은 두 번째 아이를 출산했다. 이번에도 아들이었다. 박진홍은 연안에서 낳았다는 뜻으로, 돌림자인 '세'에 '연'을 붙여 김세연이라 이름을 지어준다. 박진홍은 「독립신보」 인터뷰에서 말한다.

연안서 떠날 때 임신 만삭이었드랬어요. 나는 말을 타고 남편은 걸어서 오는데 열하성 '란핀'이라는 데서 오후 7시에 해산을 했지요. 그리고 그날 밤 1시에 담가에 매여서 '숭덕'까지 왔는데 그때 무리한 것이 아직도 속에 남아 있군요.

기자는 박진홍이 아직도 얼굴이 파리하고 끊임없이 가슴이 결린 증세를 앓고 있다고 쓴다. 해방된 조국은 그러나 산후병과는 비교할 수 없는 고통을 그녀에게 안긴다. 두 번째 남자 김태준이 죽음을 당한 것이다. 첫번째 남자 이재유가 일본 경찰에 죽었다면, 두 번째 남자 김태준은 미

군정 경찰에 죽는다. 그러나 실제로는 같은 사람들에 의해 죽는다. 일본인 밑에서 경찰 노릇을 하던 자들이 그대로 미 군정 밑에서 경찰이 되었기 때문이다.

두 집안, 두 여자

김정일의 여러 아내 중 한 명이던 성혜랑의 어머니 김원주는 일제 치하에서 잡지 「개벽」의 기자를 했던 신여성이었다. 해방 후 우익계 여성들로 만들어진 '한국부인회'를 그녀는 이렇게 말한다. 딸 성혜랑이 쓴 수기 『등나무집』에 그대로 옮겨 실린 김원주의 글이다.

> 당시 우익 여성 단체인 한국부인회는 일제시대 잘 나가던 사회활동가, 교육자, 기자, 문인 등 유명 인사들이 망라되어 있었다. 박순천, 박승호, 김활란, 황신덕, 박마리아, 황애덕, 황은순, 임영신, 모윤숙, 박화성, 김말봉 등이었다.
> 그러나 서로 다투어 좋은 옷을 차려입고 나오기 바빴고 모이면 하는 이야기들이 어느 일본 고관 집을 접수해 이사를 했다는 이야기, 본정에는 요사이 보석 값이 올랐다는 이야기. 어느 학교를 접수하여 여학교를 대학으로 승격시켜 대학 학장을 꿈꾸는 이야기, 온통 사리사욕에 관한 것, 세태 잡동사니에 관한 담으로 한바탕 떠들다가는 우— 몰려 사라지고 몇 사람이 할 일도 없이 우두커니 앉아 있다가 가는 것뿐이다.

반일의식은 있으나 독립운동에 가담하지는 않았던 지식인들 중에는 해방 후 남한이 다시 친일파 세상이 되는 모습에 분개하여 좌익에 동조한 이들이 꽤 있었다.

본인의 집은 빈곤했으나 미모의 여기자로 유명해지면서 경남 창령의 대지주 성유경과 결혼해 살던 여성 지식인 김원주도 그런 경우였다. 대부분 친일로 돈과 권세를 누리던 김활란, 모윤숙 등 우익 여성들이 해방이 되자 자신들의 이익을 좇아 다시 미국에 붙는 꼴에 환멸을 느끼던 그녀는 1945년 12월 무렵 우연히 견지동 벽돌 담장에 있는 눈에 띄는 글을 보게 된다. 조선부녀총동맹 결성대회 광고였다.

- 여자는 남자와 동등한 권리를 가져야 한다.
- 여자도 선거권과 피선거권을 가져야 한다.
- 동일노동에 동일임금을 받아야 한다.
- 여자도 남자와 꼭같이 배울 권리를 가져야 한다.
- 일부다처제를 폐지해야 한다.
- 공창제를 없애야 한다.

바로 자신이 하고 싶으나 표현하지 못하고 있던 외침이었다. 사실 그저 우연은 아니었을 것이다. 김원주의 남편 성유경은 정판사 사건으로 체포된 이관술 대신 조선공산당 재정부장을 맡았다가 월북하는 인물이다. 그러나 김원주는 그때까지 남편의 좌익 활동에 동조한 적이 없었다. 이날도 남편과 상의도 않고 자기 발로 부녀동맹 사무실을 찾아간다.

김원주는 본래 달걀형 얼굴의 미인인 데다 부잣집 마님답게 화사한 고급 옷으로 치장한 그대로였다. 소박한 하얀 저고리에 검은 치마 차림을 한 전투적인 여성주의자들이 웅성이고 있던 여성동맹 사무실은 갑자기 뜨악한 분위기가 되었다. 다들 이런 곳에 웬 부르주아 귀부인이 왔나 하는 의심의 눈초리를 쏘기만 했다.

이때 자그마한 체구에 반짝이는 눈빛이 인상적인 30대 초반의 여자가 친절하게 웃으며 그녀와 마주앉아 용건을 묻는다. 나이로는 여러 살 더 많은 김원주가 자신의 생각을 이야기하자 그녀는 다정하게 손을 내밀어

주었다. 여성동맹 서울지부장 박진홍이었다. 이날의 만남을 계기로 절친해진 박진홍과 김원주는 비슷한 시기에 월북까지 함께 하게 되어 두 가족이 간간이 소식을 전하게 된다.

박진홍의 남편 김태준은 한때 서울대 총장 후보로 거론되기도 했으나 서울대를 국립종합대학으로 확대시키려는 국대안을 반대하다가 쫓겨난다. 1947년에는 이른바 '8·15폭동 음모 사건'으로 체포되었다가 석방된 후에는 지하로 잠적해 남로당 문화부장, 특수정보부장 등의 직책으로 유격대 지원사업과 기밀탐지 사업을 담당했다. 그러던 1949년 여름, 시인 유진오 등 문화인들을 이끌고 이현상이 이끄는 지리산 유격대에 격려 공연을 갔다 오는 길에 체포되어 총살되고 만다.

박진홍은 서울 생활을 하면서 딸 하나를 더 낳아 세주라고 이름 지었다. 김태준이 총살되기 전인지, 후인지 정확치 않으나 세연과 세주를 데리고 월북한 후 제1기 최고인민회의 대의원, 평양시 인민재판소 판사 등을 지냈다.

두 집안은 북에서도 교류를 했는데 성혜랑의 수기에는 박진홍이 일찍 죽었다고만 나와서 전쟁 때인지 그 이후인지, 사망 원인이 무엇인지는 알 수가 없다. 다만, 숙청되지 않은 것만은 분명하다. 남겨진 두 자녀가 혁명유가족으로 인정받아 국가의 보호를 받으며 자라기 때문이다.

두 자녀는 그러나 1990년대 중반, 돌연 반동의 자식으로 전락한다. 1949년, 이승만 정권에 의해 사형을 선고받은 김태준이 집필 중이던 고문학 연구서를 마저 쓸 수 있도록 두 달만 집행을 미뤄달라고 요청한 사실이 밝혀졌다는 것이다. 이승만은 이를 거절하고 바로 처형시켜버렸는데 뒤늦게 이 사실이 북한 당국에 알려진 듯했다. 김태준은 미제 괴뢰정부에 투항한 배신자로 돌변했고, 졸지에 반혁명분자의 자식으로 내몰린 두 자녀는 혹심한 정신적 고통을 겪어야 했다. 몇 년 후 복권이 되기는 했으나 그 사이 정신병원에 입원한 큰아들 세연은 완전히 미쳐서 영영 나오지 못하게 되었다는 게 성혜랑의 증언이다.

『등나무집』에서 성혜랑은 북한 사회 분위기를 일부 보여준다. 엄격하고 극단적인 모든 정책이 인간성이 숨 쉴 여지를 주지 않았다는 술회다.

> 나에게 그늘을 던진 것은 우리 가정의 계급적 처지에 대한 인식만이 아니었다. 그렇게 그리워한 새 세상은 엄격하고 극단적이었다. 이래도 안 되고 저래도 안 되고, 인간적 생활에는 모두 '부르주아적'이라는 말이 붙는 것 같았다. …… 독재에 의해 기형화된 인간들, 그것은 무지, 비문화에서 광신적 이데올로기 병에서 나온다. 지성, 문화, 교양, 인간성. 이것이 과거 '잘산 것들'의 장식물이라고 착각하는 일부 군중은 이 모든 것에 대한 반감을 품고 있다.

박진홍의 북한에서의 짧았던 삶이 궁금하다. 그 엄청난 고통을 감수하면서도 지향했던 이상사회의 꿈, 모든 생산수단의 국유화와 무상의료, 무상교육 같은 겉으로 실현된 모습, 그리고 숨 막히는 통제 사회의 이면. 이 세 가지 모순 사이에서 그녀는 어디에 희망을 두고 견뎌냈을까?

만일 요절하지 않았다면 어땠을까? 남성주의를 포함한 모든 억압을 거부하고 싸웠던 그녀답게, 일제 통치보다 훨씬 숨통 막히는 체제에 저항하다가 박해를 받아 농촌 아낙네로 전락했을까? 아니면 김원주 일가처럼, 저항조차 할 수 없는 그 사회를 버리고 남한도 아닌 외국 어디론가 탈출했을까? 알 수 없는 일이다.

· **16** ·

백마 탄 여장군

김명시

ㄱㄱㅅ

학살당한 평등주의자들

1949년 10월 11일, 남한의 여러 신문들은 일제히 한 여성 혁명가의 사망 소식을 싣는다. 하단의 짧은 기사로 처리해버렸지만 그날의 어떤 기사보다도 충격적인 내용이었다. 북조선로동당 정치위원 김명시(1907~1949)가 부평경찰서 유치장에서 자살했다는 소식이었다. "북로 간부 김명시, 부평서 유치장서 자살"이라는 제목의 「자유신문」 보도다.

일제 시절 연안에서 18년 간 일군과 일선서 싸우며 독립운동을 하여오다 해방 후 여성동맹 간부를 지내 현재까지 북로당 정치위원 간부인 김명시(여사 43세)는 지난 9월 2일 부평서에 피검되었는데 지난 2일 유치장에서 자기 치마로 목을 매어 자살하였다고 한다.

「동아일보」 기사는 더 짧다. "북로당 정치위원 김명시, 유치장서 자살"

이라는 제목이다.

> 북로당 정치위원인 김명시(43세, 여)는 수일 전에 모종 혐의로 부평경찰
> 서에 구금 중이던 지난 2일 하오에 자기 치마를 찢어가지고 감방 천장
> 수도관에 목을 매어 자살하였다고 한다.

자기 치마를 찢어 수도관에 목을 매어 자살하다니, 불과 4년 전인
1945년 12월, 종로에서 환영행사까지 벌였던, 일제시대부터 '백마 탄 여
장군'이라는 칭송을 들었던 일을 돌이켜보면 너무나 어처구니없고 허무
한 죽음이었다.

불과 3년 전인 1946년 11월 21일자 「독립신보」에도 빛나는 여류 혁명
가로 소개되었던 김명시다. '21년 간 투쟁생활, 태중에도 감옥살이'라는
소제목 아래 기사다.

> 크지 않은 키, 검은 얼굴, 야무지고 끝을 매섭게 맺는 말씨, 항시 무엇을
> 주시하는 눈매, 온몸이 혁명에 젖었고 혁명 그것인 듯 대담해 보였다.
> "투쟁하신 이야기를 좀 들을까요?" 하고 물으니 "열아홉 살 때부터 오늘
> 까지 21년 간의 나의 투쟁이란 나 혼자로선 눈물겨운 적도 있습니다마
> 는 결국 돌아보면 아무 얻은 것 하나 없이 빈약하기 짝이 없는 기억뿐입
> 니다."
> 이런 겸사의 말을 잊어버리지 않았다. 아니, 아직도 민주과업이 착란하
> 고 막연한 채로 남아 있는 오늘의 남조선을 통분히 여겨 마지않는 여사
> 로서는 앞만 바라보는 타는 듯한 정열이 오히려 지난 일을 이렇게 과소
> 평가하게 되는지도 모른다.

신문기자의 말대로, 김명시에게는 선과 악, 적과 아군이 명확했던 일제

1932년 체포 당시 김명시.

강점기 조선보다 해방 후 남한의 혼돈이 더 분통 터졌을 것이다. 공산주의와 동거하느니 영구분단을 하거나 아니면 북진통일을 하겠다는 이승만과 김구 세력들을 상대로 또다시 지하투쟁에 들어간 지 3년 만에 시신으로 공개된 김명시의 비극적인 죽음은 경찰 발표대로 자살일 가능성이 높아 보인다.

1949년 겨울이면 남로당을 비롯한 남한의 좌파 계열 모든 조직이 치명적인 타격을 입고 붕괴될 때였다. 높고 깊은 산맥마다 공산주의 빨치산과의 교전이 벌어져 빨치산의 시신이 남원읍 거리에 버젓이 전시되고 있을 때였다. 경찰서마다, 공장마다 맞아 죽고 고문당해 죽은 좌익들의 시신이 실려 나올 때였다. 수색의 헌병대 사형장에서는 경성제대 교수였던 김태준이며 시인 유진오가 총살당할 때였다. 설사 김명시가 고문치사당했더라도 굳이 자살로 발표할 필요조차 없던, 그야말로 자유주의자들이 평등주의자들을 전멸시키던 광기의 시기였다. 다가올 1년 안에 최소 5만 명 이상의 평등주의자들이 보도연맹이라는 이름으로 학살될, 자유주의가 미쳐버린 시기였다. 고문으로 죽이든, 총살을 시키든, 자살을 하든, 방법은 무의미했다.

감옥살이 8년에 무장투쟁까지 벌였던 여걸 중의 여걸이 왜 자살의 길을 택하게 되었을까? 조선공산당에 가입해 모스크바로 유학을 떠난 때가 1925년 10월, 나이 19살 때였으니 43년의 길지 않은 인생 중 21년을 항일투쟁에 바친, 참다운 애국지사를 죽음으로 내몬 것은 무엇이었을까?

이듬해 터진 한국전쟁의 참상을 보지 않고, 배신당한 혁명의 추악함도 보지 않고 일찍 죽은 것을 차라리 다행이라고 해야 할까?

모스크바, 상해, 인천

김명시는 1907년 경남 마산부 만정 189번지 출생이다. 다섯 오누이 중 셋째로, 위로 일찍 출가한 언니와 오빠 김형선이 있었고 아래로는 남동생 김형윤과 여동생 하나를 두었다. 아버지는 일찍 죽고 어머니가 마산 항에서 생선 행상을 하여 다섯 자식을 키웠다.

어머니 김인석은 대찬 여성이었던 듯하다. 마산에서 3·1만세운동이 났을 때 앞장서 만세를 부르다가 부상을 당한다. 오빠 김형선은 16살로 학생들의 주동자였다. 13살이던 김명시도 만세운동에 참가해 일본 관헌의 만행을 목도한 후 항일의 길로 들어선다. 남동생 김형윤도 일제 마지막까지 감옥을 드나든 투사였다.

서울 배화여고에 진학했으나 학비 부족으로 자퇴하던 무렵 조선공산당이 만들어졌고 오빠 김형선은 마산지부 책임자가 된다. 공산당이 제일 먼저 한 일 중 하나는 장차 간부가 될 운동가를 양성하는 일이었다. 고려공청에서는 모스크바로 유학생을 보내기로 하고 21명을 엄선하는데 김형선의 동생이라는 자격으로 선발된다.

조선공산당은 이후 수년 간 200명 이상을 모스크바로 유학 보내는데 여비와 학비 일체 코민테른에서 제공했다. 문제는 모스크바까지 어떻게 가는가였다. 유학생들은 먼저 박헌영에게 소개장과 여비를 받은 다음, 10월 들어 따로따로 모스크바를 향해 출발한다.

김명시 일행은 부산을 거쳐 일본 나가사키로 간 다음 상해행 여객선을 탄다. 상해에서는 여운형을 찾아갔다. 여운형은 공산주의 1세대이기도 하지만, 계열을 막론하고 자신을 필요로 하는 누구에게나 손을 잡아주고 그늘을 만들어준 당대의 거목이었다. 이미 박헌영으로부터 협조 요청을 받은 여운형은 유학생들을 소련 영사관에 데려가 여권을 교부받게 해준다. 학생들은 연락자인 정병욱의 안내를 받아 블라디보스토크를 경유해 12월에 모스크바에 도착했다.

김명시 일행이 입학한 학교는 '카우트브'라는 약칭으로도 불리던 동방노력자공산대학이었다. 공산당 중급간부를 양성하는 정치학교로, 나중에는 4년제로 바뀌는 동시에 속성과라 하여 단기졸업을 시키기도 하는데 김명시가 들어갔을 때는 3년제였다.

학교 분위기는 매우 자유로웠다. 기숙사에 살 수도 있고 밖에서 살 수도 있었는데 조건에 따라 월 6원부터 15원까지 개인 용품을 살 돈을 지급했다. 나머지 학용품이며 옷과 식사는 모두 현물로 무료 제공되었다. 교내에는 강당, 도서관, 사무실, 병원, 단체방 등이 갖춰져 있어 밖에 나갈 필요가 없었다. 학생 대다수는 러시아 노동자, 농민들이었는데 외국인도 200명 정도가 있었다. 절반은 중국인, 나머지는 식민지 약소국에서 온 혁명가들이었다.

언어가 문제였다. 입학 초기 러시아어를 할 수 없는 동안에는 통역으로 수업을 하다가 1년쯤 지나면 통역 없이 러시아어로만 수업을 진행했다. 성적이 불량하거나 종파주의적인 성향이 강하다고 지적된 사람은 퇴학당했는데 조선인의 퇴학은 박헌영, 박애, 최성우로 구성된 코민테른 조선위원회가 결정했다. 조봉암의 동생인 조용암의 퇴학을 결정한 것도 조선위원회였다.

학과목은 수학과 자연과학, 지리 등 기초적인 지식 외에는 모두 혁명에 관한 것이었다. 세계혁명사, 레닌주의, 유물론과 변증법, 사적유물론,

러시아공산당사, 프롤레타리아 독재, 민족문제, 제국주의론, 농민문제 등이었다.

러시아 국립문서보관소에 남아 있을 김명시에 대한 기록을 뒤져보지는 못했으나 수행평가가 나쁘지는 않았으리라 짐작된다. 당장 시급한 활동들이 산적해 있어 자격이 되는 학생들은 졸업을 하지 않아도 임무를 주어 보내는 게 방침이었는데 그녀는 1년 반 만에 학업을 중단하고 상해로 파견되기 때문이다. 김단야의 애인 고명자, 조봉암의 애인 김조이 등은 끝까지 남아 졸업을 한다.

당시 상해의 조공 재건 책임자는 홍남표와 조봉암이었다. 김명시가 도착한 1927년 6월의 상해 거리에는 공산주의자들의 시체가 널려 있었다. 장제스의 반공 쿠데타로 학살당한 젊은이들이었다. 이 살풍경한 와중에도 김명시는 두 사람과 함께 중국공산당 상해 한인특별지부를 조직하는 한편, 대만, 필리핀, 베트남, 인도 등 식민지 상태인 동양 각국의 운동가들을 조직해 '동방피압박민족 반제자동맹'을 조직하는 등 활발히 활동한다. 코민테른은 이들 활동가들에게 생활비로 일인당 20~30달러를 보내주었다.

김명시는 1929년 겨울에는 홍남표와 함께 만주로 가서 일국일당제에 따라 조선공산당 만주총국을 해체하고 당원들을 중국공산당에 가입시키는 임무를 수행한다. 단지 해산령을 전하기 위해 간 것은 아니었다. 거의 2년 간 만주 전역을 돌면서 중공 한인지부를 건설한다.

만주에서 김명시의 직책은 다양했다. 현해구에서는 스스로 조직한 '재만조선인 반일제국주의대동맹'의 집행위원으로서 출판계를 담당해 기관지 「반일전선」 제작을 맡았다. 아성현에 건너가서는 아성현위원회를 조직해 부인부 책임과 청년단 위원장을 맡는다.

마침 1930년 5월에는 리리싼이 지도하는 중국공산당 중앙당에서 내려온 폭동 지시에 따라 대규모 폭동이 시작된다. 중국공산당 만주성위원회

김명시와 함께 일했으나 다른 길로 갈라선 조봉암(왼쪽)과 조봉암의 부인 김조이(오른쪽). 김조이는 김명시와 함께 공산대학에 다녔다.

는 이 폭동에서 열심히 싸운 조선인만 당원에 가입시키겠다는 뜻까지 밝혔다. 해방 후 김명시는 「독립신보」와의 인터뷰에서 말한다.

> 1928년도에 무정 장군을 강서로 떠나보내고 그다음 해 홍남표 씨와 만주에 들어가서 반일반제동맹을 조직했습니다. 그때 마침 동만 폭동이 일어나서 우리는 하얼빈 일본영사관을 치러 갔습니다. 그 다음 걸어서 흑룡강을 넘어 제제, 하얼빈을 거쳐 천진, 상해로 가던 때의 고생이란 생각하면 지긋지긋합니다.

하얼빈 일본 영사관 공격은 만주 항일무장투쟁의 기념비적인 사건 중 하나였다. 5월 30일 자정, 300여 명의 조선인 무장대는 하얼빈 시내의 기차역, 경찰서, 일본영사관, 전기공사를 동시 공격해 하얼빈의 밤을 화염과 총성에 휩싸이게 한다. 일본군은 영사관 전투에서 자신들의 피해는 감추고 폭도들만 사살했다고 기록하지만, 믿을 수 없는 기록이다.

폭동은 반년 이상 계속되어 수백 명의 중국인 지주, 일본인들을 죽였고 역시 수많은 조선인들이 체포되어 사형에 처해졌다. 하지만 얼마 뒤부터 시작되는 항일투쟁과 달리, 계급해방을 목표로 내세운 폭동이라 일반 주민들의 호응도는 높지 않았다. 게다가 때마침 일제의 만주 침공이 시작되면서 거센 후폭풍을 맞는다.

일제가 만주를 침공한 명분은 일본인의 재산과 생명을 보호한다는 것이었는데 그 '일본인'의 범주에는 조선인이 포함되어 있었다. 중국 주민들과 국민당 군대, 군벌 군대는 하나가 되어 조선인들을 미워하고 공격했다. 조선인 유민들 때문에 일본이 만주를 침공했다고 생각했기 때문이었다. 곳곳의 조선인 집단 거주지가 군벌 군대에 의해 불태워지고 수십 명에서 수백 명씩 집단학살당하는 참상이 벌어졌다. 온 사방이 적들뿐인 만주를 탈출하는 일은 폭동보다 더 위험한 고생이었다.

본인 말대로 두 사람이 하얼빈을 거쳐 천신만고 끝에 상해로 돌아오니 모스크바로부터 박헌영, 김단야, 주세죽이 와 있었다. 이때부터 조봉암과 홍남표 대신 사실상 박헌영이 재건운동을 지도하게 된다.

한동안 박헌영과 함께 기관지를 만들던 김명시는 국내로 파견되었다. 이 무렵 국내의 조선공산당 재건운동은 오빠 김형선이 총책임을 맡고 있었다. 김형선과 함께 기관지 「꼼무니스트」를 매개로 재건운동을 하라는 임무였다.

1932년 3월 귀국한 그녀는 나중에 조선공산당 중앙위원이 되는 김점권의 도움을 받아 인천 제물포역 근처에 아지트를 차리고 상해에서 박헌영이 보내온 기관지 「꼼무니스트」와 지하신문 「태평양노조」, 유인물 「붉은 5·1절」 등을 등사기로 복사해 배포하는 한편 제사공장과 성냥공장 여성 노동자들을 조직, 교육한다.

그러나 공장 활동은 짧았다. 활동을 시작한 지 불과 두 달 만에 체포되고 만다. 성냥공장인 조선인촌회사 파업을 지도하던 중 조직이 드러난 것이다. 김명시는 동지의 배신 때문이라고 술회하는데 누구의 배신이었는지는 알 수 없다.

김명시가 중국으로 돌아가기 위해 신의주까지 갔다가 체포되는 과정은 일제 경찰이 수사 경험을 모아놓은 책 『조선사상범 검거 실화집』(1986)에 나온다. 평북경찰서 일본인 경부의 수기로, 소제목이 '김명시 여사의 체포'다. 남한 경찰에게서는 듣지 못하던 '여사'라는 존칭이 새삼스럽다.

이 글에 따르면 경찰은 김명시와 김형선을 잡기 위해 국경 일대에 수사대를 배치한 끝에 신의주 시내에 사는 박은형이라는 운동가 집에 두 사람이 왔다는 정보를 입수한다.

때를 잃지 아니하고 사복경찰관을 총동원하여 그 집을 포위하고 수색한 결과 목적의 인물은 그림자도 없었다. 또한 실망?

그러나 가인(家人)들의 말에 의하면 잠복한 것은 틀림없으나 피녀는 금조 7시에 시골 여자로 변장하고 바가지를 머리에 이고 도보로 백마강역 부근 차모 집으로 간 것을 알게 되어 K경부의 일대는 즉시 이것을 추적하게 되었다.

그 부락에 도착하여 각호를 수사하고 있는 중 어떤 농가의 문전에 어린 애를 업고 사람들이 왕래하는 것을 구경하고 있는 연령 25, 26세가량 보이는 여자를 발견하게 되었다. 수사원들은 그 앞을 지나쳤으나,

"어린애를 업고 있는 여성! 김명시와 같은 인상?"

K경부는 직감적으로 머리에 떠오르는 것이었다. 이에 피녀에게 대하여 엄밀하게 추구한즉 금일까지 혈안으로 수사하던 막사과 공산대학 졸업생, 조선공산당에, 중국공산당에 여성 투사로써의 중진, 상해로부터 잠입한 김명시였다.

그러나 김형선 등은 박은형의 유도로서 5월 13일 엄중한 경계망을 탈출하여 이미 국외로 도주한 때였다.

김명시와 함께 인천에서 활동하던 김점권. 후에 조선공산당 중앙위원이 된다.

　박은형의 진술에는 김형선이 중국으로 도주했다고 나오는데, 실제 김형선은 서울로 돌아가 활동하다가 이듬해 7월에 체포된다.
　체포된 김명시는 징역 6년을 선고받고 예심까지 꼬박 7년을 신의주형무소에서 옥살이를 하게 된다. 공범인 홍남표와 조봉암도 함께 수감되는데 조봉암이 1958년 「사상계」 2월호에 기고한 짧은 수기 '내가 걸어온 길'에는 신의주형무소 생활이 언급된다. 김명시도 같은 경험을 했을 테니 일부만 인용해보자. 소제목이 '감옥이란 문자 그대로 생지옥'이다.

　나는 자유의 구속이라는 것 외에는 추위 고생이 제일 컸다. 신의주 추위는 이름난 추위다. 그런데 수인들은 그 추위에 대해서 거의 무방비 상태다. 독방 마룻바닥 위에 얇은 거적 한 닢을 깔고 이불 한 쪽을 덮고 눕는데 밤새 몸이 떨릴 뿐이지 푸근히 녹는 일은 거의 없다. 떨다가, 떨다가 지쳐서 잠시 잠이 오는데 그 잠든 사이에 슬그머니 얼어 죽으면 네모난 궤짝 속에 넣어서 파묻는 것이고 요행 죽지 않으면 사는 것이고 살면 징역살이를 되풀이하는 것뿐이다.
　나는 잡방에도 잠시 있어본 일이 있었는데 1홉 5작방(서울식이라면 칸 반쯤 되는 방)에다가 17, 18명 내지 20명쯤 쓸어 넣어놓으면 앉을 때는 서로 부벼대고라도 앉지만 누우려면 사람의 몸뚱이들만 자리에 붙이고 사지는 서로 서로 남의 몸 위에 놓게 된다. 5, 6월 삼복 중에는 미쳐 나가는 놈도 있고 기가 막혀서 죽어나가는 놈도 가끔 있지만 겨울 추울 때는 오히려 그편이 얼어 죽을 염려는 없다. 그러나 그 많은 사람이 서로 부벼대고 비틀고 자고 나면 사방 벽면에 오부씩이나 될 만한 두께로 하얗게 성애가 슬어서 마치 사명당 사처방 같이 된다.

사명대사의 얼음방 같은 '생지옥'에서 꼬박 7년을 보낸 조봉암은 석방 후 고향 인천에 내려가 수년 간 미강조합에서 일한다. 운동을 아주 포기한 것은 아니어서 해방되던 해 1월에 일본 헌병에 다시 체포되어 헌병대 영창에 갇힌 채 해방을 맞이하지만 은둔했던 것은 사실이었다.

김명시는 그러나 7년 만에 석방되자마자 무장 투쟁의 길을 찾아 중국으로 돌아간다. 이 무렵 소련의 대숙청 소식이 「삼천리」 등을 통해 널리 알려지고 있었다. 조봉암의 공산주의에 대한 회의는 신념으로 바뀌기 시작하고, 해방 이듬해 조선공산당에서 이탈해 사회민주주의 노선을 천명하는 것으로 나타난다. 김명시도 같은 정보를 접했을 것이다. 그러나 그녀는 공산주의를 포기하지 않고 중국공산당 팔로군에 합류하기 위해 위험하고도 먼 길을 떠난다.

백마 탄 여장군

일본인들의 잔악함이 중국 대륙 전체를 죽음으로 뒤덮고 있을 때였다. 김명시 같은 인물은 단지 중국에 와 있다는 이유만으로 체포되어 조선으로 송환되거나 즉결 처형될 수도 있는 전시였다. 몇 권의 책을 쓴다 해도 다할 수 없는 모험의 순간들이 이어졌을 것이다. 그러나 이제 접할 수 있는 것은 극히 단편적인 증언들뿐이다.

김명시가 해방이 되어 서울에 돌아왔을 때 인터뷰를 하겠다고 찾아온 인물 중에는 모윤숙이 있었다. 대표적인 친일이자 반공 작가였던 모윤숙은 갑자기 팔로군 찬양자로 돌변해 감정과잉이 되어 김명시의 항일투쟁에 찬사를 아끼지 않는다.

모윤숙의 기록에 따르면, 중국공산당원으로서 팔로군에 입대한 김명시는 천진, 제남, 북경, 태원 등지의 팔로군 점령 구역을 누비고 다니며 활동하던 중 서금에서 한 밀사의 방문을 받는다. 무창봉기 때 죽은 줄 알았던 김무정이 보낸 밀사였다.

상해에서 죽이 잘 맞았던 김무정은 진작부터 그녀를 찾고 있었는데 가명을 쓰고 다니니 알 수가 없었다. 우연히 어떤 학병이 팔로군에서 활약하는 여자에 대해 이야기하기에 자세히 물으니 키가 자그마하고 이러이러하게 생겼는데 겨울이 되면 언제나 동상으로 발에다 약을 바르더라고 답하는 것이었다. 흥분한 무정은 곧바로 사람을 보내 연안의 조선의용군에 합류하라고 전언한 것이었다.

서금에서 연안까지는 수천 킬로미터 먼 길이다. 모윤숙은 김명시가 한 말에 잔뜩 감상을 불어넣어 쓴다.

밀사를 따라…… 당나귀를 타고 연안을 향해 들어갔다. 서금서 연안까지 2만 5천 리 밤과 낮을 이어서 몇 날 몇 밤을 산속으로, 산속으로 들어가는 것이었다. 인가라고는 도무지 볼 수 없고 오직 감나무와 호두나무가 보일 뿐이다. 별만이 총총한 이역 하늘 아래, 교교한 밤을 나귀에 몸을 의지하고 가노라면 바위 위에 크게 나타나는 글자들이 보인다.
"토벌을 가는 길은 도망하기에 가장 좋은 기회다. 어디로든지 빠져나와 우리에게로 오라! 너희를 맞을 준비가 다 되어 있다."
이는 팔로군에서 우리들의 학병들을 부르는 신호이다. 흐르는 달빛 아래 은은히 클로즈업해 나타나는 우리의 국문 — 공연히 눈물이 죽죽 흐른다.

여성 작가 중 모윤숙과 노천명은 이광수와 서정주에 버금가는 친일의 대가들이었다. 그런데 해방이 되어 임화가 만든 좌익문예단체에 제일 먼저 가입하겠다고 찾아온 여성 작가가 노천명이었다.

"왜, 나는 여기 오면 안 돼요?"

놀라는 작가들에게 오히려 노천명이 이해할 수 없다는 표정으로 했다는 말이다. 가해자는 결코 자신이 가해자였음을 인지하지 못한다. 그래서 천진난만한 백치미를 보이기까지 한다.

모윤숙도 마찬가지다. 조선어를 폐기하고 '국어'인 일본어만 상용해야 한다고 연설하러 다닌 그녀였다. 과연 그녀는 벽에 쓰인 '국문'을 보고 김명시가 눈물 흘리는 장면을 쓰면서 가책을 느꼈을까? 만에 하나 그랬다면 다시 불과 몇 달 후 친미파로 변신해 반공 전선에 서지는 않았을 것이다.

조선의용군에 합류한 김명시는 김무정 휘하에 들어가 유격전법을 익히고 제1선 적구부대에 투입된다. 모윤숙에게 한 말에 따르면, 제1선 적구는 언제나 목숨을 노리는 첩자가 총을 가지고 뒤따르는 가장 위험한 최전선이란 뜻이다. 김명시는 그곳에서 남자들과 똑같이 총을 쏘고 적진지 바로 밑에 들어가 선전전을 하는 함화전을 한다.

여기부터는 모윤숙의 기록이 필요 없다. 조선의용군은 일어에 능통하거니와, 일본군에는 강제로 끌려온 조선인들이 다수라 선전전이 주 임무였다. 전단지나 벽보는 물론, 서로 총구를 맞댄 최전선에서 양철 메가폰 하나로 선전전을 벌이는데, 실제로 이에 감화되어 탈영해온 일본인과 조선인 병사들이 상당했다.

김명시가 직접 등장하는 기록은 없으므로 함화전의 사례를 들어보자. 1950년 11월 21일자 「청도일보」에 실린 중국인 기자 고웅의 취재 후일담이다. 1944년 여름에 겪은 일로, '내가 알고 있는 조선 동지들'이라는 제목이다. 당시 산동 「대중일보」 기자였던 중국인 고웅은 이런 말로 기사를 시작한다.

> 발끝까지 무장한 '무사도'의 부대인 일본 파쇼를 소멸하고자 하면 반드
> 시 정의에 의한 사상 와해공작을 병진시켜야 했다. 다시 말하여 '마음을
> 공격하는 것을 으뜸으로 하는' 전술을 써야 했는바 이 중대한 임무를 조
> 선 동지들이 담당해나갔다.

'마음을 공격하는 것을 으뜸으로 하는 전술'을 취재하기 위해, 기자는
조선의용군 대원들을 따라 일본군 토치카에서 50, 60미터밖에 떨어지지
않은 곳까지 진출한다. 조선독립동맹은 정치조직으로, 조선의용군은 그
산하의 군사조직이다. 팔로군들이 미리 진지를 파놓고 사방을 경계하는
가운데 조선독립동맹 산동분맹의 책임자가 반전가요 '고향 생각'을 일본
어로 부른다.

"밤은 어이하여 이리도 쌀쌀하고 전쟁은 어이하여 이리도 고생스러운
가……."

일본군은 즉각 기관총과 수류탄으로 응대하는데 팔로군은 그들의 사
격 거점을 알면서도 총격을 가하지 않는다. 노래가 몇 번이나 계속되자
일본군들은 사격을 멈추고 욕설을 퍼붓는다.

"빠가! 넌 무슨 놈이냐?"

"나는 재중 일본인 반전동맹과 조선독립동맹을 대표하여 특히 당신들
을 만나러 왔습니다."

일본 놈들이 응대하기만 하면 함화를 할 조건은 갖춰지는 것이다.

"흥, 포로가 되고도 수치스럽지 않아? 왜 중국인들을 치지 않는 거야?"

"중국 인민은 의롭고 신성한 항전에 일떠섰습니다. 일본인들이야말로
철면피한 침략자들입니다."

'꽝!' 적들은 뱀이 꼬여 또 수류탄을 던졌다.

"당신들은 왜 언제나 수류탄으로 우리를 접대하는 겁니까? 우리는 총한 방도 쏘지 않는데 말입니다. 여보시오, 왜 이렇게 고생스레 쓸데없는 전쟁을 해야 합니까? 당신들의 사랑하는 안해들은 당신들이 돌아오기를 학수고대하고 있습니다."

적들은 수류탄을 더는 던지지 않고 대꾸했다.

"피차일반이요. 당신의 부모도 지금 울고 있소."

"그렇습니다. 가난과 병으로 신음하는 부모처자들과 전 일본, 전 조선의 피압박 인민을 구하기 위해 우리는 이렇게 위대한 사업을 하고 있습니다……."

적들은 잠깐 침묵했다. 마음이 흔들린 것 같았다. 조선의용군 선전대는 이때를 놓치지 않고 양철 메가폰으로 혁명이며 전쟁이며 일본 국내 소식들을 전하고는 노래를 몇 곡 더 하고 조용히 자리를 뜬다. 그런데 일본군 토치카에서 뭐라고 떠드는 소리가 들린다. 기자는 독립분맹의 책임자에게 "저자들이 뭐라고 소리치는 거냐?"고 묻는다. 일어, 한어, 조선어에 능통한 책임자는 답한다.

"그자들이 '당신들은 왜 떠나가는 거요? 좀 조심히 가시우다. 안녕히!' 하고 인사를 하고 있습니다."

마음을 사로잡는 전투의 한 장면이다. 김명시는 조선독립동맹 화북책임자, 북경책임자 등 5년 간 여러 고위직을 맡았다. 임무 중에는 적후방이라 불리던 일본군 점령 지역에서 정보를 수집하고 의용군을 모집하는 적후공작도 있었다. 구체적인 기록은 없으나 임신 중 체포되어 매를 맞아 유산했다는 본인의 말도 남아 있다. 상대 남자가 누구인가는 알 수 없다.

김명시의 적후공작에 관한 소중한 증언도 남아 있다. 조선의용군 대원 안화웅의 증언이다. 조선의용군 출신들의 증언록『광활한 중국의 대지 우에』에 실려 있다.

안화응의 아버지는 안병진으로, 고려공청 선전부장을 했던 인물이다. 김명시와는 모스크바 동방노력자공산대학 동기로서 10년이나 감옥살이를 했다. 큰아버지 안병찬도 상해 임시정부 법무차장이자 고려공산당 중앙위원이었는데 소련에서 백위군에게 살해당하는 인물이다.

어린 나이에 중국 천진의 한 농장에서 일하고 있던 안화응은 1945년 봄, 집에 찾아온 아버지의 손님이 김명시와 같이 일하는 분이라는 말을 듣고 무척 반가워한다.

> 김명시 아주머니는 우리 집에 자주 다녔고 나를 무척 사랑해주시었다. 나는 그가 북평에서 무슨 일을 하고 계시는지는 모르나 이전에 아버지와 같이 모스크바 동방대학에서 공부한 적이 있고 또 후에는 신의주에서 진보적 청년학생들에게 혁명적 이론을 선전하여 많은 청년학생들에게서 '여장군'이라고 불렸다는 것을 들어온 터여서 그와 같이 일하신다는 그 중년 사나이에게도 자연히 친근한 감이 들었다.
>
> 식사 후 중년 사나이는 나의 직장생활에 대한 것을 묻기 시작하더니 나중에는 농장 경비원은 몇 명이며 총은 몇 자루나 되며 경비는 어떻게 하고 독신 숙사에 유숙하는 사람은 몇 명이나 되는가 하는 일련의 문제를 꼬치꼬치 캐물었다. 나는 그도 김명시 아주머니처럼 나를 무척 관심해준다는 고마운 생각에서 그가 묻는 대로 서슴없이 대답하면서 그의 도움을 받아 직장을 옮기자고 속궁리했다.

얼마 후 안화응이 일하는 농장에 조선의용군이 습격해오고 안화응은 짐꾼으로 징발되어 그들을 따라가게 된다. 안화응은 처음에는 그들이 마적인 줄 알았으나 조선의 독립군인 것을 알게 되자 자진해서 의용군에 입대한다. 또한 아버지의 손님이 현파라는 인물이며, 자기가 해준 말에 따라 농장을 공격했다는 사실도 알게 된다.

후에 알게 된 일이지만 현파 동지는 적의 침략 지휘 중심인 천진과 북평을 재치 있게 드나들면서 조선독립동맹 북평 지하공작 책임자 김명시 아주머니와 천진책임자인 아버지하고 연계를 취하는 한편, 전선에서 싸우는 팔로군 작전부대를 도와서 많은 정찰 활동을 한 조선의용군의 노련하고 충직한 적구공작원이었다.

현파는 몇 년 후 한국전쟁이 터졌을 때 인민군 제4사단의 참모장으로 참전했다가 전사하는 실명의 인물이다.

드넓은 중국 대륙 곳곳에 밟지 않은 땅이 없던 김명시였다. 백마 탄 여장군이라 불리게 된 이유에 대해서는 다른 증언도 있다. 조선의용군 내의 여성들을 지휘했기 때문이라는 증언이다. 실제 연안에는 40명 정도의 여성이 있었고 김명시가 김무정의 연인이자 최측근 지도자로 활약한 것은 사실이다. 하지만 김명시에게 붙은 여장군이라는 호칭은 안화응이 신의주 사례를 들어 증언한 대로 용감무쌍한 여걸에게 붙여주는 찬가였을 것이다.

백마를 탔다는 말도 진짜 백마를 타고 다녔다는 뜻이기보다는 백마가 장군들의 상징이어서 붙었을 것 같다. 중국군은 죽음이 비껴간다는 미신 때문에 백마를 무척 좋아했다. 장군들은 당연히 백마를 타고 다녔고, 자연히 백마는 권위의 상징이었다. 김명시를 존경하고 흠모했던 사람들이 붙여준 명예훈장이었을 것이다.

아무리 찬사를 쏟아도 아깝지 않을 이 멋진 여걸이 해방되고 불과 4년 만에 자살로 생을 마쳤다는 것이야말로 한국 현대사의 비극을 상징한다. 그녀의 죽음을 둘러싼 자세한 내막을 알 수 있는 어떠한 자료도 찾지 못했지만, 당시 남로당 상황으로 보아 남한의 경찰력이 총동원되어 찾고 있던 김삼룡과 이주하의 거처를 보호하려다가 고문치사당했거나 스스로 목숨을 끊은 게 아닐까 추측해본다. 이주하와 김삼룡은 그녀가 죽은 지

넉 달 후에 체포된다.

잠시 공개 활동을 하던 시기에 그녀에게 위탁된 직책은 민주주의민족
전선 중앙위원 겸 서울지부 의장이었다. 또한 남조선민주여성동맹 선전
부장을 했다.

· **17** ·

북한의 헌법을 기초하다

최용달

두 개의 헌법

1948년 8월 15일에 수립된 대한민국의 헌법을 기초한 인물은 유진오라고들 말한다. 물론 여러 헌법기초위원들과 함께 만들기는 했으나, 남한의 제헌헌법이 이후 군사 정권들에 의해 개헌되는 헌법보다 더 사회민주주의적인 색채가 강했던 이유가 일제 강점기 한때 사회주의운동에 가담했던 유진오의 영향이라는 평가가 있다.

1948년 9월 9일에 수립된 조선민주주의인민공화국의 헌법을 기초한 인물은 최용달(1903~?)로 알려져 있다. 역시 혼자 만든 것은 아니지만, 일제 강점기부터 대표적인 사회주의 이론가였던 최용달이 결정적인 역할을 한 것은 널리 알려져 있었다.

공교롭게도 유진오와 최용달은 경성제대 법문학부를 함께 다녔을 뿐아니라 이강국, 박문규와 함께 마르크스주의 사회과학단체인 '조선사회사정연구소'의 일원이기도 했다. 대학 졸업 후에도 좌파적 학술잡지인

젊은 시절의 최용달.

「신흥」을 발간하고 「동아일보」 객원기자로 조선인의 현실을 밝히는 경제 논문들을 발표한다. 그러나 꼭 거기까지였다. 두 사람의 이후 삶은 전혀 달라진다.

프랑스 작가 앙드레 지드가 1936년에 쓴 『소련방문기』를 읽은 유진오는 반공반소주의자로 돌아서는데 거기서 그치지 않고 친일까지 하게 된다. 보성전문(오늘날 고려대) 법학과장까지 된 유진오는 일제의 압박을 못 이겨 일제의 침략전쟁을 미화하고 조선 청년들을 전쟁터로 내보내는 일에 참여한다. 잡지 「삼천리」 1939년 7월호에 실린 그의 '신질서 건설과 문학'이라는 글이다.

대동아전은 이미 최후에 돌입하고 말았습니다. 이 전쟁이 이미 3년, 지나사변(중일전쟁) 이래 자에 7년, 아니 미영이 동아의 침략을 시작하여, 이미 수세기에 걸친 장구한 전쟁의 최후의 막이 이제 바야흐로 닫쳐지려고 하는, 실로 역사적인 숨 막히는 순간입니다. 중대한 순간입니다. 그리하여 전쟁의 귀추는 이미 명백한 것입니다. 침략자와 자기 방위자의, 부정자와 정의자의, 세계 제패의 야망에 붙들린 자와 인류 상애(相愛)의 이상에 불타는 자의, 일언이폐지하면 악마와 신의 싸움인 것입니다.

정의는 태양과 같고, 사악은 흑운과 같아서, 구름은 마침내 태양의 적이 될 수 없는 것입니다. 우리는 정의이며 정의자가 일어설 때 그 승리는 명백한 것입니다.

소설가로도 등단해 「김 강사와 T교수」(1932) 같은 작품으로도 유명했던 유진오는 일본을 신으로, 미국과 영국을 악마로 규정하고 태양과 검은 구름의 싸움이라고 묘사하는 데 문재(文才)를 바친다.

반면, 최용달은 전향서나 반성문 한 번 쓰지 않고 끊임없이 감옥과 경찰서를 드나들며 해방되는 그날까지 항일투쟁을 계속했다. 1932년 「동아일보」 김성수가 보성전문을 인수해 인재를 구할 때 유진오와 나란히 보성전문 교수로 임용되지만 그의 혁명운동은 멈추지 않았다.

『지도자 군상』의 필자 김오성은 금강산에서 상점을 경영하며 일제의 마지막 탄압기를 견뎌내고 있었다. 해방되기 얼마 전인 1944년 가을, 최용달이 자신의 보성전문 제자의 안내로 그를 찾아온다. 김오성이 본 최용달의 첫 인상은 그저 온건, 착실한 학자였다. 작은 키에 체격은 단단한 편이었지만 옷차림은 초라하고 과묵하다.

까무잡잡하고 거의 무표정하다고 할 만한 정일적(靜逸的)인 타입의 얼굴에 그렇게 빈약하다고는 할 수 없으나, 어쨌든 그리 위용을 갖추지 못한 체구, 되는대로 주워 입은 듯한 양복 스타일은 그리 대견한 정치적인 인물처럼 보이지 않았다. 오직 그 검은 얼굴의 면적과는 균형이 잘 맞지 않을 정도로, 크고 빛나는 안광이 범인이 아닐 듯싶은 느낌을 다소 주었을 뿐이다.

김오성은 '이런 샌님 같은 인물이 어떻게 지하투쟁을 계속해왔을까?' 의아할 지경이었다. 그러나 대화를 나누면서 생각이 달라진다.

그해 봄에 씨는 비밀결사 혐의로 경찰에 검거되어 오랫동안 무서운 고문을 당한 일이 있기에 "얼마나 괴로웠느냐?"고 위문의 말을 하였더니, "그것이 민족의 수난이니, 어디 나 개인의 위안받을 일이 되느냐?"고 그는 나지막하고도 힘찬 목소리로 대답하는 것이었다.

'민족의 수난' 자신이 받은 고초가 민족적인 운명에서 오는 수난임에, 거기에서 개인적으로 위안의 말까지 받지 않으려는 겸허한 태도! 이러한 태도에서 나는 숭고한 민족애로 이뤄진 혁명가적 기백을 발견하였던 것이다.

'경성제대 좌익 트로이카'라 불리던 최용달, 이강국, 박문규였다. 함께 월북한 세 사람 중 살아남은 이는 박문규 하나였다. 박문규는 농업상, 국가검열상, 내무상 등 최고위직을 역임하다 1971년 자연사한다.

두 사람이 박문규와 달랐던 것은 직접 노동운동에 뛰어들었다는 점이다. 노동운동을 하자면 당연히 이주하, 박헌영과 연결되지 않을 수 없었다. 반면, 박문규는 해방되기까지 교수직 또는 은행 조사원 같은 안정된 직업을 누리며 논문이나 썼을까, 험한 옥살이 한 번 제대로 한 적이 없었다. 좌우를 오가며 네 번이나 전향했던 인정식이 북한의 농림상을 한 것과 비슷하다.

국가의 탄생은 언제나 개국공신들의 몰락을 필수로 하지만, 권력을 탐내 모인 자들의 이야기다. 어떠한 개인적 이익도 추구하지 않았던, 오로지 학대받고 굶주리는 동포를 위해 모든 것을 바친 헌신적인 혁명가들의 죽음은 차원이 다른 이야기다.

유치장 단골 교수

최용달은 1903년 생, 강원도 양양군 양양면 사천리의 소지주 집안 출신이다. 함흥으로 가기가 더 쉬웠던 시절이라 함흥고보를 다녔고 22살인 1925년 경성제대 예과에 입학했다.

예과를 마치고 1927년 법문학부에 입학할 때까지만 해도 최용달은 도덕적 이상주의자였던 듯하다. 최용달이 본 당대의 경성이다.

> 빈부귀천의 격차가 극심한 것에 놀라고 사람들 마음속 적대시에 가까운 냉혹함에 다시 한 번 놀란다. 그들은 같이 말을 해도 마치 이방인 같고 때에 따라서는 원수와도 같다. 이익이 되지 않으면 말도 하지 않고 욕심이 동하지 않으면 나서려 하지 않는다. 그 사이에 일어나는 시기와 의혹, 비방과 투쟁 등은 말할 것도 없고, 천박한 환락과 비참한 생활고, 잔인한 죄악과의 연계를 눈앞에서 볼 수 있다.

일본의 식민지가 되면서 강제로 이식되기 시작한 자본주의의 타락상을 보는 눈에 도덕적 염세주의가 느껴진다. 산수 좋고 인심 좋은 설악산 기슭에서 여유롭게 살다가 도회지에 올라온 청년다운 감상이다.

서구의 자본주의에는 자유와 민주라는 사탕이라도 들어 있지만, 제국주의 침략자들이 들고 온 자본주의는 식민지 민중의 고혈을 빨아먹는 악귀 이상도 이하도 아니었다. 자본주의의 사악한 측면만을 볼 수밖에 없는 식민지 지식인들은 순응이냐 저항이냐 둘 중 하나를 택해야만 했다. 최용달은 저항을 택한다.

마침 경성제대 법문학부에는 불만에 싸인 조선인 수재들을 기다리고 있던 사회주의자가 있었다. 일본인 교수 미야케 시카노스케였다. 미야케는 법문학부에 입학한 최용달, 이강국, 박문규 등을 독서회로 조직해 사회주의 학습을 시작했고, 1934년 이재유 사건으로 체포되기까지 7년 간 정태식 등 여러 사회주의자를 배출한다.

역사학자 이수일은 유진오의 남한 헌법과 최용달의 북한 헌법의 법철학적 차이를 고찰한 논문 「두 개의 헌법, 그 비극적 탄생」에서 이렇게 말한다.

> 최용달은, 본시 민족적 억압은 자본주의, 제국주의 지배의 불가피한 산물이기에 자본주의를 제거하지 않고서는 근본적으로 해결될 수 없다고 보았다. 부르주아 민족주의운동은 단지 자본주의를 위한 투쟁이기에, 민족주의의 독립 구호는 피상적이고 공허하며, 민중은 결코 민족 부르주아라는 새 주인에게 예속되는 것을 원치 않는다고 하였다.
>
> 따라서 최용달은 식민지 조선의 문제를 해결할 수 있는 유일한 이념은 사회주의이며, 사회주의 전취를 통해 민족문제를 근원적으로 해결할 수 있다고 믿었다. 더욱이 조선의 민족 부르주아는 일제 자본 축적의 원천인 반봉건적 지주제를 사회경제적 기초로 삼고 있다는 점에서 일제와 타협하지 않을 수 없으며, 민족해방전선에서 이미 이탈했다고 단언했다.

두말할 것 없이 정확한 표현이다. 사회주의자가 된 최용달은 1930년 3월 경성제대 법문학부를 졸업하고 같은 대학 사법연구실 조수로 일하면서 이듬해 9월에는 이강국, 박문규와 함께 '조선사회사정연구소'를 결성한다. 조선인 노동자와 농민의 생활실태와 정치경제 상황을 연구하는 목적으로 만들어진 이 모임은 논문 발표만이 아니라 실제 노동운동이 필요로 하는 통계자료들을 제공했다.

경성제대는 일본인이라야 교수로 임용했다. 김태준, 정태식 등은 강사 신세를 벗어나지 못했다. 반면 보성전문은 조선인도 교수로 채용했다. 최용달은 1932년 4월에는 사법연구실 조수를 그만두고 보성전문 교수로 간다. 나이는 3살 어리지만 학교로는 1년 선배인 유진오와 함께였다. 30살 때였다.

편한 일이든 힘든 일이든, 돈을 많이 벌든 적게 벌든, 매일 똑같이 반

이강국, 최용달과 함께 '경성제대 트로이카'로 유명했던 학자 박문규.

복되는 안정된 일상을 견디지 못하는 유전자가 있다면 혁명가들의 것이리라. 평생의 안락이 보장된 교수 자리였으나 최용달은 만족하지 않았다. 교수로 있으면서도 조선공산당 재건운동과 깊은 관계를 맺으면서 미야케 시카노스케가 그랬던 것처럼 학생들을 의식화하는 비밀 활동을 계속했다. 최용달을 통해 사회주의자가 된 학생 중에는 나중에 '인민군 유격대'라 부르던 빨치산 제1병단 360명을 이끌고 남파되었다가 잡혀 효수된 이호제(?~1950) 같은 인물도 있었다.

이런 활동 때문에 최용달은 경찰서 단골 출입 교수였다. 1933년 4월에는 서대문서와 종로서에 끌려가 조사를 받았고 5월에는 멀리 평양경찰서까지 끌려가 취조를 받았으나 증거 불충분으로 풀려난다. 또한 이재유 사건이 터진 1934년 5월에도 미야케 시카노스케, 정태식 등과 함께 체포되어 수사를 받았으나 석 달 만에 기소유예 처분을 받고 풀려났다.

독일에 유학 갔던 이강국이 귀국한 후에는 본격적으로 노동운동에 가담한다. 1936년 7월, 이강국과 함께 원산의 이주하와 손잡고 「노동자신문」을 발행하는 한편 1937년 6월에는 서울에서 공산주의 비밀결사를 만들었다.

이들은 제38호까지 노동자신문을 발간하고 원산철도국을 비롯한 여러 공장에 적색노조를 결성하는 데 성공하지만 이듬해인 1938년 10월 '적색노동조합 원산좌익위원회사건'이라는 사건으로 이주하를 제외한 대부분이 검거된다.

체포된 최용달은 무한정 늘어지는 예심 때문에 1942년까지 4년 가까이 감옥살이를 하고서야 집행유예로 석방된다. 그러나 석방되자마자 다시 학생들을 조직하다가 1944년 봄에 검거되어 6개월 간 혹독한 취조를 받고 나온다. 진정, 한 번도 굴복해본 적이 없는 불굴의 인간형이었다.

해방되던 해 '선구회'의 여론조사에서 최용달은 교통부장감 1위로, '과거 조선혁명가'에서는 10위로 꼽힌다. 이 시기 여론 조사라는 것들이 워낙 소수를 상대로 한 데다 문항이 매우 복잡해 순위를 신뢰하기 어렵지만 여운형, 이승만, 박헌영, 김구, 이관술, 허헌, 김일성, 김규식, 김원봉, 무정 등 단골로 등장하는 10여 명의 지도자 명단에 최용달이 들어 있다는 것만으로도 그의 비중을 짐작할 수 있다.

최용달은 박헌영을 중심으로 한 조선공산당 재건을 위한 11인의 준비 모임에 참석하고 건국준비위원회의 선전부장과 치안부장을 맡는다. 또한 같은 시기 조직된 조선인민공화국에서는 중앙상임위원 겸 보안부장 대리로 선임되었다.

박갑동의 수기 「남기고 싶은 이야기들」에는 당시 최용달의 권세가 어느 정도였는가 알 수 있는 부분이 있다. 최용달이 건준 치안부장을 할 때 이야기다.

치안부도 해방 직후부터 전심전력을 다해 일을 해온 유석현 씨 등이 점차 밀려나가고 최용달, 장권, 이병학 등이 비중이 큰 일을 맡았다 한다. 장권은 YMCA의 유도 사범이었으며 이병학도 운동가여서 두 사람 모두 몸집이 큰 청년들로 당시 몽양의 보디가드 비슷한 일을 해왔었다. 최용달이 치안부장이 되면서 유 씨를 넘보기 시작했다. …… 당시는 자동차

감옥에서 초췌해진 모습의 최용달. 단 한 번도 일제에 굴
복해본 적이 없는 학자였다.

가 매우 귀해 웬만한 사람도 차가 없이 걸어 다녔는데 유독 최용달만은
세단 등 4대의 차를 마음대로 굴리고 있었으니 건준에서 그가 차지한 비
중이 어떠했다는 것을 짐작할 수 있으리라.

그러나 잠깐이었다. 최용달은 해방 후 두 달도 안 되어 북으로 올라간
다. 1945년 10월 9일 박헌영과 김일성의 첫 만남에 따라갔다가 그대로
평양까지 날아가버린 것이다.

고향인 양양이 38선 이북이니 월북이라고 할 것도 없지만 서울에서
할 일이 무진했던 최용달이 평양에 눌러앉은 것은 의외라 할 만했다. 이
관술의 중동고보 동창이자 반제동맹부터 함께 항일운동을 시작했고 박
헌영과는 경성콤그룹에서 결합했던 이순근도 같이 올라가는데 그의 고
향은 경남 함안군이었다. 최용달도 출신지와는 상관없는 월북이라고 보
는 게 옳을 것이다.

이순근은 와세다대학 정치경제과 졸업생으로 최용달 못지않은 학력의
소유자였다. 이들 최고급 지식인들이 해방되자마자 평양으로 배치된 것
은 북한 정권 수립을 도우라는 소련 군정의 요청이었다. 박헌영이 최용
달을 북에 남기고 온 이유가 시급한 인민위원회의 법률을 만들고 장차

세워질 사회주의공화국의 헌법과 법률들을 만들기 위함이었다는 증언이
있다.

실제로 최용달은 '북조선인민위원회' 사법국장으로서 북한의 주요 사
법 체계 기초작업에 절대적인 역할을 하게 된다.

공화국의 기초를 닦다

최용달은 법문학부 출신답게 줄곧 사법부를 맡았다. 조선공산당 북조
선분국 5도행정국 사법부 차장, 북조선인민위원회 사법국장이 초기의 직
책들이었다. 사법국은 법제와 감찰, 사법 행정의 세 기능을 담당하는 부
서였다.

인민위원회는 1946년 3월에는 토지개혁을 실시한다. 최용달은 '봉건적
자본주의 수탈 체제를 일소하고 인민민주주의 근대화의 기반을 창출한
다'는 선언 아래 '토지개혁법령'의 입안자요 집행권자로서 '무상몰수, 무
상분배'를 진두지휘한다. 또한 '노동법령', '남녀평등권법령'도 최용달에
의해 만들어진다.

한편 남북 분단은 점차 현실이 되고 있었다. 1947년 2월에 정식 출범
한 북조선인민위원회는 같은 해 11월에 열린 제3차 인민회의에서 북조
선 임시헌법의 제정을 결정한다. 최용달은 '조선법전 초안 제정위원회'
위원으로 참가하는데 형식상으로는 일개 위원이지만 남한에서 유진오가
그랬던 것처럼 중심 역할을 했다.

임시헌법이라지만 사실상 독자적인 단독 정부의 헌법임을 숨길 수는
없었다. 공식적으로 남북은 서로 상대방이 분단을 고착화한다고 비난하
면서도 각자 단독 정부 수립을 준비해왔는데, 북이 한 발 앞서고 있었던
게 객관적 사실이었다.

북한은 새 화폐 발행과 토지개혁, 인민군 창설 등 남북이 통일되었을

때나 진행했어야 하는 중대사들을 벌써부터 독자적으로 시행하고 있었다. 남한의 토지개혁은 1950년 들어서, 새 화폐 발행은 한국전쟁 와중에 이뤄진다. 헌법 제정 작업도 남한은 북한보다 반년 늦은 1948년 5월에야 시작한다. 단지 공화국 창립 날짜가 남한보다 3주 늦은 1948년 9월 9일일 뿐, 북한이 먼저 분단 체제를 만들고 있었다는 혐의에서 벗어나기 어려웠다. 인구 비례에 의한 남북총선거가 자신들에게 불리하자 미국의 음모라 비난하며 유엔조사단의 방문을 막은 것도 북한이었다.

물론 이것이 북이 통일을 거부한 증거는 결코 아니었다. 북한 지역을 먼저 통일의 전진기지로 만들겠다는 전략이었을 뿐, 통일에 대한 열망은 훨씬 강력했고, 그것은 장차 가공할 민족상잔의 전쟁을 불러오게 될 것이었다. 이른바 '민주기지론'이었다. 그리고 민주기지론과 이를 위한 헌법 제정을 누구보다도 강력하게, 공개적으로 주장한 이가 바로 최용달이었다.

최용달의 논리는 이랬다. 토지개혁과 주요산업 국유화를 통해 식민지적 착취와 독점자본의 존립을 근절하는 기초가 마련되었으니 이를 헌법으로 정리해 인민의 승리를 공고화하자는 것이었다. 미 군정의 방조 아래 친일 반역자와 대지주, 대자본가들의 손아귀에 떨어진 남한을 해방시키기 위해서 먼저 북한 체제를 공고화하자는 논지였다.

헌법 제정 과정에서는 최용달을 중심으로 한 국내파와 스탈린이 파견한 고려인 교포들인 소련파들 사이에 적지 않은 의견 충돌이 있었다는 말도 있다.

소련파들은 권력 구조와 국민의 기본적 의무와 권리 등에서 소련 체제를 그대로 옮기려 했다. 자신들의 유일한 체험인 스탈린 체제 헌법을 염두에 둔 것이었다. 그들은 부농이 재등장할 소지를 없애기 위해 소련식으로 대부분 토지를 국유화, 공유화해야 한다고 주장했다. 농촌에는 부농, 도시에는 중소 상공업자를 그대로 둔 채 나라를 세운다면 결국 부르주아 공화국을 만들자는 게 아니냐는 것이었다.

최용달, 유원식 등 국내파들은 비현실적이라며 반대했다. 소련은 부르주아를 청산하는 사회주의 혁명 단계에 있지만 조선은 아직 친일파를 숙청하고 봉건적 의식을 청산하는 단계이므로 소농민, 중소 자본가들과 손을 잡아 부르주아민주주의 제도를 정착시켜야 하는 단계라는 주장이었다. 이를 위해서는 농민들에게 토지의 사적 소유를 인정하고 중소 공장을 자본가가 운영할 수 있도록 보장해야 한다고 했다.

국내파의 주장이야말로 일제 때부터 스탈린과 코민테른이 지시해왔던 부르주아민주주의혁명 단계론을 기초로 하고 있었다. 실제 스탈린은 정치 구조에 있어서도 부르주아민주주의에 맞춰 조선공산당의 명칭을 노동당으로 바꾸게 하고 북한 정권의 실세이던 최용건으로 하여금 조만식의 조선민주당을 장악해 형식적이나마 다당제를 유지하도록 한다.

나름대로 격렬한 논쟁을 거쳐 만들어진 북한의 임시헌법 초안은 1948년 2월 9일 인민회의 제4차 회의에서 통과되었고 4월 18일부터 개최한 남북 통일을 위한 남북 지도자 연석회의 직후에 가결된다.

남한의 헌법 제정 작업은 그 직후에 시작되어 5월 10일의 총선으로 선출된 제헌의원 198명이 초안 작업을 시작해 7월 17일에 통과된다.

사실상 최용달이 만들다시피 한 북한의 헌법은 그가 지향하고 있던 인민민주주의 국가를 담고 있었다. 그는 인민민주주의 국가를 사회주의의 전(前) 단계라 보았는데 그 내용은 이렇게 요약되었다.

인민민주주의국가란 노동계급을 선두로 한 광범한 근로인민의 국가이고, 자본주의제도와 부르주아 통치의 복귀를 위한 모든 시도를 반대하는 강력한 도구이며, 사회주의로 가는 길로 국가 발전을 보장하는 과도기적 국가이다.

이 흠잡을 데 없는 꿈의 공화국이 머지않아 '획일주의, 관료주의, 문화쇄국주의, 좌익전체주의'로 명명될 일인독재국가로 전락할 줄을 그때는 알았을 리가 없다. 자신이 기초했던 인민민주주의 헌법이 불과 10년 후 김일성이 '사회주의 단계의 완성'을 선언하며 폐기될 운명이라는 것도 예상했을 리가 없다.

계급투쟁과 권력투쟁

최용달이 만든 법률들은 지주 및 자본가들과의 전쟁을 위한 무기였다고 할 수 있다. 그런데 소련군 덕분에 계급투쟁은 너무 쉽게 끝나버렸다. 대신 혁명가들 내부의 권력투쟁이 시작되었다. 계급투쟁의 훌륭한 무기를 제공한 최용달도 권력투쟁에서는 한없이 무기력했다.

하필 김일성이 종파주의의 온상으로 지목한 원산에서, 김일성이 가장 경계한 경쟁자였던 이주하, 이강국과 함께 활동했던 최용달의 종말은 너무 빨리 왔다.

한국전쟁 당시 최용달의 직책은 산업성에 딸린 일반제품 수입상사 사장이었다. 이강국이 무역성 일반제품 수입상사 사장으로 전락한 것과 흡사했다. 북한은 이강국, 이승엽이 미제의 간첩이라서 남로당 사건이 시작되었다고 선전하고 있지만 사실은 이미 2, 3년 전부터 도태시키고 있었던 것이다.

다른 이들과 마찬가지로 최용달의 이른바 '미제 간첩 재판 기록'을 두고 왈가왈부하는 것은 무가치한 일이다. 다만, 최용달의 성품을 살펴봄으로써 그가 결코 제국주의의 간첩이 될 수는 없었으리라는 점을 확인하고 말자. 다름 아닌 필생의 경쟁자이던 유진오의 수기를 통해서이다.

해방되고 며칠 지나지 않아서이다. 유진오는 임화, 김남천이 만든 문예단체인 '문화건설중앙협의회'에 가입하려고 찾아갔다가 마침 그 자리에

최용달과 함께 저명한 철학자이던 박치우. 빨치산으로 내려오다 사망했다.

와 있던 소설가 이태준으로부터 호된 욕설을 듣고 쫓겨난다. '친일매국노가 어디에 끼겠다고 머리를 들이미느냐'는 호통이었다.

노천명과 모윤숙이 그랬듯이, 친일파들은 도무지 부끄러움을 모르는 것 같다. 유진오는 이번에는 건국준비위원회에서 정부 조직을 만들고 있다는 소식을 듣고 조선공산당 임시 사무실이 있던 명륜동의 김해균 집으로 최용달을 찾아간다. 집주인 김해균도 보성전문 영어 교수였기 때문에 잘 아는 사이이기도 했다. 이 대화에서 '정부 조직'이란 '인민공화국'을 의미한다.

8월 19일이었다. 아래층 응접실에서 기다리노라니 최용달 군이 내려왔다. 눈코 뜰 사이 없이 바쁠 터인데 역시 친구란 고마운 것이로구나 생각하였다.
"자네들이 정부 조직을 한다 해서 걱정이 되어 찾아왔는데……." 하고 내가 말문을 열자 최 군은 대뜸 "왜? 무엇이?" 하면서 되물었다. 최 군들이 정부를 조직하려고 하고 있다는 소문이 거짓이 아니었음을 눈치 채고, 이거 정말 큰일 낼 사람들이로구나 생각하면서 나는 그를 찾아온 까닭을 이야기하였다. ……
내 말을 다 듣고 나더니 최 군은 "자네 말이 옳으네. 그러니까 우리는 지금 바로 자네가 말하는 대로의 노선을 따라 공정하게 조직하면 그만 아닌가." 하고 대답하였다.

나는 최 군의 말을 잘 알아들을 수가 없었다.

"내 말이 옳다고 생각한다면 임시정부나 독립동맹이나 또 누구나 환국하기를 기다려야 할 것 아닌가."

"그들이 돌아올 때까지 꼭 기다려야 할 이유가 무엇인가. 정부는 하루라도 없어서는 안 되는 것이니까, 우리가 올바른 노선을 따라 공정하게 조직하면 그만 아닌가."

그래도 나는 납득할 수가 없었다.

"하지만 사람의 생각은 사람마다 다르니까 문제란 말이네. 지금 자네들이 자네들 생각에 가장 올바른 노선을 따라 정부를 조직한다 해도 미국이나 중경이나 연안에서 돌아온 사람들은 또 다른 생각을 가질 수 있는 것 아닌가. 그래서 나는 그 사람들이 돌아온 뒤에 충분한 협의를 거쳐서 정부를 세워야 말썽이 없을 것이라는 말이네."

그랬더니 최 군은 정색을 하면서

"자네는 진리에 둘도 있고 셋도 있다고 생각하나? 우리가 진리를 따라 행동하는데 무슨 이론이 있을 수 있나?" 하였다.

"진리야 하나밖에 없겠지만 자네들이 진리라고 생각하는 것을 다른 사람은 진리가 아니라고 생각한다면?"

"진리를 진리가 아니라고 주장하는 사람은 몰락할 수밖에 없지."

최 군은 단호하게 선언하였다. 최 군은 원래 엄숙한 성격의 사람이었지만 나는 그때처럼 최 군의 무서운 얼굴을 본 일이 없다.

가해자들은 자신이 잘못했다는 사실 자체를 이해하지도, 인정하지도 않는다. 스탈린식 공산주의에 반대하는 거야 정치적 자유이니 뭐라고 할 수 없다지만, 일제 막바지 6, 7년을 친일문인단체 간부로 앞장서서 조선

청년들의 희생을 호소하던 유진오였다. 그럼에도 해방 이틀 후 새로운 작가단체를 만든다니까 얼른 찾아가 한자리하려고 든다. 또 이틀 후에는 조선공산당까지 찾아가 뭔가 말을 걸고 싶어 한다. 명분은 인공을 말리러 간 거라지만, 만일 남한이 공산화되었다면 찾아간 이유를 전혀 다르게 기술했을 것이다. 오죽하면 말 한마디도 함부로 하지 않는 선비 작가로 유명했던 이태준이 나가라고 욕설을 퍼붓고 따귀를 때렸을까?

어쨌든 '진리는 하나밖에 없다'고 선언하는 최용달의 단호함이 인상적이다. 어느 누구보다 철저한 공산주의자요, 돌처럼 엄격하게 살았던 그에게 씌워진 간첩죄, 모반죄는 지나친 장난이다.

· 18 ·

'사상 기생'과 붉은 연애론

정칠성

사상 기생, 금죽

항일운동가 중에는 정칠성이라는 이름이 둘이다. 한 명은 1908년 경북 칠곡 출신의 남성 노동자로 이재유와 함께 경성트로이카에서 활동했다. 다른 한 명은 1897년 경북 대구 출생의 여성 사회주의운동가 정칠성 (1897~1958)이다.

여자 정칠성은 기생 출신이었다. 보통의 여성들은 양반집 딸이라도 보통학교에서 한글이나 깨치면 다행이던 시절이었다. 기생조합 겸 양성소인 권번에서 한시와 시조, 노래와 춤, 문학과 그림까지 배우고 고급관리들이며 신문기자, 사업가, 문화예술인 같은 정보통들과 어울리던 기생들은 단순히 몸을 파는 매음녀와는 달랐다. 기생이 되려면 미모는 물론 두뇌와 인품, 예술적 자질까지 고루 갖춰야 했다.

아름다운 대나무라고 직역하면 될까, 금죽(錦竹)이란 기명으로 불리던 정칠성도 한강 이남의 기생을 양성하는 한남권번에 소속된 일급 기생이었다. 갸름한 얼굴에 커다란 눈과 잘 다듬어진 입술이며 날렵한 콧날이 이지적인 매력을 갖춘 데다 머리도 좋고 재치도 넘치는 여성이었다. 부모가 왜 노비에게나 붙여줄 만한 칠성이라는 이름을 썼는가는 알 수 없으나, 잘못 지어준 이름임에는 틀림없다.

본인의 회고에 따르면 그녀는 기생학교보다는 정식 학교에 다녔어야 할 몸이었다. 노는 일보다는 책 읽고 글쓰기에 재능이 뛰어났기 때문이다. 기생학교에서도 책을 읽느라 춤과 무용 수업을 빠지다가 선생에게 혼나기 일쑤였다. 시를 잘 지었고 그림도 잘 그렸을 뿐 아니라 바둑과 장기도 잘 두어 보통의 여성들과는 달랐다. 그런 와중에도 어려서부터 기예를 배운 덕분에 남중잡가, 가야금산조, 병창, 입창, 좌창, 정재 12종무 등의 실력에 탁월했다고 한다.

글을 무척 잘 써서 20살 때부터 이미 여러 매체에 자기 생각을 기고해 '사상 기생'이라는 별명을 얻었다. 그중 한 꼭지, 잡지 「신계단」 1933년 1월호에 실린 '인형전람회를 보고'라는 제목의 글이다.

적어도 합리적 생활이란 글자 그대로 해석하더라도 모든 인간이 굶지 않고 같이 먹을 것과 얼어 죽지 않게 석새베라도 입을 것이 있을 것과 거리에서 헤매지 않게 토막이라도 잠잘 곳이 있을 것, 같은 인간으로서 남에게 눌림을 받지 않고 자유스러울 것, 가갸라도 알아서 무식을 면할 것 등을 기조로 하지 않는 합리화란 것은 분명히 불합리화인 것을 알아야 한다. ……

카페의 사회적 해악이 단순히 저들의 남편에 대한 질투심에서만 그쳐서는 안 된다. 카페의 존재의 해악으로는 첫째 무산 군중의 가정 파괴, 청년 남녀의 타락 및 거기에 따른 악 병균의 전염, 가련한 여인들을 매춘이란 비참한 구렁으로 밀어 넣는 것, 불합리한 공처(共妻) 실행 등 그 해악은 일일이 들출 수 없다. (최근 일본의 카페 걸들은 00운동의 자금 조달하는 자

평양권번에서 노래 공부를 하는 기생들.

도 있지만) 그런데 카페를 누구보다도 미워하면서 이러한 해악과 그것의
발생 원인을 찾아보지도 않고 카페업 금지니 댄스홀이니 하는 것은 얼
마나 우스운 일인가? 카페의 존재 그것은 그대들이 찬양하는 현 자본주
의 사회의 특산이다. 그리고 댄스홀은 카페 발달의 한 형태이다.

이 시기 서울에는 카페라 불리던, 변형된 고급 매춘이라 할 수 있는
술집들이 늘어나고 있었다. 이에 대해 부르주아 여성들은 카페를 철폐하
고 댄스홀 같은 건전한 남녀 교제를 권장하자고 주장한다. 정칠성은 그
위선을 지적한 것이다.

정칠성은 같은 글에서, 당대 여성들에게 큰 충격이자 인기를 끌던 입
센의 희곡 「인형의 집」(1879)에 대해 논한다.

먼저 입센이 노라를 쓴 그 시대와 그 시대 사회제도에 남녀의 지위가 어
떠하였는가를 찾아보아야 한다. 뿐만 아니라 노라의 작은 어떠한 가정의

사설을 소설화시킨 것이 아니라 그때 사회의 여성이 얼마나 비참한 지하에 떨어졌다는 것(지금도 그렇지만)을 가르친 것이다.

즉 입센은 여성의 속박에서 해방으로를 말한 것이다. 후인이 노라에 대하여 유감으로 생각하는 것은 입센은 여성해방의 길이 무산계급의 그것같이 된다는 것까지는 미치지 못한 점이다. 즉 여성은 여성이기 때문에 속박된다는 표시는 하였으나 경제적으로 여성은 무권력자임은 말하지 못하였다는 말이다.

노라는 정신이상도 아니고 인형의 집으로 돌아간 것도 아니고 승(僧)이 된 것이 아니라, 인권 획득의 길로 걸어간 것이다. 그리고 18세기 구미 여성 참정권 운동과 모성보호 운동이 이것의 반영인 것이다.

정칠성은 여성의 자유를 넘어서 여성의 성적, 경제적 해방을 추구한다. 나중에 잡지 「삼천리」와의 대담에서도 노라는 개인주의적 자각으로 집을 뛰쳐나가지만 거리에서 얼어 죽은 '공상적 여성'인 반면, 러시아의 여성 혁명가이자 작가인 알렉산드라 콜론타이(1872~1952)의 소설 「붉은 사랑」(1923)에 나오는 바실리사는 경제적으로 성적으로 철저하게 자유로워진 여성이라고 평가한다.

여성해방을 위해 사회주의자가 되고, 계급해방을 위해 독립운동에 뛰어들었던 정칠성은 제2차 조공 사건 때 연행되는 등 조선공산당과 깊은 연계를 맺고는 있었으나 줄곧 공개적인 대중단체의 책임자로 있었기 때문에 지하조직에 직접 가담한 적은 없던 것으로 보인다. 때문에 장기간 옥살이를 한 적은 없으나 대신 일일이 나열할 수 없을 만큼 무수히 연행된다.

일제는 무슨 사건만 터지면 직접 관련이 없는 사람이라도, 사건을 알리거나 항의하지 못하도록 싹쓸이해서 경찰서에 연금시켜놓곤 했다. 이렇게 연행된 이들은 조사를 받을 일도 없이 경찰서 체육관 같은 곳에 집

기생 시절의 정칠성. 다방면에 재주가 많은 팔방미인이었으며 논리적인 글쓰기로 자신의 생각을 거침없이 개진하여 '사상 기생'이라는 별명을 얻었다.

단으로 수십 명씩, 때로는 한두 달 이상 갇혀 있어야 했다. 주로 잡지기자, 공개단체 간부들이 대상이었는데 여러 여성단체의 책임을 도맡았던 정칠성도 단골 대상이었다. 신문 지상에 언급된 연행, 구속 횟수만도 10여 회에 이를 정도다.

이강국이 발행하던 사회과학 전문잡지 「비판」 1931년 7, 8월 합본호에는 정칠성에 관한 일화가 언뜻 나온다. 야성(夜聲)이라는 가명의 필자가 쓴 1931년 7월 7일의 유치장 풍경이다. 역시 읽기 좋게 현대어로 다듬어 본다.

여성 동지는 많이 오지는 않았으나 올 사람은 거의 다 왔다. 정칠성 군을 필두로 정순희, 신경애, 윤영자, 강정임 군 등. 이들은 한편 자리를 점령하야 유치장 근우회를 만들고 있다. ……

정칠성 군, 동풍에 너털거리는 세류 같은 자태에 '노동부인 문제'에 대한 저술에 여념이 없을 때도 있다가 이따금씩 낮잠 자기에 서너 시간씩 소비를 하고 나서는 또 집필하여 원고지 위에 펜을 달리다가 벌떡 일어난다.

솜으로 노끈을 꼬아서 잉크를 묻혀 그의 왼손바닥에 요리조리 그려보더니 낮잠 자고 있는 이효진, 박일 양 군의 이마 두 볼에다가 ○를 그리고 가가대소에 모두들 가가소소.

34살, 여전히 매혹적인 그녀를 청량한 동쪽 바람에 흔들리는 버들가지 같은 자태에 비유한 문장이 눈에 띈다. 언제 풀려날지 알 수 없는 지루한 연금 시간에 열심히 여성노동자 문제에 대한 글을 쓰다가 낮잠에 빠진 동지들의 얼굴에 동그라미를 그려놓고 웃는 모습이 아련하다.

여성해방을 위하여

미모와 재능을 겸비한 당찬 여성 정칠성이 기생이 된 이유는 알 수 없다. 당시 시대상을 고려해 보았을 때 집안의 빈곤 때문일 것이라고 짐작할 수밖에 없다.

7살 때부터 대구의 기방에서 일했으며 18살이 되던 1915년에 상경해 한강 이남의 기생들이 중심이 되어 만든 한남권번에 금죽이라는 기명으로 등록한다. 어머니가 기생이었거나, 아니면 딸을 기방에 팔아야 할 정도로 극빈한 부모를 두었으리라.

엄격하고 고된 훈련을 거쳐 팔방미인이 된 기생의 인기는 좋았다. 친구들과 하루 저녁 기생들을 앉혀 놓고 놀려면 80원이 든다고 했다. 군수의 한 달치 월급이요, 선생이나 기자라면 두 달치, 공장노동자의 네 달치 월급에 해당하는 액수다. 유명한 기생에 매달려 재산을 탕진하거나 기생의 머리를 얹는 첫 남자가 되어 빚을 갚아주고 소실로 데리고 사는 부자들도 있었다.

하지만 아무리 사랑을 받는다 해도 색욕에 굶주린 남자들의 술자리에서 웃음과 몸을 파는 직업이었다. 누군들 기생이 되고 싶어 되었을 리 없었다. 다만 여성이 달리 직업을 갖기 어려운 반봉건시대라 견뎌내고 있을 뿐이었다.

정칠성이 이 고역스런 직업에서 벗어나 항일운동, 나아가 여성해방운동에 나서게 된 계기는 1919년 3·1만세운동이었다. 당시 만세운동에는 전국 주요 도시마다 기생들도 집단으로 몰려나와 태극기를 흔들며 조선 독립 만세를 외쳤다.

3·1만세운동의 선언문이 낭독된 바로 그 요정인 〈태화관〉에서 일하던 정칠성도 만세에 참가했다가 연행된다. 곧 풀려나긴 하지만 3·1만세운동의 환희와 충격은 그녀의 인생을 바꿔놓았다. 정칠성은 당시의 심적 변화를 "기름에 젖은 머리를 탁 비어 던지고 일약 주의자가 되었다."고 표현했다.

작문에 능했던 정칠성은 이때부터 여성계몽, 교육장려, 사회부조리 개선, 위생청결론 등을 주장하는 글을 여러 매체에 실었는데 1920년에는 김일엽, 나혜석, 김명순 등과 함께 잡지 「신여자」의 필진으로 참여했으나 출판비가 없어 폐간하기도 한다.

기생이라는 현실과 여성운동의 이상 사이에서 갈등하던 정칠성은 마침내 1922년 기생을 그만두고 일본 도쿄로 건너가 영어강습소에서 공부한다. 학비 부족으로 이듬해인 1923년 고향인 대구로 돌아온 후로는 직접 항일운동에 뛰어들었다. 물산장려운동을 거쳐 10월에는 대구여자청년회 창립을 주도하고 회장 격인 집행위원을 맡는다.

한반도 역사상 최초로 여성의 권리라는 말이 등장하던 시기였다. 미국에 여성투표권이 생긴 것이 불과 몇 년 전인 1920년이니 그리 늦은 것도 아니었다. 그런데 조선의 여성운동은 처음부터 두 갈래로 나뉘어서 진행된다. 미국식 부르주아 여성운동과 소련식 사회주의 여성운동이 그것이었다.

1919년에 결성된 '대한애국부인회'나 기독교 계통의 여러 여성단체들은 김활란, 박마리아 등 주로 이화여전을 나와 미국에 유학을 다녀온 보수우익적인 여성들이 이끌었다. 이들은 민족주의로 시작해서 친일로 갔다가 해방 후에는 친미로 돌아선다는 공통점이 있었다. 자신들이 이미 확보한 사회경제적 지위를 보다 공고히 하려는 이 보수적 여성들 사이에 기생 출신이 끼어들 자리는 없었을 것이다.

그런 반면, 핍박받는 여성의 해방을 추구하는 사회주의 계열의 여성운동은 정칠성을 기생 출신이라고 멸시하기는커녕 오히려 대표로 선출한다. 이렇게 만들어진 조직이 이듬해 결성된 '여성동우회'였다. 정칠성은 이 조직의 집행위원으로 뽑힌다.

여성동우회는 1924년 5월 23일 서울 경운동 천도교당에서 창립되었는데 정칠성 외에 주세죽, 허정숙, 정종명 등 사회주의 항일운동가들이 대거 참여했다. 결성식 사회자가 바로 정칠성이었다. 그녀는 여성동우회를 대표해 주장한다.

> 부인의 해방은 결국 경제적 독립에 있습니다. 자본주의 경제 조직 하에서는 경제적 독립을 기대하기 절대 불가능합니다. 그것은 남성의 노동자와 다를 것이 없습니다. 그러므로 부인해방운동은 무산계급해방운동과 같이 현재 자본주의 경제 조직을 사회주의 경제 조직으로 변화시켜야합니다.

이는 3·1만세운동 직후 함께 여성 잡지를 만들기도 했던 당대의 유명한 여성주의자 나혜석, 김일엽, 김명순 등과는 전혀 다른 주장이었다. 사회주의자가 된 정칠성은 그녀들이 여성해방을 외치지 못하고 여성의 자유, 남녀평등만을 외친다는 점을 두고 상당히 소극적이라며 비판하는 입장이 되었다.

여성동우회는 경찰의 집요한 추적과 방해로 지방에서 열기로 한 강연회들은 잇달아 금지되고 토론회 모임까지도 중단되는 바람에 활동에 어

정칠성이 주도한 근우회 총회 모습.

려움을 겪으면서도 전국에 70개 이상의 지부를 조직해 당대 여성들의 인권에의 열망이 얼마나 강했는가를 잘 보여준다.

정칠성은 1925년 3월 다시 일본으로 건너가 도쿄여자기예학교에 복학해 공부하던 중 11월에 일본의 군국주의를 반대하는 시위를 주도한다. 7일 홋카이도의 오타루(小樽)고등학교 강당에서 열린 일본의 각종 진보단체의 군사교육 반대집회에 그녀는 여성사상단체인 '삼월회' 대표로 참석한다. 이내 경찰 200명이 덮쳤으나 그녀는 무사히 달아나 학교를 계속 다닐 수 있었다.

도쿄 체류 중인 1926년 1월에는 '삼월회' 간부로서 「조선일보」에 '신여성이란 무엇인가?'라는 제목으로 '진정한 신여성이란 모든 불합리한 환경을 부인하는, 강렬한 계급의식을 가진 무산여성'이라고 주장하는 글을 기고했다. 1926년 3월 도쿄예기학교를 졸업하고 귀국했다.

좌우로 나뉘어 대립하던 여성운동이 하나로 합친 것은 1927년 5월에 결성된 '근우회'였다. 우익계에서 김활란, 황신덕 등이 가담하고 좌익계에서는 여성동우회 구성원들이 그대로 가담했는데 정칠성은 중앙집행위원을 맡았다. 근우회 결성은 중국에서 1차 국공합작이 이뤄지는 등 제국주의에 맞서 사회주의와 민족주의가 통일전선을 이루자는 코민테른의 결의에 따른 것이었다.

한국여성운동사의 기념비적인 단체라고 할 수 있는 근우회 본부에는 서무, 재무, 조사, 정치연구, 선전조직, 교양부 등 여러 부서를 두었고 활발히 지방 조직을 만들었다.

정칠성은 1929년 7월 근우회 중앙집행위원장으로 선출되어 사실상 회장이 되는데, 이 무렵 지방 지부는 40여 개, 회원은 3,000명에 이르렀다.

이때쯤 정칠성은 전국적인 유명 인사가 되어 있었다. 당시 발간되던 잡지들이 다 사상적인 것만은 아니었다. 「별건곤」은 일종의 대중용 오락 잡지로, 흥미위주의 기사를 실어 인기가 좋았다. 1927년 8월호에는 '가장 통쾌하였던 일'이라는 제목으로 당대 유명 인사들로부터 짧은 일화들을 모아 싣는데 정칠성은 '남복(男服)하고 말 달릴 때'라는 제목으로 인터뷰를 한다.

> 여러분이 다 아시는 바와 같이 나는 여자 중에도 남달리 기구한 생활을 하던 사람이올시다. 따라서 한 많고 눈물겨운 일도 남보다 많았고 또 그 반면에 기쁘고 유쾌한 일도 많았습니다.
> 지금에 장황하게 여러 가지 말씀은 다 할 수 없습니다만 나의 생활 중에 제일 상쾌하게 생각하는 일은 17세에 즉 몸이 아직까지 화류계에 던져 있을 때 말 타던 일이올시다.
> 그때 말 타기를 시작한 동기로 말하면, 다른 동무들은 어찌하였는지 알수 없으나 나는 결코 오락적이나 호기심으로만 말 타기를 배운 것이 아

니올시다. 활동사진이나 소설 중에서 외국 여자들이 흔히 말을 타고 전쟁터에 나가서 적군과 싸울 때에 남자 이상으로 활발하고 용감스럽게 싸워서 개선가를 부르는 것을 보고는 거기에 느낀 바가 있어서 혼자 생각에 나도 어찌하면 그런 여자들과 같이 말도 잘 타고 싸움도 잘하여 한번 조선의 유명한 여장부가 될까 하고 먼저 말 타기부터 배웠습니다.

원래 잘 생각하였거나 못 생각하였거나 생각이 그러한 중에 말 타기를 공부하여 불과 두어 달에 말도 비교적 곧잘 타게 되어 남성복을 하고 성내 성외로 달리고 돌아다녔으니 그때에 마음이 어찌 상쾌하지 않았겠습니까? 그와 같은 생각으로 말 타기를 배웠으나 아직까지는 별로 소용도 없고 일이 바쁘면 정강말 신세나 끼치지만은 이따금 옛일을 생각하면 마음까지는 퍽 상쾌합니다.

기구한 기생 생활의 한과 눈물 속에서도 말을 타고 전쟁터를 누비는 멋진 여성을 꿈꾸며 남자 옷을 입고 대구성 안팎을 내달리던 소녀의 모습이 선하다.

이 야무진 여걸 정칠성은 여성의 정치적, 경제적 자유만이 아니라 성적 자유도 주장해 성리학자들과 남성 문필가들로부터 음란하다는 비난을 받기도 한다.

붉은 연애

공산주의 사상의 유입과 함께 소련에서 화제가 되었던 알렉산드라 콜론타이의 성의 자유를 주장하는 작품들이 일어판으로 들어와 신여성들에게 영향을 미칠 때였다.

정칠성은 잡지 「삼천리」 1929년 9월호에 실린 대담에서 과감히 이에 대한 자신의 생각을 밝힌다. '적련(赤戀), 콜론타이의 성도덕에 대하여'라는 제목이다. 관련 부분만 발췌해보자.

> 기자 : 콜론타이가 "연애와 성욕은 별 문제이다. 연애라는 것은 굉장히
> 시간이 드는 일인데 오늘날 우리들과 같이 사회운동을 할 난에,
> 공부를 할 난에 전쟁을 할 난에 하야 한가한 틈이 없는 사람에게
> 무슨 연애를 할 수 있으랴. 그저 생리적 충동을 위하여 성욕의 만
> 족을 잠깐 잠깐 얻을 길을 구하는 것이 더 필요한 일이다!"라고
> 부르짖는데 그 말이 옳습니까?
> 정칠성 : 현실을 잘 본 말이외다. 성욕과 연애는 갈라야 하겠지요. 그리
> 고 결혼의 자유, 이혼의 자유가 아주 완전하게 없는 곳에서는
> 그렇게밖에 더 어떻게 하겠습니까?
> 기자 : 그러면 만일 결혼 생활을 하다가 연애가 사라질 때는 단연히 헤어
> 져야 하겠습니까?
> 정칠성 : 헤어져야 하겠지요. 사상도 다르고 사랑도 없는 허위와 기만의
> 생활을 어서 깨뜨려야 하겠지요.
> 기자 : 그런 때의 이혼은 독신주의를 위하여서요?
> 정칠성 : 아녀요. 새로운 결혼 생활에 들어갈 준비로요.

사랑 없는 결혼은 바로 파기하되 새로운 결혼을 위한 준비라고 하는
말이 유쾌하다. 기자가 계속해서 콜론타이의 「붉은 사랑」에 등장하는 장
면들을 들추어 생각을 묻자 정칠성은 "대답하기 좀 거북합니다. 말을 한
대야 아직 우리 조선 사회가 용납하여 주지 않을 테니 차라리 입을 다물
겠습니다."라며 재치 있게 넘어가기도 한다.

정칠성은 1928년 5월 20일 황해도 황주에서 열린 신간회 강연에서도
"조선 여자들은 남자들의 완롱물이요, 남자의 위안물이며, 남자들의 일
개 생식 기계에 지나지 않는 노예였다."고 주장했다가 임석 경찰관에

정칠성과 단짝으로 여성운동을 했던 허정숙. 감옥에서 찍은 사진이다.

의해 강제연행되기도 했다. 물론, 강연장에서 연행된 게 그때가 처음은 아니었다.

여성운동가 가운데 그녀의 이런 파격적인 주장에 적극 동조한 이는 허정숙이었다. 월북하기 전에 벌써 세 남자로부터 성이 다른 세 자녀를 얻은 그녀는 북한에서 또 두 명의 남자로부터 두 명의 성이 다른 아이를 얻었다는 이야기가 있다. 정칠성과 절친할 수밖에 없었다. 나중에 정칠성이 월북을 결심하게 되는 것도 허정숙이 먼저 북에서 자리를 잡고 있었기 때문이리라 추측된다.

정칠성은 '사상 기생'이라는 별명이 붙을 만큼 논리적인 글쓰기로, 많은 신문 잡지에 기고문과 인터뷰를 남긴다. 그중 연애 부분을 찾아보자. 다소 길지만 그녀의 연애관이 압축되어 있다.

남존여비의 봉건사상과 경제적으로 남자에게 모든 권한이 있는 이상 연애에 있어서도 여자는 자연히 불평등한 지위에 서게 됩니다.

우선 정조관부터 남녀가 다르게 되어서 남자는 제 맘대로 성적 방종을 하면서도 여자에게는 편무적으로 정조를 강제하려 하지 않습니까? 이것은 혹은 남녀는 원래 생리적으로 다른 까닭에 모성을 가진 여자 편은 그 자녀의 혈통을 맑힐 필요상 정조를 지켜야 하겠다 하지마는 그것은 전혀 남성의 성적 방종을 옹호하려는 한갓 구실에 불과한 줄 압니다. 만일 그들의 연애가 진실하다 할 것 같으면 결코 그럴 수가 없지 않습니까? 그러나 이성 관계란 복잡하니만큼 남녀가 절대평등한 지위에서 있다 할지라도 연애의 고민은 언제나 다소간 있을 줄 압니다.

예를 들면 삼각관계라든지 경제적 관계라든지 사상적으로나 감정적인 허다한 원인에서–그러나 그중 큰 원인은 사회제도에 있다고 볼 것이니 연애의 고민을 해결하는 유일한 방책은 남녀 간 사회적 지위가 균등되고 또한 전 인류가 보다 행복한 지상낙원 시대가 돌아오지 않으면 안 될 줄 압니다.

그러나 이것은 인류 진화의 구원한 장래에서나 바랄 것인즉 현하 정세 밑에서는 동지연애로나 만족하라고 권하고 싶습니다. 그것은 진정한 의미로서의 연애를 위한다는 것보다도 어떤 사업을 위한 결합으로서나 − 다시 말하면 장래 인류 사회에서의 완전한 연애를 이룰 터전을 닦기 위해서 현재의 불합리한 환경과 투쟁하는 결합으로서나 …… 황망 중 좀 더 구체적으로 쓰지 못하고 이만 그치겠습니다.

완전한 사랑은 먼 미래의 것이니 현재로서는 동지 간의 사랑에 만족하라는 결론이 퍽 실용적이다.

정칠성 자신의 사랑과 연애는 어땠을까? 그녀는 일찍이 이씨 성을 가진 남자를 만나 아들 이동수를 낳았지만 결별하고, 고려공청회 책임비서인 신철과 결혼했으나 1926년 자식 없이 이혼한다.

이혼한 신철은 정칠성의 둘도 없는 여성운동 동지인 정종명과 결혼한다. 하지만 정칠성은 이에 개의치 않고 신철 부부와 예전과 다름없는 동지적 관계를 유지해 화제가 된다. 자신이 당당하게 부르짖었던 여성해방론을 스스로 실천한 것이라고나 할까?

은둔과 지조

당대 여성운동의 좌우합작체가 근우회였다면, 전체 항일운동의 합작체는 신간회였다. 좌우를 망라해 3만여 조직원을 가졌던 신간회에서도 정칠성은 중앙위원으로 활동한다. 그런데 코민테른이 좌경화되고 신간회와 근우회 내부에서 민족주의 계열과 사회주의 계열의 갈등이 심해지자 신간회 해소론이 대두되었다. 근우회 역시 그 대상이었다.

1930년 말부터 근우회 해소론이 등장하자 위원장인 정칠성은 시기상조라며 반대하고 좌경적 구호보다는 대중적인 계몽운동을 계속해야 한다고 주장한다. 그러나 코민테른의 권위와 공산주의 사상의 확산에 자신감을 얻은 강경파들에 의해 묵살되고 만다.

사회주의 계열의 결정에 따를 수밖에 없던 정칠성은 1931년 5월에 열린 신간회 전국대회에서 조직 해소를 위한 중앙집행위원으로 선출되어 자신의 의지와 상관없는 역할을 맡게 된다.

신간회와 근우회의 해산은 정칠성에게 큰 충격이었다. 신간회 해산 이후 2년 동안 그녀는 모든 사회 활동을 일시 중단하고 서울 낙원동에서 조그마한 가게를 하며 외아들 이동수를 키운다.

이후에도 공식적인 단체 활동은 하지 않고 서울, 대전, 평양, 전주, 통영, 대구 등 전국을 돌아다니며 편물과 자수 강습으로 받는 강사료로 생계를 유지했다. 틈틈이 잡지「조선지광」,「삼천리」 등에 기고해 원고료를 받기도 했다.

여자 혼자 자식을 키우는 어려움 속에서도 그녀는 아들 이동수를 일본에 유학 보내는데, 1938년 들어 학비를 보낼 처지가 못 되어 다시 기생으로 일할까 고민하기도 한다. 다행히 대동광업소에서 구조의 손을 내민

다. 이때의 기쁨을 엿볼 수 있는 글이 있다. 잡지 「비판」 1938년 4월호에 실린 단신으로 '정칠성 여사의 대희열'이라는 제목이다.

정칠성 여사도 그의 애자(愛子)가 도쿄에서 유학하는 중인데 학자가 없어서 각 방면으로 애쓰던 중 대동광업회사에서 학자를 보조하여주기로 되었으므로 "기생 노릇을 할까." 하는 결심을 집어던지고 기뻐한다고.

다음 달부터는 함경남도 장진군의 삼포금광에 사무원으로 일했다. 장진군은 개마고원을 품은 군으로, 연평균 기온이 섭씨 3도가 안 되는 혹독한 지역이었다. 당대 여성주의자 중에서도 특히 성적 자유를 주장했던 화가 나혜석과 소설가 김명순은 사회의 냉대를 이기지 못하고 비참하게 객사한다. 끝까지 예술가적 삶을 누리려다 죽은 그들에 비해 정칠성은 어떤 일도 마다않아 살아 남는다.

이런 중에도 정칠성은 자신의 자매나 다름없는 후배 기생들을 위해 여러 모로 애를 썼다. 기방이 쇠퇴함에 따라 먹고살기 힘들어지게 된 기녀 출신들을 영화계나 연극계에 들여보내는 일에 앞장섰다. 기생들의 연기는 물론 대본 암기 능력이 다른 여배우들보다 부족하지 않음을 입증해 보임으로써 이후 많은 기녀 출신들을 영화배우와 연극배우로 보내는 역할을 한다.

항일운동과도 일정한 관계는 유지하고 있었다. 정치 활동에 일체 관여하지 않겠다고 선언해 경찰의 의심을 피하는 한편, 지하 활동을 하고 있던 박헌영, 조봉암, 김조이 등과 수시로 연락을 하며 지낸다. 그것이 해방 후 그녀를 다시 정치 일선으로 되돌리는 바탕이 되었다.

끝까지 창씨개명도 하지 않았다. 그녀를 기생 출신이라고 업신여기던 우익 민족주의 계열의 여성운동가들이 앞 다투어 일본어로 이름을 고치고 '천황폐하 만세'를 외치며 어린 조선 처녀들을 전쟁터의 공물로 바치러 다닐 때, 정칠성은 꿋꿋하게 지조를 지킨다.

사라진 어머니, 사라진 아들

해방 후 3년 간 남한에서, 1948년 월북한 이후에도 정칠성은 너무 많은 직함으로 활동하여 일일이 나열하기에 너무 길다. 대표적인 몇 가지만 뽑아보자.

박헌영의 조선공산당 재건파에 합류한 정칠성은 9월에 결성된 '조선부녀총동맹'의 부위원장, 민전 중앙위원, 여맹이라 불리던 '남조선부녀동맹' 중앙위원 등으로 활동한다.

그러나 일반 대중은 시종 조롱과 멸시로 답했다. 기생 출신이 정치를 한다는 이유였다. 특히 고향 대구에서의 야유가 심했는데, 신탁통치 문제가 불거졌을 때 찬탁 쪽으로 돌아서면서 끊임없는 테러 위협으로 대구를 떠나 지하로 잠적하게 된다.

이후 거듭 38선을 넘어 여러 대회에 참석하던 그녀는 1948년 8월 해주에서 열린 남조선인민대표자 대회에 참석한 길에 그대로 북에 눌러앉았다. 제1, 2기 최고인민회의 대의원, 조선로동당 중앙위원 후보, 민주여성동맹 중앙위원 등을 역임하다가 1958년의 연안파 대숙청에 휩쓸린 후 사망한 것으로 알려졌다.

혁명가들에게도, 자유연애주의자에게도, 자식은 하늘이 준 선물이다. 다시 기생이 되어서라도 뒷바라지를 하고자 했던, 그토록 사랑했던 외아들 이동수는 어떻게 되었을까? 이동수는 어머니보다 2년 앞서 월북해 있었다. 박헌영은 1946년 9월 29일, 경찰의 검문을 피하기 위해 관 속에 누워 38선 근처까지 가는데, 영구차를 호위하던 다섯 청년당원 가운데 한 명이 이동수였다고 한다. 이전부터 박헌영의 호위를 맡아왔던 그는 남로당 루트로 불리던 산길을 따라 박헌영과 함께 월북한다.

정철성이 숙청될 때 나이 60살이었다. 이동수는 그때 몇 살이었는지, 어머니의 숙청 후 어떻게 되었는지 알 길이 없다. 박헌영의 호위대라 하더라도 아직 젊은 나이라 숙청할 가치도 없었겠지만, 출신 성분으로 상징되는 북한의 뿌리 깊은 연좌제를 피해가지는 못했으리라 짐작할 뿐이다. 어머니의 피를 받았다면 참으로 매력적인 외모와 살가운 성격을 가졌으리라.

· 19 ·

조선의용대의 '주석 김 선생'

김원봉

ㄱㅇㄷ

잊혀진 부대

1937년 7월 7일 일본군의 중국 내륙 침략이 개시되었다. 북경, 상해, 남경 등 중국의 주요 도시들은 일본기의 공습으로 불바다가 되었다. 남경에 집결한 조선인 혁명가들은 무한으로 퇴각해야 했다.

이듬해인 1938년 10월 10일, 무한의 악양현에서는 여러 조선인 혁명 단체가 연합한 '조선민족전선동맹'과 함께 140명으로 구성된 무장 조직인 '조선의용대' 건립식이 거행되었다. 이날 대회에는 국공합작에 의해 장제스의 국민당 정부에 공산당 대표로 파견되어 있던 저우언라이가 격려 연설을 하고 작가이자 혁명가인 궈모뤄(郭沫若)가 항일 의지를 다지는 시를 낭송했다.

사흘 후인 10월 13일에는 청년회관에서 조선의용대 창건 경축 오락 모임이 열렸다. 중국공산당 기관지 「신화일보」는 다음 날 '조선의용대의 창건을 경축'이라는 제목으로 몇 면에 걸쳐 특집 보도를 한다.

조선의용대장 시절의 김원봉.

주석 김 선생이 의용대를 대표하여 자못 명확한 어조로 연설하였다. 그는 다음과 같이 말하였다. 과거 조선 인민은 중국의 매차의 혁명에 참가하였는바, 특히 동북에서 유격전을 벌이고 있는 것은 전형적인 실례로 된다. 그러므로 이번에 중국 당국은 그들이 조선이라는 뚜렷한 기치를 들고 항전사업에 참가하는 것을 허락하였다. 김 선생은 자못 영광스러움을 느끼게 되며 그 의의가 중대하다고 인정하였다.

"우리들의 역량이 작다고 깔보아서는 안 될 것입니다. 조선의 3천만 민중은 모두 우리의 역량입니다. 아니, 전 중국의 4억 5천만 동포들이 모두 우리의 역량입니다."

힘 있는 말마디마다가 매 청중의 가슴을 파고들었다.

주석의 연설이 끝나자 오락이 시작되었다. 조선의용대에서 '민족해방가', '자유는 빛난다'를 부르고 뒤이어 4명이 '아리랑'을 합창한다.

이날 의용대장으로 인사를 한 '주석 김 선생'은 누구일까? 경상남도 밀양 출신의 김원봉(1898~1958?)이다. 1898년생이니 조선 나이로 42살, 후리후리한 키에 커다란 검은 눈과 검은 피부를 가진 잘생긴 사내였다. 그의 목에 김구나 김일성보다 더 많은 현상금을 걸었던 일경의 표현에 의하면

"대담, 과격, 치밀하면서도 급진적인 성품"의 소유자였다.

조선의용대는 2개 지대로 편성되었는데 창건 즉시 무한 보위전투에 투입되어 항일선전, 전선원호, 부상병 이송 등의 사업을 맡는다. 초창기 의용대원 노민의 구술 증언이다.

> 1938년 10월 25일 무한이 끝내 함락되고 말았다. 조선의용대는 적들이 무한 시내를 전부 점령하기 2시간 전까지 건물의 벽과 거리 바닥에 페인트로 항일 구호를 썼다. 하기에 귀모뤄 동지는 "보라, 중국 사람들은 다 도망쳤지만 조선 사람들만이 남아서 끝까지 싸우고 있다."는 말을 하였다고 한다.

이때만 해도 국민당군이 일본군과 결사항전을 벌일 때였다. 무한에서 철수한 조선의용대는 국민당의 전선 구역으로 분산되어 '진지선전대', '유격선전대'라는 명칭으로 일본군 와해공작과 포로교육 사업에 들어간다.

김원봉은 본부대를 이끌고 광서성 계림으로 이동해 대원 모집과 훈련을 계속했다. 산수 아름다운 계림도 포연에 휩싸여갔지만 중국 곳곳에서 조선의용대에 가입하려는 젊은이들이 모여들었다. 물론 중국공산당에 소속된 조선인 혁명가들이 일본인 점령 지역에서 적후활동을 하며 모아온 인원들이었다. 계림으로 합류해 들어간 여러 사람의 증언이 있는데 그중 유명한 여성대원 이화림의 구술 증언이다.

> 1939년 3월 나는 조선의용대 본부의 소환령을 받고 본부가 자리 잡은 계림으로 갔다. 그때 김구 선생은 서안에서 광복군을 세웠다. 그리하여 중경에 있던 어떤 사람들은 서안으로 갔지만 장수연, 김위, 김화순 등 여성들을 포함한 우리 일행 40명은 계림으로 갔다.
> 계림에 이르러보니 조선의용대는 약 300명의 당당한 진용을 이루었고 3

개 지대와 부녀대로 나뉘어 있었다. 조선의용대 본부는 임철애를 부녀대 대장으로, 나를 부녀대 부대장으로 임명했다.

조선의용대는 일본과 화해를 모색하며 점점 소극적이 되어가는 장제스와 국민당군에게 답답함과 분노를 느끼면서도 중국 곳곳에서 조선인의 명예를 높인다.

김원봉이 대장을 맡고 있던 3년 간의 활동에 대해 간략히 보고한「조선의용대통신」제40호를 보자. 적 진지에서의 선전전은 헤아릴 수 없이 많고, 전단지와 표어 살포 90여 만 장, 포로 50명을 의용대에 가입시키고 75명을 훈련시킨다. 그중 전투 부분만 인용해보자.

1939년 정월 악지두현 여가점에서의 무장선전, 같은 해 3~5월 경에 있은 호남 북부에서의 상봉(3차), 석산(3차), 추계령(2차), 새공교 공격전(2차), 인산, 하자옥령 등지에서 있은 습격전(14차), 동항, 대유평, 십리평 북항 등지에서 있었던 매복습격전(10차)에 참가하였다.

일본군의 시설물에 대한 파괴공작도 활발했다. 다시 인용해보자.

파괴공작 면에서는 적의 통신 선로와 통신 기자재들을 40, 50차례나 파괴하였고 적의 탱크를 파괴했으며 기타 파괴공작에 5, 6차 참가하였다. 1939년부터 1940년 사이에는 호북 북부에서 있은 전역에 3차례 참가하였고 1939년 12월에는 강서 건단가에서 있은 습격전과 중조산 제12차 반소탕전에 참가하여 파괴 임무를 완수하였다. 1940년 2월의 만산전역과 항주성 내의 파괴공작은 세인을 놀라게 했다. 1940년 2월에는 하남 임현과 급현 일대에서 적의 통신망과 철도를 파괴하였으며 어떤 대원들은 중국 군대의 결사대에 참가하여 적들과 육박전

초창기 조선의용대 기념 사진. 의용대 깃발 중앙에 선 사람이 김원봉이다.

을 벌였고 어떤 대원들은 사복정찰대에 참가하였다.

그리고 항주 교외에서 있은 전투에서 어떤 대원들은 적들과 혈전을 벌였다. 전선의 동지들은 적들의 탄우를 무릅쓰고 용감하게 혁명 선전을 진행하였다.

이 많은 전투와 혁혁한 전과를 올린 의용대의 주석 김원봉. 그러나 얼마 전 영화 「암살」에 잠깐 등장하기 전까지는 그 이름을 아는 이가 거의 없었다. 조선의용대를 아는 이는 더더욱 없다. 김원봉이라는 이름을 안다해도 '의용대장'보다는 '의열단장'으로 기억했을 것이다.

더욱이 영화에서 김원봉은 멋진 양복을 입고 등장해 마치 조폭 두목처럼 멋지게 명령을 하는 인물로 나오는데 실제로는 전혀 그런 사람이 아니었다. 동지들을 사지로 보내면서, 더구나 대개는 자기보다 나이가 더 많은 형들을 보내면서 매번 안타까움에 손을 잡고 눈물을 흘리던, 겸손하고 따뜻한 사람이었다.

눈에 띄는 대로 죽이리라

의열단은 1919년 11월 9일, 만주 길림성 파호문 밖의 한 중국인 농가에서 결성되었다. 김원봉, 윤세주 등 13명의 대원 다수가 밀양, 대구 출신들이었다. 단장격인 의백에는 30살의 밀양 출신 황상규가 선출되었다. 의열단(義烈團)이란 명칭은 '천하의 정의를 맹렬히 실현한다'는 공약 제1조에서 따온 말이었다.

조직의 목적은 일본 침략자들과 친일파를 죽이고 그 기관들을 폭파하는 것이었다. 명백히 테러를 천명했으나 일반인에 대한 무차별 살상이 아닌, 악질적인 요인에 대한 개인적 암살이 목적이었다. 오늘날 세계 도처에서 벌어지고 있는 종교집단 간의 자살 테러 같은 무차별 학살에 빗대어 김원봉이나 김구를 '테러리스트'라고 폄하하는 것은 친일파를 옹호하는 자들의 악의적인 비방에 불과하다.

의열단이 정한 암살 대상은 7종류로, '칠가살'이라 불렀다. 조선총독 이하 고관, 일본군 수뇌, 대만총독, 매국노, 친일파 거두, 적의 밀정, 반민족적 토호들이었다. 파괴 대상으로 삼은 곳은 조선총독부, 동양척식주식회사, 매일신보사, 경찰서, 기타 일본의 주요 기관이었다.

이듬해인 1920년 봄에 북경으로 본부를 옮긴 의열단은 첫 거사로 조선총독부를 폭파하기로 했다. 그러나 윤세주 등 서울에 잠입한 대원들이 인사동 중국집에 모였다가 악명 높은 친일 경찰 김태석에게 체포되는 바람에 실패한다. 모두 16명이 체포된 이 사건은 '암살 파괴의 대음모 사건'으로 크게 보도되는데 의백인 황상규가 체포되는 바람에 김원봉이 그 자리를 잇게 된다. 23살 때였다.

의백이 된 김원봉이 계획한 첫 번째 거사는 부산경찰서 폭파였다. 부산 출신인 박재혁이 맡았다. 박재혁은 1920년 9월 14일 고서판매 장사꾼으로 위장해 경찰서장실에 들어가 책 속에 숨겼던 폭탄을 던진다. 서장실이 폭파되면서 서장 하시모토는 중상을 입고 박재혁도 다리에 부상을 입었다. 사형선고를 받은 그는 일본인 관리에게 죽음을 당하는 것을 거부하고 9일 동안 물과 음식을 끊어 자결한다.

다음 거사는 밀양경찰서 폭파였다. 부산경찰서 폭파로부터 불과 두 달 후의 일이었다. 임무는 21살의 밀양 출신 최수봉이 맡았다. 그는 폭탄을 투척한 후 추적하는 일경에 붙잡히자 스스로 자기 목을 찔렀으나 자결에 실패하고 사형당한다.

다음 목표는 다시 조선총독부였다. 당시 조선총독부는 경복궁 자리가 아닌 남산 아래 중구 예장동에 있었다. 임무는 평안남도 강서 출신으로 용산철도국 노동자였던 김익상이 맡았다. 1921년 9월 12일 오전 10시, 전기공으로 가장해 폭탄 두 개를 들고 총독부 2층까지 올라간 김익상은 비서실을 총독실로 잘못 알고 폭탄을 던져 총독 암살에는 실패했으나 혼란을 틈타 무사히 상해로 빠져나갈 수 있었다.

상해에 돌아간 김익상은 이듬해 오성륜과 함께 일본 육군대장 다나카 기이치를 암살하려다 실패하고 체포된다. 먼저 오성윤이 상해 황포탄 부두에 내리는 다나카 기이치를 저격했으나 그 앞을 지나던 백인 여성이 맞아 사망한다. 뒤따라 김익상이 연달아 두 발을 쏘았으나 다나카의 모자만 뚫었고, 다시 세 번째 저격수인 이종암이 폭탄을 던졌으나 불발탄이었다. 이날 불행하게 사망한 프랑스 여성의 남편은 "조선인들의 항일 심정을 이해한다."는 유명한 말을 남긴다.

의열단은 그밖에도 여러 차례 암살과 폭파를 시도했으나 큰 성과는 거두지 못했다. 경기도 경찰부 경부였던 황옥까지 의열단에 가담해 전국적인 폭동을 기획했으나 배신자의 밀고로 폭탄 36개, 권총 6정 등 대량의

조선총독부 폭파를 시도한 김익상(왼쪽)과 종로경찰서에 폭탄을 투척하고 일경과 맞서다 장렬히 순국한 김상옥(오른쪽). 두 사람 다 김원봉이 이끄는 의열단의 단원이었다.

무기를 압수당한 사건도 있었다. 김지섭은 일본 왕궁을 폭파시키려고 도쿄까지 갔으나 자금 부족과 불량 폭탄 때문에 실패한다.

가장 널리 알려진 의열단의 쾌거는 김상옥의 종로서 폭탄투척 사건이었다. 1923년 1월 12일 김상옥이 종로서에 폭탄을 투척한 후 열흘 동안 서울 시내에서 경찰과 추격전을 벌이며 10여 명의 일경을 살상하고 순국한다.

일련의 사건은 모두 의열단장 김원봉이 중국에서 자금과 무기를 조달해 이뤄진 것이었다. 첫 거사로 붙잡힌 선배들뿐 아니라 황옥, 김상옥 등 대다수가 김원봉보다 나이가 많았으나 자진해서 그를 의백으로 존경하였다고 한다. 당시 불렸던 '의열단가'다.

이중교와 총독부에 흘린 피가 얼마인가
악마 같은 위 원쑤 쳐물리치는 우리는

삼천만 대중 앞에서 힘차게 걷고 있는 선봉대다
만리 이역 이 땅에서 원한 품고 쓰러진 동지
나의 희망 너를 위해 최후까지 싸우리라

거듭된 실패에도 불구하고, 의열단이라는 존재 자체가 일제에게 두려움을 불러일으켰고 조선인들에게는 쾌감을 안겨주었다. 때문에 1924년 무렵에는 단원이 70명으로 늘어났다. 그러나 김원봉은 더 이상 동지들을 헛되이 죽일 수 없다는 결론에 이른다.

"일대 무장투쟁이 아니고서는 강도 일제를 구축할 도리가 없다!"

조선공산당이 결성되던 1925년, 김원봉은 소수정예 분자의 희생적인 테러 방식이 아닌, 군대 결성으로 투쟁 방향을 바꾼다. 이에 따라 의열단을 해산시키고 일부 대원과 함께 광주로 이동해 자신부터 군사 훈련을 받기 위해 황포군관학교에 입대했다. 28살 때였다.

김원봉의 방향 전환에 대해 동료 중에는 기회주의라 비난하는 이도 있었다. 그러나 김원봉은 결심을 바꾸지 않았다. 절친했던 친구 이여성은 이 문제에 대해 말한다. 「조선인민보」 1946년 4월 14일자 기사 '김약산론'이다.

일제의 야수적 폭압은 절망과 질식의 심연 속으로 민중을 쓸어 넣어 오로지 아부와 추종을 강제하고 있었다. 당시 서슬이 푸른 '의열단' '김원봉'의 혁명적 활동은 그 비굴한 추종을 거부하는 총이요 폭탄이었다. 전의를 잃은 민중에게 준 정문의 맹침이었고 또 단결의 호령이기도 하였다. 과연 왜놈과 친일파의 악랄한 착취자와 현상 유지자들은 모조리 떨었으며 또 이에 자극되어 일어선 기다(幾多)의 혁명운동자가 있었던 것도 기억하지 않으면 안 될 것이다.

그러나 '열사'들의 비장한 희생 몇몇 사사(死士) 부대의 기습적 전술만으로 어찌 일제의 충천지세를 막을 수 있는 것이냐? 김씨는 드디어 그의 혁명전략을 전환하게 되었으니 그것이 곧 의열단의 해산이요 민족혁명당의 출현이었다. 그는 군중적 조직으로서만 인민적 반항으로서만 일제에 가장 힘 있는 공격력을 가질 수 있다는 것과 이것만이 결정적 승리를 가져올 수 있는 것이라는 것을 깨달은 것이다. 이리하여 그는 혁명적 '테러리스트'에서 대중적 혁명운동자로서 커다란 비약이 있었다.

1926년 제4기 황포군관학교를 졸업한 김원봉은 점차 공산주의자들과 교류를 넓혀 1929년 봄에는 조선공산당 간부 출신인 안광천과 손잡고 '레닌주의정치학교'를 개설해 청년 간부를 양성한다. 또한 조선공산당 재건설동맹 결성에 참여하고 그 간부로서 레닌주의정치학교 졸업생들을 국내로 밀파해 노동운동에 합세하도록 지도한다.

공산주의자들과 손을 잡았다고 해서 김원봉이 철저한 공산주의자가 되었다고 보기는 어렵다. 10년 후 조선의용대를 결성하기까지 상해 임시정부의 민족주의자들부터 장제스의 국민당 우익들까지 두루 교류하며 힘을 모으기에 애썼다. 때문에 공산주의자들과 여러 번 마찰이 일어나기도 했다.

1935년 7월 4일, 김원봉이 좌우파를 막론한 독립운동 9개 정파를 묶어 민족혁명당을 결성하고 총서기가 되자 공산주의자들은 이를 조선공산당으로 전화시키기 위해 애쓴다. 김원봉이 이에 반대하자 허정숙, 최창익 등 49명은 김원봉의 노선에 반발해 탈당하고, 한빈도 공산화를 시도하다 실패해 징계를 받기도 한다. 국내의 이재유도 기관지 「적기」를 통해 민족혁명당이란 껍데기뿐인 당이라며 조소한 적이 있었다.

공산주의자들이 인간 김원봉을 불신한 것은 아니었다. 누구보다도 강경한 좌익인 이현상이 해방되고도 2년 후인 1947년 6월 25일자 「노력인민」에 기고한 글에도 김원봉에 대한 존경과 신뢰가 넘친다. '혈투의 30여성상, 항일전에 일념 김원봉 장군'이라는 제목이다.

  김 장군은 적 앞에서는 타협이나 굴복을 모르는 완강한 전사였다. 기미
전후 해외에 산재하던 망명 정객들이 상해에 모여 조선 독립을 파리강
화회의 등에 청원운동을 해서 실현해보려고 할 때, 장군은 단호히 이러
한 타협적 운동에 반대하여 강화회의에 출석한 일본 대표를 참륙해서
일본 제국주의에 대한 조선 민족의 항쟁하는 태도를 선시(宣示)하려 하
였으며 그 뒤 만주로 가서 의열단을 조직하여 무장단으로서 일본 제국
주의자의 수괴를 도살하고 일본의 통치를 혼란에 빠트리게 하려 하였으
니 이것이 장군이 초기에 있어 그의 비타협적 혁명적 투쟁 정신을 유감
없이 발휘한 것이다.
  일본 제국주의를 타도함에 있어 그의 구상과 투쟁은 더욱 웅대하게 발
전하였으니 방대한 군대를 조직하여 구적 일본과의 당당한 결전으로부
터의 해방을 촉진하려 하였던 것이다.
  이에 일본 제국주의를 공동의 구적으로 하는 조중 양 민족은 항일투쟁
전선을 가져야 한다는 지론과 신념 밑에서 조선의용대를 조직하여 그
불타는 투지와 종횡무진한 전략전술로서 여러 전선에 서서 찬연한 전공
을 세워 일제에 대한 조선 민족의 원한을 마음껏 설욕하였을 뿐 아니라
일제로 하여금 패전에 의한 원인을 가져오는 커다란 타격을 주었던 것
이다. ……
  김 장군의 오늘까지의 빛나는 혁명적 투쟁의 기록은 장군의 그 강렬 의
지에서 지어진 것이다. 장군은 어디까지나 의지의 인이며 담력의 인이며
영단의 인이다. 구적 일본과의 30여 성상에 긍한 불요불굴의 투쟁은 장
군이 가진 강철 같은 의지에서 커진 것이다. 장군의 의지는 이러한 항일
구국의 투쟁 속에서 더욱 굳어지고 다져졌으니 이제 이러한 투쟁의 역
사를 가지고 있는 장군의 앞날은 어떤 난관이 있더라도 그것을 막아낼

힘은 없을 것이다.

오늘 김 장군은 조선 인민의 충실 지도자로서 민주 진영의 주요한 전사로서 꾸준히 싸우고 있다. 오늘 조선 인민은 장군에 대해서 거대한 기대를 가지고 있는 것이니 이 기대와 아울러 장군의 앞날은 더욱 찬연할 것이다.

모든 우익 민족주의자와 변절자, 기회주의자들에게 가차없는 맹공을 퍼붓던, 끝내 빨치산 지도자로 5년이나 산중에서 항쟁하다 숨진 이현상이었다. 그런 이현상으로부터 이보다 더 찬란한 찬사를 받은 사람이 있을까?

굳이 사상을 분류하자면 김원봉은 조선의 독립을 위해서는 어떤 세력과도 손잡을 수 있다는 민족주의 좌파라 할 수 있었다. 반공을 전제로 한 민족주의 우파로, 상해 시절부터 공산주의자들을 암살하고 있던 김구와는 달랐다. 그것이 공산주의자들을 감동시켰던 것이다.

김원봉의 어린 시절은 어땠을까? 왕조의 몰락기에 소년기를 보낸 김원봉의 학력은 화려, 복잡하다.

개화물을 먹은 부유한 중인의 집안에서 태어난 그는 서당과 소학교를 다닌 후 민족주의자 전홍표가 세운 동화중학에 다녔으나 일제에 의해 학교가 폐쇄된다. 집에서 20여 킬로미터 떨어진 표충사에 들어가 1년 동안 『손자병법』 등 병서를 독학한 후 서울에 올라가 중앙학교를 다니다가 중퇴한다.

19살이 된 1916년에는 중국 천진으로 건너가 독일인이 운영하던 덕화학당에 입학했다. 1차대전 중이었다. 당시 일본은 독일에 선전포고를 한 상태였다. 일본의 적국인 독일편에서 싸우면 독립을 앞당길 수 있으리라는 생각이었다. 그러나 국제관계에 정의란 없었다. 중국이 일본과 손잡고 독일에 선전포고를 하는 바람에 덕화학당도 문을 닫게 되었다. 또 10년 후에는 일본이 독일과 손을 잡고 중국을 공격하게 된다.

덕화학당이 문을 닫는 바람에 조선에 돌아온 김원봉은 새로운 두 친구를 사귀게 된다. 김약수라 불리게 될 김두전과 이여성으로 불리게 될 이명건이었다. 삼총사라고 할 정도로 절친해진 세 사람은 1918년 9월에 중국으로 건너가 남경 금릉대학 영어과에 들어간다. 미국인이 운영하는 기독교학교였다.

얼마 후 3·1만세운동이 터지자 김약수와 이여성은 국내에서 조직적인 투쟁을 하겠다며 귀국했다. 반면 김원봉은 무장력을 갖춰야만 독립을 쟁취할 수 있다고 보아 만주 길림으로 갔다. 길림에서 그해 겨울에 만든 것이 바로 의열단이었다.

칠가살에게 당하고

김원봉을 훌륭한 인물로 볼 수밖에 없는 여러 가지 이유 중 하나는 1940년 조선의용대를 중국공산당 팔로군 지역으로 보낸 일이라 할 수 있다.

공산주의자들과 합작을 하고 있기는 해도 여전히 민족주의자인 자신이 조직하고 훈련한 부대를 고스란히 공산당에게 보내기란 쉬운 일이 아니었을 것이다.

물론 이 결정의 바탕에는 왕지연 등 의용군의 다수를 차지하고 있던 공산주의자들의 영향이 컸지만 김원봉의 결단과 호응이 없었다면 이뤄질 수 없는 이동이었다. 이 결정을 내리게 된 이유를 여성대원 이화림의 구술 수기로부터 들어보자.

조선의용대가 싸움마다 패주하는 국민당 군대와 계속 배합작전을 하며 오늘의 후방이 내일 아침이면 전선이 되는 국민당 구역에서 항일선전을 계속한다는 것은 자멸을 의미하는 것이었다.

그 시기 날마다 붕괴되는 국민당의 전선과는 반대로 공산당과 팔로군은 항일전선에 진출하여 적후 근거지를 세우고 일제 침략자들의 뒤통수를 때렸다. 하여 일제 침략자들은 국민당 군대에 대한 전면적인 군사진공을 정치상의 회유정책으로 바꾸고 진공의 예봉을 공산당과 팔로군으로 돌렸다.

조선의용대 전사들은 항일을 하는 이상, 진정으로 항일하는 공산당과 팔로군을 도와 나서야 한다고 생각했다.

국민당은 항전의 의지도, 능력도 없었다. 오히려 장제스는 항일투쟁을 통해 급성장하는 공산당을 누르기 위해 일본과 손을 잡으려 든다. 김원봉은 이런 사정을 누구보다 잘 알았고, 일본과 손잡고 공산당을 치려는 국민당에 남아 있느니 팔로군 지역으로 대오를 이동시키기로 결정한 것이다. 1940년 10월 간부회의의 최종결정이었다.

조선의용대가 팔로군 지역으로 간다는 사실이 알려지면 국민당 군대의 우파 장성들이 가만두지 않을 것이었다. 이 무렵 장제스는 또다시 국공합작 정신을 무시한 채 1941년 1월 6일에 20만 대군으로 중국공산당 신사군 1만여 명을 포위 공격해 8,000명을 학살한다. 환난사변이었다.

김원봉은 주력 대원들이 의도를 들키지 않고 무사히 팔로군 지역으로 이동할 수 있도록 계림에 남아 국민당과 교류를 계속했다. 의용대가 국민당 관할 구역을 누비며 항전하고 있는 것처럼 위장하는 동시에 장차 다가올 일본의 패전에 대비해 중국 정부와의 협상력을 유지하기 위함이었다.

한편, 3개 지대로 나누어 계림을 출발한 대원들은 지대별로 온갖 우여곡절을 겪은 끝에 1941년 7월 최종적으로 태항산의 조선인 항일 근거지에 집결한다. 이에 중국공산당은 팔로군 포병대장으로 활약하고 있던 무정을 태항산에 보내 이들을 이끌도록 했다.

일부 민족주의자들은 이를 두고 김원봉이 의용대의 지휘권을 무정에게 빼앗겼다며 분개하기도 했다. 그러나 김원봉이 조금이라도 사심이 있었다면 국민당의 힘을 빌려서라도 의용대의 이동을 막을 수 있었다. 오로지 일본과의 싸움을 위해서라면 자신의 직위나 권위 따위는 전혀 신경쓰지 않는 순수한 애국심으로 이뤄진 일이었다.

주력군을 태항산으로 보낸 계림 본부에는 60여 명의 대원이 남아 있었다. 그런데 계림마저 일본군에 밀리면서 김원봉은 임시정부를 비롯한 조선인 망명객들이 모이고 있던 중경으로 거처를 옮기게 된다.

보통 좌파가 단결이 안 된다고 하지만, 민족주의자들도 마찬가지였다. 투쟁조차 하지 않고 파벌 싸움만 한다는 점에서 더욱 추잡하다. 중경에 모여든 이들의 대다수는 민족주의 계열이었는데 그들 사이의 이합집산과 갈등을 다 쓰기엔 너무 길다.

중요한 것은 김원봉이 임시정부의 광복군과 조선의용대를 합쳤다는 점이었다. 당시 중경에 살고 있던 민족주의 계열 여성 독립운동가 정정화의 일대기 『장강일기』(1998)에서 간단히 인용해보자.

중국군사위원회의 강력한 종용으로 광복군과 조선의용대의 통합 계획이 드디어 실천에 옮겨져서 이해 5월에 조선의용대가 광복군 제1지대로 편입되었다. 조선의용대를 실질적으로 이끌고 있었던 약산 김원봉이 광복군으로 편입되면서 광복군 총사령은 이청천, 참모장은 김홍일이 맡고 있었는데, 김홍일은 중국군에서 파견된 셈이었다.

두 조직이 합치던 1942년 5월 당시, 광복군에는 제1지대, 제2지대, 제5지대의 3개 지대가 있었는데 1, 2지대는 인원이 각각 10여 명밖에 안 되었고 5지대도 고작 몇 십 명에 지나지 않았다.

김원봉이 조선의용대를 이끌고 들어감으로써 광복군 제1지대는 200명이 넘게 되었다. 그러나 이 역시 서류상의 인원일 뿐이었다. 조선의용대 200명 중 140여 대원이 팔로군 지역으로 넘어가버리고 남은 본부대 인원만 들어갔으니 실제로는 60여 명에 불과했다.

얼마 후 제2지대도 80명으로 재조직되어 이범석이 지대장을 맡는 등 광복군도 나름대로 애를 쓴다. 그러나 3년 후 해방이 되기까지, 광복군은 그야말로 일본군에게 총 한 발 쏘지 못한 채 훈련만 받다 끝난다.

태항산으로 넘어간 조선의용대 주력이 나날이 늘어나 해방 무렵 최소 1,000명 이상이 중국 전역에서 무장투쟁에 투입된 데 비하면 광복군은 단지 상징적인 의미의 군대였다 해도 지나치지 않았다.

해방을 맞은 김원봉이 임시정부 군무부장 자격으로 서울에 돌아온 것은 1945년 12월 3일이었다. 많은 독립운동가들이 그랬듯이, 그는 조선인의 힘으로 해방되지 못하고 남북이 각각 미국과 소련의 지배 아래 들어간 것을 못내 분하게 생각한다. 본인의 글이다.

나는 작년 8·15 그날은 중경 남안에 있었다. 이 남안이란 곳은 중경성 밖 강 하나를 새에 둔 조그만 거리로 우리 조선 민족 혁명당원들과 동포들이 모여 사는 곳이다.

나는 그날 오후 7시경 강을 건너 성 안에 들어가니 중국인들은 항전 승리 만세를 부르며 거리거리 인산인해를 이루어 폭죽을 터뜨리고 야단들이었다. 나는 비로소 일제가 투항한 것을 알고 곧 돌아와 우리 당원과 거주 동포들을 한자리에 모이게 하여 동맹군의 승리로 조국이 해방된 전축회를 열고 기쁨과 감격 속에 철야로 피차의 감상을 토로하였다.

그러나 그때 나의 심경은 단순한 감격보다는 어떤 공허감과 참괴한 생각뿐이었다. 그것은 우리가 절치액완하며 일제를 우리의 힘으로 굴복시키지 못하고 결국 연합군의 힘으로 조국이 해방되었다는 것이다.

김원봉의 부인 박차정.

당시 나는 임시정부의 군무부장으로 있어 일제가 투항 전야까지 될 수 있는 대로 임정 영도 아래 무장혁명군을 조직하려 하였으나 그것조차 뜻을 이루지 못하고 남의 힘을 입어 조국 해방이 되게 되었다는 것은 참으로 견디기 어려운 감회였다.

김원봉을 비롯한 독립운동가들의 우려는 현실이 된다. 특히 그가 내려온 남한을 점령한 미국은 좌익 중심인 조선인민공화국은 물론 투쟁적인 우익의 상징이던 임시정부까지 철저히 무시했다. 대신 친미파의 거두 이승만과 과거 친일파였다가 친미파로 변신한 매국노들이 권력을 인수받게 된다.

김원봉은 공산당이나 남로당에 가입한 적이 없었다. 그러나 미 군정에 달라붙은 친일파들에 맞서 1946년 민주주의민족전선의 의장으로 취임한다. 또한 인민공화당을 결성해 위원장으로 활동한다. 자연히 이승만 세력의 제거 대상 일 순위가 되었다.

약관 22살에 의열단을 조직해 48살에 귀국할 때까지 26년 동안, 거액의 현상금까지 내건 일제의 집요한 추적에도 신출귀몰하던 김원봉이 난생 처음 체포된 것은 1947년 4월 9일이었다. 미 군정청의 포고령 위반이라는 죄목이었다.

김원봉의 체포를 명령한 이는 장택상이었다. 대지주이던 아버지가 광복회원의 군자금 요구를 거부하고 경찰에 신고했다가 척살된 후부터 무장한 독립운동가를 저주하던 인물이었다.

직접 김원봉을 체포해 따귀를 때리고 욕을 퍼부으며 고문대에 올려 치욕을 준 것은 울산 출신의 악명 높은 친일 경찰 노덕술이었다. 박헌영, 이관술 등 조선공산당 관계자라면 그의 잔악무도한 고문을 당해보지 않은 이가 없었다. 무엇보다도 김원봉이 의열단을 결성하면서 살해 대상으로 꼽은 칠가살 중에도 상위에 오른 자였다. 민족자주연맹 대표였던 송남헌은 『해방 3년사』(1985)에 이를 기록한다.

> 김원봉을 붙잡아간 사람은 노덕술이었다. 일제 때 종로경찰서 형사로 있으면서 독립운동가들을 잡아들여 모지락스런 고문을 하던 악질 친일 경찰로, 김원봉 장군이 거느리던 항일결사 의열단 칠가살(七可殺) 발기에 올라 있던 자였다.

석방된 김원봉은 분노를 참지 못해 사흘 밤낮을 통곡했다고 한다. 그가 철창에 갇힌 사이 둘째 아들이 태어났는데 철창 안에서 태어났다고 하여 쇠 철에 뿌리 근 자를 붙여 '철근'이라 이름 짓는다. 일제 때 박진홍이 감옥에서 이재유의 아들을 낳자 '철한'으로 짓더니 해방된 조국에서 같은 일이 벌어진 것이다.

「독립신보」 1947년 12월 21일자 기사다. '좌익 또다시 지하로! 일제시방불한 그들의 투쟁'이라는 제목이다.

> 좌익 진영은 지하로 들어간 것 같다. 태양도 못 쬐고 제대로 호흡도 못하고 잠자리도 편안치 않은 지하로 들어가지 않으면 안 되게 되었다. 일제시대에도 해방된 오늘날에 있어서도 그들의 숙명적 수난의 운명은 역시

북한 정권의 검열상으로 김두봉(맨 왼쪽), 김일성, 박헌영(맨 오른쪽부터)과 함께 어딘가 출석 중인 김원봉(오른쪽에서 세 번째).

같은 것이었다. …… 하나도 남음 없이 체포하였던 것이다. 이로 말미암아 잡혀가는 사람, 도망질치는 사람 하여 해방을 주저하면서 부모와 자식과 동무들과 눈물을 머금고 헤어져 드디어 태양 없는 지하로 들어가지 않으면 안 되게 되었다. …… 근로인민이 경모하는 좌익 진영의 지도자와 해외에서 용감하게 싸운 김원봉 장군 등등 지금은 어디서 어떻게 피해 다니고 있는지, 과연 지하의 쇠사슬이 풀어지는 날이 있을 건지? 그러나 그들은 그것을 믿고 있을 것이다.

김원봉이 월북의 길을 택한 것은 1948년 4월, 남북연석회의에 참석한 후였다. 많은 사람이 그랬듯이, 그는 아무런 성과도 거둘 수 없던 선전적 의미에 불과한 연석회의에 참석한 후 평양에 남았다.

북한은 처음에는 그에게 국가검열상, 노동상의 직책을 맡겼다. 그러나 1958년 9월 숙청되어 기록에서 사라진다. 청산가리를 먹고 자살했다고 알려졌으나 1960년대 초반까지도 살아 있는 모습을 보았다는 남파공작원 출신 장기수 김진계의 증언이 있다.

　남한에 남은 가족은 떼죽음을 당했다. 한국전쟁이 터지면서 밀양 지역 보도연맹 가입자 400여 명이 학살당하는데, 김원봉의 형제 4명도 모두 끌려가 총살되었다. 여든이 넘었던 김원봉의 아버지는 식량을 구할 길이 없어 굶어 죽었고 사촌들까지 오랫동안 수용소에 갇혀 있어야 했다.

　하지만 북한 정권은 평양 신미리 애국열사릉의 잔디밭 한 평도 김원봉에게 할애하지 않았다. 그에 대해 북한에 남아 있는 마지막 기록은 '소시민적 기회주의자이며 개인 영웅주의자'였다.

참고문헌

1. 단행본 · 영인본

강만길 · 성대경 엮음, 『한국사회주의운동 인명사전』, 창비, 1996.

고봉기, 『조선노동당원의 육필수기』, 시민사회, 1990.

김경일, 『이재유 나의 시대 나의 혁명』, 푸른역사, 2007.

김경일, 『한국근대노동자와 노동운동』, 문학과 지성사, 2004.

김경학 외, 『전쟁과 기억』, 한울 아카데미, 2005.

김광운, 『북한정치사 연구』 1, 선인, 2003.

김국후, 『비록 평양의 소련군정』, 한울, 2008.

김남식 · 이정식 · 한홍구 엮음, 『한국현대사 자료총서』 12, 돌베개, 1986.

김남식, 『남로당 연구』, 돌베개, 1984.

김석형 외, 『나는 조선노동당원이오!』, 선인, 2001.

김성동, 『꽃다발도 십자가도 없는 혁명가들』, 박종철출판사, 2014.

김성동, 『현대사 아리랑』, 녹색평론사, 2010.

김오성, 『지도자 군상』, 대성출판사, 1946.

김오성, 『지도자론』, 조선인민보사 후생부, 1946.

김정기, 『국회프락치 사건의 재발견』 1, 한울, 2008.

김준엽 · 김창순, 『한국공산주의운동사』(전 5권), 청계연구소, 1986.

김호웅 · 김해양 엮음, 『김학철 평전』, 실천문학사, 2007.

김효순, 『역사가에게 묻다』, 서해문집, 2011.

데이비드 핼버스탬, 『콜디스트 윈터』, 정윤미 옮김, 살림, 2009.

무정 · 김일성 외, 『반일투사연설집』, 8 · 15해방 1주년 기념중앙준비위원회, 1946.

박갑동, 『통곡의 언덕에서』, 서당, 1991.

박영기 · 김정한, 『한국노동운동사』 3, 지식마당, 2004.

박진목, 『민초』, 원음출판사, 1983.

박진홍 · 김태준 외 12인, 『민주주의 12강』, 문우인서관, 1946.

박치우, 『현실과 이상』, 백양당, 1946.

박치우 · 신남철 외, 『철학』 1, 2, 3호, 철학연구회, 1937.

박헌영, 『동학농민란과 그 교훈』, 해방사, 1947.

박헌영, 『조선 인민에게 드림』, 범우, 2008.

백남운, 『소련인상』, 선인, 2005.

백준기, 『한국전쟁사의 새로운 접근』, 국방부 군사편찬연구소, 2001.

손석춘, 『박헌영 트라우마』, 철수와 영희, 2013.

송남헌, 『해방 3년사』, 까치, 1985.

심지연, 『이강국 연구』, 백산서당, 2006.

심지연, 『이주하 연구』, 백산서당, 2007.

안재성, 『이관술 1902-1950』, 사회평론, 2006.

앤소니 라이트, 『사회주의 이론과 실제』, 김유 옮김, 인간과 사회, 2003.

염인호, 『조선의용군의 독립운동』, 나남출판, 2001.

염인호, 『조선의용대, 조선의용군』, 한국독립운동사편찬위원회, 2009.

오기영, 『사슬이 풀린 뒤』, 성균관대학교 출판부, 2002.

온낙중, 『북조선기행』, 조선중앙일보 출판부, 1948.

육군사관학교 전사학과, 『한국전쟁사』, 일신사, 1996.

육철식, 『빨치산』, 행림출판, 1988.

이강국, 『민주주의 조선의 건국』, 범우, 2013.

이구영 구술, 『산정에 배를 매고』, 개마서원, 1998.

이구영 구술, 『역사는 남북을 묻지 않는다』, 소나무, 2001.

이기형, 『여운형 평전』, 실천문학사, 2004.

이기형·이일재·박진목 등 39명 구술, 『8·15의 기억』, 한길사, 2005.

이병주, 『남로당』(전 3권), 기파랑, 2015.

이상경 엮음, 『일제말기 파시즘에 맞선 혼의 기록』, 역락, 2009.

이소가야 스에지, 『우리 청춘의 조선』, 김계일 옮김, 사계절, 1984.

이수갑 선생 정신계승사업회, 『이수갑 선생 유고집』, 철노, 2014.

이원규, 『약산 김원봉』, 실천문학사, 2005.

이일재, 『노동자평의회와 공산주의 길』, 빛나는 전망, 2009.

이정 박헌영 전집 편집위원회, 『박헌영 전집』(전 9권), 역사비평사, 2004.

이태, 『남부군 비극의 사령관 이현상』, 학원사, 1990.

이태준, 『소련기행』, 깊은샘, 2001.

임기상, 『숨어 있는 한국 현대사』, 인문서원, 2014.

임기상, 『숨어 있는 한국 현대사』 2, 인문서원, 2015.

임성욱, 『미군정기 조선정판사 위조지폐사건 연구』, 한국외국어대학교 박사논문집, 2015.

정병준, 『한국전쟁』, 돌베개, 2006.

정정화, 『장강일기』, 학민사, 1998.

정태영·오유석·권대복 엮음, 『죽산 조봉암 전집』(전 6권), 세명서관, 1999.

조선의용군 발자취 집필조, 『중국의 광활한 대지 우에』, 연변인민출판사, 1987.

중국해방군화보사, 『그들이 본 한국전쟁』, 눈빛, 2005.

중앙일보 특별취재반, 『비록 조선민주주의인민공화국』, 중앙일보사, 1992.

최용탁, 『남북이 봉인한 이름 이주하』, 가갸소랑, 2013.

한림대학교 아시아문화연구소 엮음, 『조선공산당문건자료집』, 한림대학교 아시아문화연구소, 1993.

A. 기토비차 외, 『1946년 북조선의 가을』, 최학송 옮김, 글누림, 2006.

W. F. 샌즈, 『조선의 마지막 날』, 김훈 옮김, 미완, 1986.

2. 신문·잡지

「독립신보」, 「동아일보」, 「로동신문」, 「매일신보」, 「자유신문」, 「조선인민보」, 「조선중앙일보」, 「중앙일보」, 「해방일보」, 「현대일보」, 「개벽」, 「근로자」, 「문학」, 「민고」, 「민심」, 「사회평론」, 「삼천리」, 「선봉」, 「신세대」, 「신천지」, 「신흥」, 「역사비평」, 「월간 말」, 「월간중앙」, 「인민」, 「재건」 등

잃어버린 한국 현대사

초판 1쇄 펴낸 날 2015. 11. 27.

지은이   안재성
발행인   양진호
책임편집 위정훈
디자인   강영신
발행처   도서출판 인문서원

등 록   2013년 5월 21일(제2014-000039호)
주 소   (121-893) 서울시 마포구 양화로 56 동양한강트레벨 718호
전 화   (02) 338-5951~2
팩 스   (02) 338-5953
이메일   inmunbook@hanmail.net

ISBN   979-11-86542-16-3 (03910)

© 안재성, 2015

이 책은 저작권법에 따라 보호받는 저작물이므로 무단전재와 무단복제를 금하며,
이 책 내용의 전부 또는 일부를 이용하려면 반드시 저작권자와 도서출판 인문서원
의 서면 동의를 받아야 합니다.

값은 뒤표지에 있습니다.
잘못 만들어진 책은 구입하신 서점에서 바꾸어 드립니다.

이 도서의 국립중앙도서관 출판예정도서목록(CIP)은 서지정보유통지원시스템 홈페
이지(http://seoji.nl.go.kr)와 국가자료공동목록시스템(http://www.nl.go.kr/kolisnet)
에서 이용하실 수 있습니다. (CIP제어번호: CIP2015024718)